Moonwalking with Einstein

The Art and Science of Remembering Everything (((((

Joshua Foer

X-Knowledge

ごく平凡な記憶力の私が
1年で全米記憶力チャンピオンになれた理由《わけ》

2 3 6 7 8 2 2 1

3 4 5 7 9 6 4 5

7 6 2 3 1 0 2 3

4 3 2 8 6 9 0 1

5 7 0 3 2 7 6 8

1 0 2 1 0 5 3 8

9 3 8 2 7 5 0 1

3 5 3 9 5 8 1 0

2 1 9 6 0 8 8 2

4 8 9 2 0 9 3 1

5 9 0 2 1 1 9 2

2 2 8 7 0 4 5 2

3 5 6 1 0 2 1 0

7 4 2 0 9 1 7 6

8 0 4 5 3 8 2 1

0 4 3 2 7 7 0 8

6 9 0 9 3 2 4 5

1 5 7 8 8 0 3 2

3 9 0 8 7 6 4 3

5 0 2 7 9 5 5 4

2 5 0 0 8 7 2 1

2 1 8 9 4 0 2 3

3 6 6 2 7 6 5 2

0 9 3 3 2 1 4 8

6 0 5 6 7 9 3 4

8 8 9 4 2 1 0 5

4 2 6 1 8 6 5 4

7 3 9 3 2 5 3 6

5 1 7 8 6 9 1 4

目次

装丁・本文デザイン：轡田昭彦／坪井朋子

ダイナへすべてを捧ぐ――

紀元前5世紀の悲劇の宮殿。生き残ったのは彼だけだった。

しばらくして人々がやってきて、がれきをかき分け、捜索を始めた。指輪でも履物でも何でもいい。そこに埋もれているのが自分の身内だと教えてくれるものが見つかることを祈って。

その少し前、彼――古代ギリシャの詩人、ケオスのシモニデス――は、テッサリアの名士、スコパス家の祝典で頌歌《しょうか》を披露していた。歌を終えて席に着くと、使いの者が彼の肩をたたいた。2人の男が馬でやってきて、伝えたいことがあるので外で待っているという。彼は再び立ち上がって、扉に向かった。外に出たまさにそのとき、宴会場の屋根がものすごい音を立てて崩れ落ち、大理石のかけらと埃《ほこり》が舞い散った。

今、彼は、がれきと死体の海の中に立ち尽くしていた。さっきまでにぎやかな笑い声が響いていた空間には、ただ陰鬱《いんうつ》な空気が立ち込めている。人々が必死になってがれきを掘り起こしていくが、残骸《ざんがい》の中から引っ張り出されたものはひどく損傷していて、誰のものとも見分けがつかない。誰がどの席に座っていたかわかる者もいないのだろう、悲劇が新たな悲劇を生んでいる。

シモニデスはあらゆる感覚を自分の周囲に集中させ、頭の中で時計を巻き戻した。そのとき、記憶の概念を変える奇跡が起こった――大理石のかけらが積み上がって柱になり、その上の装飾部分も蘇った。石のかけらは食器に、がれきから突き出ていた木片はテーブルになった。彼は客人のひとりひとりに目をやった。皆、悲劇が迫っているとは知らずに席に着いている。一番前の席でスコパスが笑っている。彼の向かいには友人の詩人が座っていて、皿のソースをパンですくっている。貴族の男性が気取った笑みを浮かべている。窓を見やると、使いの者がこちらに向かってやってくる。何か重要な知らせがあるようだ——。

シモニデスは目を開けた。そして、混乱する人々の手を取り、ゆっくりとがれきの上に歩を進め、彼らの愛する人が座っていた場所へと案内した。

これが、記憶術が誕生した伝説の瞬間である。

第1章

世界で一番頭がいい人間を探すのは難しい

頭の中に、あるシーンが浮かんできた。お世辞にも上品とは言えないものだ。
登場するのは俳優のドム・デルイーズ（クラブの5）。アルバート・アインシュタインのぼさぼさの白髪（ダイヤの3）に豪快につば（クラブの9）を吐き、その大きな身体でローマ教皇ベネディクト16世（ダイヤの6）の股間に空手の必殺キック（スペードの5）をくらわせている。マイケル・ジャクソン（ハートの6）はいつにも増して奇妙な行動――なんと、サーモンバーガー（クラブのキング）の上に排便して（クラブの2）、腸のガス（クラブのクイーン）を風船（スペードの6）に詰めている。ドラマ『チアーズ』の小柄なウェイトレス役でおなじみのリー・パールマン（スペードのクイーン）は、スーダン出身で身長２３１センチのバスケットボール選手、マヌート・ボル（クラブの7）と濃密なラブシーンを演じている。なんとも強烈な（そして解剖学的には不可能に近い）ショットである（クラブの3）。

　このようなバカバカしい光景をお伝えするためにページを割くのは心苦しいのだが、私がそのときにいた特異な場所を説明するために、どうかお許しいただきたい。私の左にはバージニア州リッチモンド出身、25歳のひげを生やしたビジネスコンサルタント、ラム・コッリが座っている。右にはアメリカのケーブルテレビ局のカメラ。後ろには約１００人の観客がいるが、私からは見えないので気が散ることはない。

　そして、2人のコメンテーターが実況中継をしている。1人は髪をしっかりセットしたベテランのリングアナウンサー、ケニー・ライス。しゃがれた低い声から、オタクたちの祭典を目の当たりにした彼の戸惑いが伝わってくる。もう1人はアメリカの知的競技界の教祖《ペレ》、スコット・ハグウッド。ノースカロライナ州ファイエットビル出身のあごひげを生やした43歳の科学技師で、四度にわたって全米チャンピオンに輝いた人物だ。

部屋の隅には私の目指すトロフィー。2段構造になっていて、上部はロイヤルフラッシュ〔訳注：ポーカーの最高の上がり役。同じマークの10、J、Q、K、Aがそろった5枚〕を見せびらかしている手の像——全体は銀色でマニキュアが金色——で、下部にはアメリカの国鳥である白頭ワシを3羽あしらったキッチュな代物で、2歳になる私の姪《めい》の背丈ほどの高さがある（しかし、その重さは彼女のぬいぐるみよりも軽い）。

観客はカメラのフラッシュをたかないように、音を立てないように、と注意を受けている。だが、音がしたとしても、ラムにも私にも聞こえないだろう。2人とも耳栓をしているし、私のほうは空母の甲板員《かんぱんいん》が使うような業務用の耳あてまで装着している。このプレッシャーの中では、どれだけの装備をしてもしすぎることはない。

目を閉じる。私の両手の間には2組のトランプが伏せてある。ほどなくして主審がストップウォッチのボタンを押す。5分間で2組のトランプの順番を憶える——。

私がこうしてガチガチに緊張し、異常に汗をかいて、全米記憶力選手権の決勝戦にのぞむに至ったきっかけは、1年前、セントラル・ペンシルバニアの雪道を運転していたときに遡《さかのぼ》る。私は『ディスカヴァー』誌の仕事で、世界最大のポップコーンができそうな真空装置を発明したクッタウン大学の理論物理学者にインタビューをするため、ワシントンDCの自宅からリーハイ・バレーに向かっていた。ペンシルバニア州ヨークを通るルートだ。そこにはウェイトリフティング殿堂博物館がある。いつか行ってみたいと思っていた博物館だ。1時間くらいなら立ち寄る余裕がありそうだった。

行ってみると、博物館といっても、全米最大のバーベルメーカーのオフィスビルの1階に、古い写真や記念品が並べてあるだけだった。博物館学的観点からいえば大して価値のないものだが、私はここで初めて、「鉄腕男」ジョー・グリーンシュテインのモノクロ写真を見た。身長164センチのがっしりした体格の男で、1920年代、25セント硬貨を歯で噛み切ったり、敷き詰めた画鋲《がびょう》の上に寝て、その胸の上で14人の男性たちにディキシーランド・ジャズを演奏させる、といった離れ業をやってのけて以来、「鉄腕男」と呼ばれるようになった。車の4つのタイヤを道具を使わずに取り換えたこともある。写真の隣に、「世界一強い男」というキャプションがついていた。

この写真を見ながら、世界一強い人間と世界一頭のいい人間が会《かい》したら面白いだろうな、と思った。鉄腕男とアインシュタインが腕を組む、筋肉と頭脳の素晴らしい共演だ。そんな写真があったら机に飾ってもいい。どこかにないだろうかと思って、帰宅してからインターネットで検索してみた。世界一強い人間は簡単に見つかった。マリウス・プッツナウスキーという男性だ。ポーランドのビャワ・ラフスカ在住で、924ポンド（私の姪30人分。約227キロ）のリフトを持ち上げることができるという。

しかし、世界一頭がいい人間のほうは簡単にはいかなかった。「最高のIQ」「頭脳チャンピオン」「世界一の頭脳」で検索してみると、ニューヨークにIQ228の人が、ハンガリーに同時に52人の相手と目隠しチェス［訳注：盤面を見ずに、相手が読み上げる駒の動きを記憶しながら行うチェス］をした人物がいることがわかった。200桁の数の23乗根を50秒で暗算できるインドの女性もいれば、4次元のルービックキューブなるものを完成させた人もいた。もっとわかりやすいスティーヴン・ホーキングのようなタイプの人たちもたくさんいた。脳は筋肉ほどには簡単に価値を定量化できないようだ。

検索していく中で、私はある人物に興味をもった。世界一頭がいいかどうかはさておき、少なくともある種の奇才と思える人間だ。1528個のランダムに並んだ数を1時間で正確に記憶し、驚くことに、もう少し人間味のある対象——初めて目にする詩——も記憶することができる、世界記憶力選手権の現チャンピオン、ベン・プリドモアである。

数日間、彼のことが頭から離れなかった。私の記憶力はせいぜい人並みだ。車の鍵を置いた場所（さらには駐車した場所も）、オーブンに入れておいた食べ物の存在、「的を射る」と「的を得る」のどちらが正しいか、恋人の誕生日と2人の記念日、ヴァレンタインデー、実家の地下室の入り口の掃除、友人の電話番号、何のために冷蔵庫を開けたのか、携帯電話の充電、ジョージ・W・ブッシュ政権の大統領首席補佐官の名前、ニュージャージー・ターンパイク［訳注：有料道路］の休憩所の順番、スーパーボウル［訳注：全米フットボールリーグ（NFL）の王座決定戦］でワシントン・レッドスキンズが最後に優勝した年、トイレの便座を下げることなどなど、日々何かしら忘れていることがある。

片や、ベン・プリドモアときたら、シャッフルした1組のトランプの順番を32秒で記憶する。5分あれば、歴史上の日付を96個憶える。円周率π《パイ》は5万桁まで記憶している。これがうらやましくないわけがない。平均的な人間は忘れたことの埋め合わせをするために1年に40日を費やしている、とどこかで読んだことがある。ベンはたまたま今は職についていないようだけれど、きっと、ものすごいことができるのだろう。

名前、パスワード、約束など、憶えなくてはならない情報が日に日に増えていく。ベンのような記憶力があったら、人生はもっと質の違ったものになるだろう——もちろんいい意味で。次から次へと新しい情報が押し寄せてくるのに、脳はそのごく一部しかつかまえておくことができない。大半の情報は右から左へと消えていく。

読書の目的が知識を保持することだけにあるとしたら、私にとってはこれほど効率の悪い行為もない。半日ほどかけて本を読んでも、結局何が書かれていたのかぼんやりとした印象しか残っていない、ということも珍しくない。書かれている事実やエピソードはいずれも、憶えておきたい興味深いものですら、束の間の印象を残しただけで、どこかへ消えていく。私の本棚には、読んだかどうかも定かでない本がたくさん並んでいる。

ほおっておけば忘れてしまうことを記憶にとどめておくことには、どんな意義があるのだろうか。いろいろなことを憶えておくことができれば、今より説得力のある話ができて、もっと自信がもてるようになり、根源的な意味で頭がよくなると思う。ジャーナリストとして、友だちとして、恋人として、今よりいい存在になれることは間違いない。それ以上に、ベンのような記憶力があったなら、きっともっと気遣いができ、もっと分別ある人間になれるはずだ。記憶の蓄積が経験を作り、蓄積が知識となるのだとすれば、記憶力が向上することで、世界についてだけでなく、自分自身についてもよく知ることができるようになるだろう。

確かに、わずらわしいことを忘れるのは健康的であり、必要なことでもある。今までにしてきた多くの愚行を忘れることができなかったら、私はおそらくノイローゼになってしまうだろう。しかし、記憶力がないゆえに形にならなかった価値ある発想や築かれなかった関係が、どれだけあることだろう。

私は、ベンが新聞のインタビューで語っていた言葉を何度も思い出した。彼の記憶力と私の記憶力がどのように違っているのかを考えさせる言葉だった。「テクニック、それと記憶力が発揮される仕組みを理解すること。それだけなんだ。誰だってできる。本当だよ」

＊　＊　＊

ウェイトリフティング殿堂博物館を訪れてから数週間後、私はマンハッタンのユニオンスクエアの近くにあるコン・エディソン本社の19階ホールの観客席の後ろに立っていた。2005年、全米記憶力選手権の会場である。ベン・プリドモアへの興味に拍車がかかった私は、『スレート』誌に選手権についてのちょっとした記事を書くつもりだった。特殊な才能をもった人たちによるスーパーボウルのような光景が繰り広げられるのではないか、と想像していた。

しかし、そこで目にしたのは、巨匠の対決と呼ぶにはいささか静かなものだった。年齢も身なりもまちまちな数名の挑戦者が、数字や言葉が書かれた紙をじっと見つめている。彼らは――女性もいた――自分たちのことを「Mental Athlete（知的競技者）」あるいは「ＭＡ」と呼んでいた。

種目は5つ。まずは50行の詩（未発表のもの）を記憶する。次に、99人の顔写真と姓名を15分間でできるだけたくさん記憶する。３番目は、ランダムに並んだ３００の単語を15分間で記憶する。そして、ランダムに並んだ１０００個の数字（1行に40個の数字×25行）を5分間で記憶する。最後は、１組のシャッフルしたトランプの順番を5分間で記憶する。世界に36名いる「記憶力のグランドマスター」――１０００個のランダムな数字列を1時間以内で記憶する、1時間でシャッフルしたトランプ10組の順番を記憶する、さらに2分以下でトランプ１組の順番を記憶する、の３つを達成した人に与えられる称号――のうちの２人も参加していた。

一見したところ、こうした技《わざ》はマニア向けの隠し芸――基本的には何の役にも立たず、いくらか痛ましささえ漂うもの――以上には見えなかったが、挑戦者たちと話していく中で、もっと深いことが見えてきた。私は、自分の脳の限界について、そして私が教育によって得てきた知識の本質について、あらためて考えるようになった。

私は、イギリスの若いグランドマスター、エド・クックに、自分に特殊な才能があると気づいたのはいつかと質問してみた。彼は夏に行われる世界記憶力選手権に向けた春期トレーニングのため、この全米選手権に来ていた。

「いや、僕には特殊な才能などないよ」と、彼はクスクス笑って言った。「それじゃ、映像記憶ができるのですか」と聞くと、彼はまた笑ってこう答えた。「映像記憶なんてのは忌まわしい作り話だよ。そんなものは存在しない。実のところ、僕の記憶力はごく平均的なものなんだ。ここに来ている挑戦者もみんなそうだよ」

彼が252個の数字をあたかも自宅の電話番号であるかのようにすらすらと暗唱した様子を目の当たりにした私には、にわかに信じがたい話に思えた。

「いいかい、平均的な記憶力でも、正しく使えば驚くほどの力を発揮するんだ」

ごつごつした顔、もじゃもじゃの茶色の髪の毛を肩まで伸ばしたその姿は、挑戦者の中では最も身なりに無頓着《むとんちゃく》な部類に入る。スーツを着てネクタイをゆるく締め、それとはちぐはぐなイギリス国旗付きのビーチサンダルをひっかけていた。24歳だったが、その身体つきは、彼を3倍以上の年齢に見せていた。少し前に慢性の若年性関節炎が再発したため、杖《つえ》——彼は「勝利のお守り」と呼んでいた——をついてぎこちなく歩く。彼は——そして私が会った挑戦者たちの誰もが——ベン・プリドモアがインタビューで語っていたのと同じことを言っていた。「誰だってできることなんだ」

要は、「ごくごくシンプルな」テクニックを用いて、「憶えやすい方法で考えること」を習得するだけなのだという。この記憶テクニックは2500年前、ケオスのシモニデスという人物が、天井が崩れ落ちた悲劇の宴会場で、客人たちが座っていた位置を思い出すために編み出したと言われている方法で、「記憶の宮殿」と呼ばれている。

この「記憶の宮殿」――ジャーニー法、場所法、もっと広義に「記憶術」とも呼ばれる――は、キケロ、クインティリアヌスといったローマ人によって改良され、体系化されてルールや指導書も開発された。そして中世になると、説教や祈りの言葉から罪人たちに与える罰といったあらゆることを記憶するための方法として花開いた。ローマの政治家たちもこの方法で演説を記憶し、アテネの政治家テミストクレスは、同じ方法で2万人の市民の名前を憶えたと言われている。また、中世の学者たちは、この方法で本を丸暗記していた。

エドによれば、選手権の挑戦者たちは、長い間忘れ去られていた伝統的な記憶力トレーニングの救済をテーマとした「アマチュアによる研究プログラム」に参加しているつもりなのだという。かつては記憶がすべてだったと彼は言う。鍛えられた記憶力は便利な道具というだけでなく、世の中を渡っていくために不可欠な能力だった。さらに、記憶力のトレーニングは人格を形成し、分別という基本的な知恵、もっと言えば倫理観を養う方法でもあった。出会った情報を自分の中に取り入れ、その価値を吸収するには憶えるしかない、と考えられていた。記憶テクニックはトランプの並び順などの役に立たない情報を暗記するためだけでなく、脳に大切な文章や考えを刻み込むためのものだったのだ。

しかし、その後15世紀に入り、グーテンベルクの登場によって本が大量生産されるようになると、本に書かれていることをわざわざ憶える必要はなくなった。古代、中世と社会の要《かなめ》だった記憶テクニックは、ルネサンス期にはオカルトチックな奥義となり、19世紀までには祭りの見世物や自己修練の本でしか見かけなくなった。そして20世紀末になって、この風変わりな選手権で再び姿を現した。

この記憶力トレーニング復興運動のリーダーは、トニー・ブザンという67歳のイギリス人である。人当たりのいい教育者で、自称「教祖」、自分の〝創造指数〟は世界一だと主張している。コン・エディソン本社の食堂で会ったときは、金で縁取りされた大きなボタンが5つついた紺のスーツを着ていた。襟《えり》なしシャツののどの位置にも大きなボタンがついていて、東洋の僧のような雰囲気を漂わせていた。スーツの襟にはニューロン（神経細胞）を型取った飾りピン。時計の盤面はダリの『記憶の固執』——時計が溶けていく例の絵である——の複製画だった。彼は選手権の挑戦者たちのことを「脳の戦士」と呼んでいた。

白髪の交じった頭を見れば、67という年齢よりも10歳ほど老けて見えるが、それ以外は30歳と言っても通じるような引き締まった身体つきだった。毎朝、テムズ川で6～10キロほどボートを漕ぎ、「脳によい」野菜と魚を食べるようにしている。「ジャンクフードは脳をジャンクに、ヘルシーな食べ物は脳をヘルシーにする」と言っていた。

ブザンは床をすべるようにして歩く。その動きはアイスホッケーのパックを思わせる（のちに彼から聞いたところ、40年間にわたる「アレクサンダー・テクニーク」［訳注：無意識の習慣や癖によって生じる不必要な緊張を減らしていくことで、本来の身体の働きを取り戻していくためのメソッド］のたまものだという）。話すときには鏡の前で練習したとしか思えない身ぶりを交え、その発声は上品で歯切れがよい。強調したいときには指を立てるジェスチャーも加える。

1991年、世界記憶力選手権を創設し、それ以降、中国、南アフリカ、メキシコなど10カ国以上の国々で選手権を開催。１９７０年代から、記憶テクニックを世界中の学校に広めるべく精力的に活動している。彼はこの活動を「学習の仕方を学ぶことにフォーカスした地球規模の教育革命」と呼んでいる。そして、この活動によってかなりの大金を稼いだ（報道によれば、マイケル・ジャクソンはブザンの「脳の活動を高める教育を提供する事業」に、亡くなる直前まで計34万ドルを支払っていたという）。

ブザンは、学校教育はことごとく間違っていると考えている。膨大な情報を生徒の脳に注入しておきながら、それを脳内にとどめておく術《すべ》を教えていないのだと言う。記憶することは、ただ次の試験をパスするためだけの味気ない行為と思われてきた。だが、ブザンによれば、記憶することが悪いのではなく、退屈な詰め込み式教育が西洋教育を腐敗させたのだという。「この１００年間、人間は、記憶という行為に誤ったレッテルを貼り、その本質を理解せずに間違った使い方をしたあげくに、役に立たないし面白くもないとこきおろしてきたのだ」。丸暗記がただただ繰り返し脳に刻みつける方法――「繰り返しによって創造力を殺す行為」――だとすれば、記憶術はテクニックを使って憶える、ずっと洗練された方法である。機械的に暗記するより時間もかからないし、つらくもない、そして一過性でない記憶力を培えるものなのだ、と彼は言う。

さらにブザンは、「脳は筋肉のようなもの」だと主張する。記憶力のトレーニングは「脳のワークアウト」であり、あらゆる運動と同様、記憶力を鍛えることで脳は健康になり、回転も速くなっていくという。はるか昔の元来の記憶力トレーニングは、まさにそういった考え方のもとに行われていた。ローマの弁士たちは、記憶術――知識を適切に保持して整理すること――は新しい発想を生むうえできわめて大切なツールだと語っている。

こんにち、「脳のワークアウト」は広く世間に受け入れられるようになっている。ブレインジム〔訳注：アメリカの教育学者ポール・デニッソン博士が作り上げた、カイロプラクティックを源流としたキネシオロジーをベースにした脳を活性化させるプログラム〕や記憶力トレーニング用のドリルが流行し、脳トレーニングのソフトは2008年には2億6500万ドルの産業となっている。(1) その背景には、クロスワードパズルやチェスなどで脳を使うと、高齢者のアルツハイマーや進行性の認知症を食い止める効果があることが研究で示されたということもあるだろうが、何よりもベビーブーマー世代が、自分の知能が低下していくことに対して危機感を抱いていることが大きいだろう。

しかし、脳を使うことに認知症を遅らせる効果があるということを裏づけるデータがあるとはいうものの、ブザンが強く謳《うた》う「脳のトレーニング」の効果は、少なくとも万人がすぐに信じるとは言いがたいものである。それでも、47歳の挑戦者がほんの数分間で100個の単語リストを憶え、順番どおりに暗唱するのを目の当たりにすれば、トレーニングの結果については認めざるをえない。

ブザンは、自分はこの年齢になっても記憶力が年々向上していると言っている。「世の中の人は、人間なら記憶力が衰えるのは自然なりゆきなのだから、そのままでいいと考えている。でも、そこには論理的な欠陥がある。自然なりゆきだからといって、そのままでいる必要はないんだ。人間の記憶力が衰退するのは、わざわざ力が出せなくなるような訓練をしているからなんだよ。私たちが脳にしていることは、オリンピックに出るためのトレーニングをしましょうと言って選手を椅子に座らせ、1日にビール10缶とタバコ50本を与え、車で移動させ、1カ月に一度、身体を痛めつけるような運動をさせて残りの時間はテレビを見て過ごさせるような、そんな生活をしているのと同じだ。そして、どうして成果が出ないのかと不思議に思っている。記憶力をそんなふうに扱ってきたんだよ」

記憶テクニックを習得するのはどれくらい大変なのか、知的競技者たちはどのように訓練しているのか、記憶力を向上させるにはどれくらいの時間がかかるのか、日常生活でこういったテクニックを使っているのか、それほどシンプルで効果的な方法なら、私が聞いたことがないのはどうしてなのか、なぜ普及していないのか、などなど私はブザンを質問責めにした。

「私に聞く前に、自分で試してみたらどうだ」というのが彼の答えだった。

「私のような人間が全米記憶力選手権に向けて訓練するには、だいたいどれくらいトレーニングすればよいのですか」と、私はなおも聞いてみた。

「全米選手権でトップ3に入りたいなら、週に6日、1日1時間トレーニングするといい。それだけやれば、かなりの効果がある。世界のトップに立ちたいなら、大会前の6カ月間は1日3〜4時間の訓練が必要だ。ちょっと大変だろうな」

その日の昼前、競技者たちが詩を憶える種目に挑戦しているとき、ブザンは私を呼び、肩に手を置いて言った。

「さっき話したことを憶えているか？　いいかい、次の大会では、君がこのステージに立っているかもしれないんだよ」

＊　＊　＊

「詩」と「名前と顔」の種目の間の休憩時間に、私は会場のこもった空気から逃れるため、建物の外に出た。そこで、イギリスから来た記憶の達人、杖をついたもじゃもじゃ頭のエド・クックと、彼の親友でオーストリアのグランドマスター、ひょろりとした体型のルーカス・アムススにばったり会った。2人は自分用の手巻きタバコを作っていた。

エドはこの春、オックスフォード大学の心理学科と哲学科を優秀な成績で卒業した。今は、『The Art of Introspection（内観術）』というタイトルの本を執筆するかたわら、パリ大学で認知科学の博士号を取るために勉強している。人を「自分の体が10分の1に縮んでしまったような感覚にさせる」ための研究をしているそうだ。また、新しい色の開発にも取り組んでいる。「単に新しい色というだけでなく、今までにない色の見方を編み出したいんだ」

一方、ルーカスはウィーン大学で法学を学んでいる。「How to Be Three Times Cleverer Than Your IQ（自分のIQより3倍賢くなる方法）」という小冊子を書いたことがあるという彼は、壁に寄りかかって、エドに「ランダムワード」の種目で惨たんたる結果だった言い訳をしていた。「『yawn』『ulcer』『aisle, before』って言葉自体聞いたこともないのに、どうやって憶えろというんだい」と強いオーストリアなまりでぼやいていた。

エドは第11代、ルーカスは第9代の世界大会覇者。この大会に来ているグランドマスターは彼らだけ、またスーツを着てネクタイを締めているのも彼らだけだった。2人は私に——誰でもよかったのかもしれないが——記憶競技での自分たちのネームバリューを活かして事業をしたい、具体的には「オックスフォード・マインド・アカデミー」という〝記憶力のギムナジウム（教育機関）〟を設立したい、という計画を熱っぽく語った。会員——ビジネス・エグゼクティブが大半になるだろうと2人は見込んでいた——になると、有料で「脳のワークアウト」のパーソナル・トレーナーの指導を受けることができるという。記憶力を鍛えることの価値が世界に認知されれば、金は天から降ってくるというわけだ。

「究極的には、西洋教育のリハビリをしたいんだ」とエドが言うと、「堕落しちゃった教育のね」とルーカスが続けた。

自分たちは人間の記憶の秘密を解明したいと思っていて、その研究の一環で記憶力選手権に参加しているのだ、とエドは言った。「脳の機能を理解するには2つの方法があるとわかった。1つは経験心理学でやっている方法。つまり、外からさまざまな人を観察して、そこから何かをつかむこと。もう1つは『システムの力を最大限に発揮させれば、その仕様について何かしら見えてくる』というロジックに基づく方法。おそらく、一番いいのは記憶力の最適化をはかること。頭のいい人を大勢集めて、厳しく客観的なフィードバックが得られる状況に置けば理想的だ。それが記憶力選手権なんだよ」

この選手権は、言ってみればSAT（特殊急襲部隊）がその力を発揮する舞台である。競技者は静かに机に着き、用紙を見つめる。そして答えを書きつけて審判に手渡す。1つの種目が終わるとすぐに得点が計算され、会場の前のスクリーンに表示される。ただし、この様子を記事にしようとするときに困るのは、この〝競技〟には、バスケットの試合のような観衆を巻き込む興奮がまったくないことだ。スペリング大会のほうがましなくらいだ。競技者が必死に脳を働かせているのか、眠っているのかわからないこともあるだろう。こめかみを押さえるポーズや緊張ゆえの足の震えは頻繁に目にするだろうし、負けて茫然とする光景も時には見られるかもしれないが、たいていは劇的なドラマは競技者の頭の中でのみ行われ、観客には見えない。

けれども、ごく普通と称する人たちが想像を超えるアクロバティックな〝技〟を披露しているのを見ているうちに、私は、自分の記憶力がどのように機能しているかをまったくわかっていないということに気がついた。そんなことを考えたのは初めてだった。今まで不思議にすら思わなかった疑問が、次から次へと浮かんできた。いったい記憶力とは何なのだろう。どのようにして作られるのか……。生まれてこのかた25年間、私の記憶力は滞りなく機能しているようだったので、そういったことを意識したことすらなかった。しかし、あらためて考えてみると、記憶力は実は何に対しても同じように働いているわけではない。ある対象についてはまったく機能せず、ある対象については強い力を発揮する。説明のできないおかしなことがたくさんある。

ちょうどその朝も、ブリトニー・スピアーズのひどい歌が頭から離れず、仕方なく、地下鉄の中でハヌカー・ソング［訳注：ユダヤ教の年中行事で歌われる歌。キリスト教で言うクリスマス・ソングのようなもの］を口ずさんでその歌を頭から追い出した。あれは何だったのだろう。数日前には、自分の敬愛するある作家の名前を友だちに教えようとしたものの、最初の文字だけしか思い出せないということもあった。どうしてこのようなことが起こるのだろうか。3歳より前の記憶がないのはどういうわけだ？　4年前、飛行機がツインタワーに突っ込んだというニュースを聞いたときに食べていた朝食のことは正確に憶えているのに――シリアル、コーヒー、バナナだった――おとといの朝、何を食べたか思い出せないのはなぜなのか。どうして、冷蔵庫を開けて何をしたかったのか思い出せないなんてことが起こるのだろう。

選手権から戻った私は、エドとルーカスがどのように記憶力を身につけたのかをどうしても調べてみたくなった。ただ単に、この2人が正規分布曲線［訳注：平均値を中心とした左右対称の山型の曲線］の裾野に位置する特別な人間、奇才ということなのか、それともその才能から私たちが学べることがあるのだろうか。私は、トニー・ブザンのことをうさんくさく感じたのと同じ理由で、2人に対しても懐疑的な思いを抱いていた。自己啓発ビジネスで大金を稼いでいる自称「教祖」は誰でも、そのからくりを暴こうとするジャーナリストの標的となる。ブザンの存在に、私の警報装置はこれ以上ないというくらい反応した。彼の提唱するものがいんちきなのか科学なのかを判断するには時期尚早だったが、「地球規模の教育革命」という彼の壮大な謳い文句は前者のようにしか思えなかった。

誰でも大量の情報を即座に記憶する方法を習得できるというのは本当なのだろうか。本当にどんな人でもできるのだろうか。記憶力を極限まで高めていくためのテクニックがあるとブザンが言ったとき、その言葉を信じたいと思いはしたものの、誰でも1組のトランプの順番や1000

個の2進数くらい記憶できると聞いて、彼のことを（そしてエドのことも）鵜呑《うの》みにはできないと感じた。エドたちには生まれつきの特殊な才能――アンドレ・ザ・ジャイアント〔訳注：巨体で人気を博したフランス出身のプロレスラー。身長が223センチあったと言われている〕の身長やウサイン・ボルト〔訳注：ジャマイカの陸上短距離選手〕の俊足の脳バージョン――があるのだという説明のほうが、説得力があるように感じられた。

実際、自己啓発の教祖が提唱する記憶力向上法の多くは商業主義にまみれたものである。地元のバーンズ・アンド・ノーブル〔訳注：アメリカ最大の書店チェーン〕の「自己啓発」コーナーを見てみたところ、「電話番号や日付を絶対に忘れない方法」「物事をすぐに思い出す方法」が身につけられるといった、センセーショナルな触れ込みの本が山積みになっていた。「脳の眠っている90%の能力」を引き出す方法を説いた本もあった。バカバカしい似非《えせ》科学だ。これなら手の眠っている90%の能力を引き出す方法を教えられるのと大して変わらないではないか。

しかし、記憶力の向上というテーマは、それによって直接の利益を得られるわけではない人たちによっても、しっかりとした検証が行われている。1870年代、ドイツの心理学者ヘルマン・エビングハウスが初めて記憶に関する研究を行って以来、心理学者たちもこのテーマに関心を寄せ始めた。

本書は、私が記憶力を向上させるべく、そして記憶――その隠れた働きと弱点、そこに秘められた可能性――について理解すべく取り組んだ日々について記したものである。私たちの記憶力は実際に（限度はあるが）伸ばすことができるということ、そしてエドやルーカスの技術は誰もが使うことができるものなのだということを、私が身をもって実感していった過程について述べる。さらに、熟達化の過程についての研究も取り上げ、科学者たちがさまざまな分野の一流のプロを研究し、彼らの訓練法から技術習得の一般的法則――ほとんどすべてのことに通じる向上の秘訣――を見出していく様子を紹介する。

本書は自己啓発書を意図したものではないが、記憶力のトレーニング方法や記憶テクニックを日々の生活で活かす方法を感じ取っていただければ幸いである。

本書で紹介するテクニックは驚くほど中身の濃い、大切な遺産である。記憶術が西洋文明の発展に果たしてきた役割は文化史の中の大きなテーマであるにもかかわらず、ごく限られた学者たち以外にはあまり知られていない。シモニデスの「記憶の宮殿」に代表される記憶システムは、古代から中世、そしてルネサンス期にかけて人類の英知に大きく貢献したのちに、すたれてしまった。

生理学的に見れば、私たちは、現存している最古の芸術であるフランス、ラスコー洞窟の牛の壁画を描いた私たちの祖先とほとんど変わっていない。私たちの脳は、古代人たちの脳より大きくもなければ、複雑でもない。彼らの子どもが21世紀にニューヨークの里親のところに養子に出されたとしても、その子は周りの子どもたちと同じように育っていくだろう。

私たちと古代人との違いは、記憶する力である。といっても脳内の記憶のことではない。現代の子どもも、３０００年前に生まれた子どもと同じように白紙の状態で生まれてくる。ここで言う記憶とは、本、写真、博物館、そしてこんにちのデジタルカメラに代表される外付けの記憶のことである。

はるか昔、記憶はあらゆる文化の源だった。しかし、人類が洞窟の壁に頭の中のことを描き残すようになってから3000年の間に、私たちはだんだんと、自分にもともと備わっている記憶力の代わりに、さまざまな補助記憶装置の助けを借りるようになっていった。この動きは近年、指数関数的に加速している。想像してみてほしい。明日の朝目覚めたとき、世界中のインクが蒸発し、コンピュータのメモリーが消えてしまっていたらどうなるかを。世界は即座に崩壊するだろう。文学、音楽、法律、政治、科学、数学といった私たちの文明は、外付けされた記憶装置の上に建てられたこけおどしの大建築なのだ。

記憶が、私たちが価値あるとみなしたものを保存する手段だとしたら、人間のはかなさにも大きく関わっていることになる。命が尽きれば、記憶も身体と一緒に消える。ある意味、私たちが構築してきた精巧な外付け記憶装置は、命には終わりがあるという自分たちの運命を受け流すための道具とも言える。外付け記憶によって、時空を超えて効果的に情報を受け渡すこと、そして別の人が新たにそれに手を加えていくことも可能になるのだ。これは、記憶を保持するためには脳から脳へ伝達しなくてはならなかった時代にはできなかったことである。

記憶の外在化によって人間の考え方が変わっただけではなく、「頭がいい」ということの意味するものも大きく変化し、内部記憶の価値は衰退した。「物知り」とは、「頭の中にたくさんの情報があること」から、「外部記憶という迷宮の中で、どこへ行ってどのようにしたら欲しい情報が見つかるかを知っていること」へと変わっていった。いまだに自らの記憶力を高めようとしている人たちを見ることができるのは、世界記憶力選手権と世界十数カ国で行われている記憶力選手権の中だけだ、と言っても過言ではないだろう。かつては西洋文明の礎《いしずえ》であったものが、今ではせいぜい物珍しい程度の価値しかなくなってしまった。

こうして私たちの文明の基盤が頭の中の記憶から外部記憶へと変わっていったことで、私たちは、そして私たちの社会はどうなっていくのだろうか。私たちが何かしらのものを得たことに疑いの余地はない。しかし、それと引き換えに失ったものもあるのではないだろうか。人類の記憶力が衰退したことには、いったいどんな意味があるのだろう。

第2章

記憶力のよすぎる人間

1928年5月、若手ジャーナリストのSがロシアの神経心理学者、A・R・ルリヤの診療所にやってきた。ルリヤは彼に記憶力テストを受けることを丁重に勧めた。Sは新聞社の編集者である上司に言われてここにやってきたのだった。毎朝の編集会議で、上司は会議室いっぱいに集まった記者たちにその日の仕事を割り当て、それぞれの内容、取材先、記事の提出先を次から次へと読み上げる。記者たちは手を動かして詳細なメモを取るが、1人だけそうしない人物がいた。Sだ。Sはただ、じっと目を見開いて、聞いているだけだった。

ある朝、Sのいかにもやる気のなさそうな様子にうんざりした上司は、彼を呼びつけ、もっと真剣に仕事に取り組むよう注意した。私が自分の声を聞きたくて毎朝こうやって連絡事項を読み上げているとでも思っているのか、取材先を確認しないで記事が書けるのか、提出先も控えずにテレパシーででも伝えるつもりか、新聞報道の世界で生きていきたいと思うなら真剣に聞いてメモを取れ……。

Sはぽかんと上司の顔を見つめていた。そして上司の話が終わると、朝の会議で彼に言われたことを一言一句もらすことなく静かに復唱した。上司は驚き、言葉を失った。でも、びっくりしたのはこちらのほうだ、とSはのちに語っている。彼はずっと、聞いたことを残らず憶えているのは当たり前のことだと思っていたのだ。

ルリヤの診療所を訪れたときも、Sはまだ、自分が特殊であるとは思っていなかった。「自分が人とは違う、記憶力が尋常ではないということが受け入れられないようでした」とルリヤは振り返る。Sの記憶力を測定するため、いくつかのテストが行われた。まず、Sに数字のリストを憶えてもらった。驚くことに、Sは読み上げられた7個の数字を、おずおずと最初は前から、次に後ろから復唱した。

「意味をもった単語でも意味のない音節でも、数でも音でも、口頭で答えるのでも書き出すのでも同じでした。私が3〜4秒の間《ま》を空けて1つ1つ読み上げると、頭に入れてすらすらと繰り返すのです」。何度テストをしても結果は変わらず、いつも完璧だった。「検査をしながら、自分が混乱しかけているのがわかりました。患者の記憶力を測定するという心理学者ならできるはずの単純なことができていない、ということを認めざるをえませんでした」

ルリヤはその後30年にわたってSのことを研究し、『偉大な記憶力の物語』という本を書いた。この本は異常心理学分野の不朽の古典となっている。Sは数学を知らずに複雑な数式を記憶し、イタリア語を知らずにイタリア語の、それも詩や公文書でしか使われないような難解な言葉を記憶することができた。しかし、どんなものでも憶えているということにも増して驚異的だったのは、彼の記憶力が衰えを知らなかったことである。

普通の人間ならば、記憶は時がたつにつれてだんだんと薄れていく（この現象は「忘却曲線」で示される）。新しい情報を得たその瞬間から記憶がゆっくりと薄れ始め、ついには消えてしまう。19世紀の終わり、ヘルマン・エビングハウスは、数十年間かけて、この無情な忘却のプロセスを定量化する研究を行った。時間の経過に伴って記憶が消えていく様子を把握するために、彼は数年間を費やして3文字からなる意味のない音節（GUF、LER、NOKなど）を2300個憶え、あらかじめ決めておいたタイミングで、忘れた音節の数と憶えていた音節の数を調べた。そ

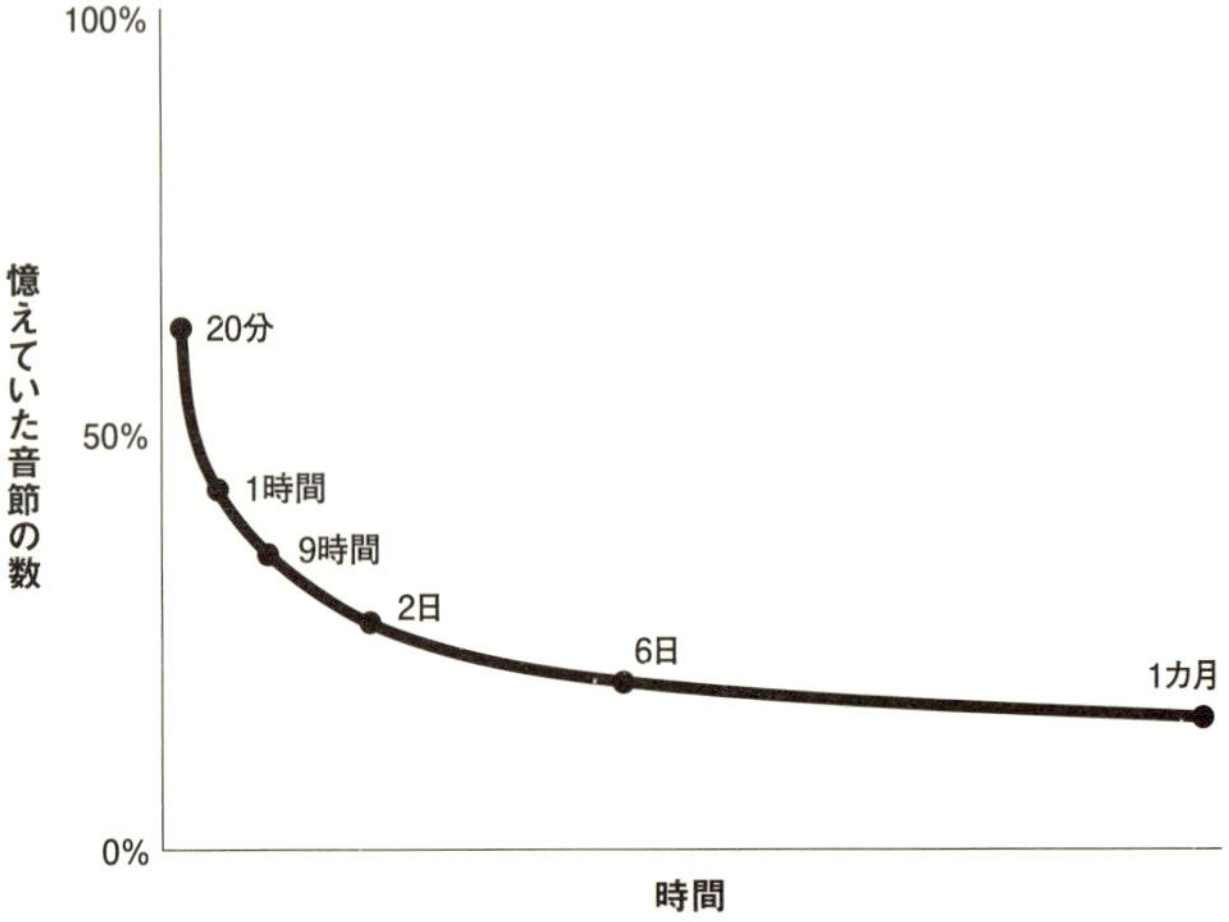

の結果をグラフにしたのが上の曲線である。

何回テストしても、結果はほとんど変わらなかった。憶えて1時間後に、半分以上を忘れる。1日後、さらに10％を忘れる。1カ月後、さらに14％を忘れる。その後はそれほどの変化はなく――この時点で憶えている単語は「長期記憶」として定着する――忘却のペースは落ち、少しずつ忘れていく。

だが、Sの記憶力はこの忘却曲線のとおりにはならなかった。何回憶えるように言われたか、どれくらい前に憶えたか――16年前に憶えたこともたくさんあった――にかかわらず、どんなことでも、まるで今憶えたばかりのことのように正確に記憶しているのだ。「彼は、目を閉じて、息を吸って、それから口を開く。『そう、そうです。これは、あなたの部屋で憶えたものです……あなたは席に着いていて……灰色のスーツを着ていましたよね』。そしてよどみなくすらすらと復唱する」とルリヤは書いている。

ルリヤの詩的とも言える描写を読むと、時折、Sが別の惑星から来た客のように思えることがある。彼の症例は、異常心理学の歴史の中でも特別なものとして扱われることが多い。しかし、そこにはもっと素晴らしい意味がある、ということが私にはわかりかけてきた。Sは奇跡のような稀有《けう》な存在であるけれども、実は私たちのようなごく普通の、衰えもするし忘れることもある脳をもつ人間も、彼から学べることがたくさんある。彼の特異な技能が、私たちの誰の中にでも眠っている可能性があるのだ。


私はジャーナリストだ。ニューヨーク行きのきっかけとなった記憶力選手権の取材後、普通なら家に戻って記事をまとめ、それから次の仕事に取りかかるところだろう。でも、そのときの私は違った。私が向かったのはワシントン行きの電車ではなく、別の会場――マンハッタンのアッパー・イースト・サイドの公立高校――だった。ここでエドが、16歳の高校生たちに、テストで高得点を取るための記憶テクニックを教えることになっていた。私はその日の予定をキャンセルして彼に同行した。というのは、エドが自分についてきたら、いつか自分やルーカスがSのような記憶力を身につけた方法を教えよう、と約束してくれたからだ。

しかし、そのような奥義に踏み込む前に、基礎固めの作業が待っていた。エドは私と高校生たちに、誰にでももともと素晴らしい記憶力がある――少なくとも、ある種の情報を習得するということに関しては――ということを伝えようとしていて、そのために写真を憶えるテストを用意していた。

エドは、「僕はイギリス生まれ。だから、社会生活を満喫するよりは記憶でもしようと思わざるをえなかったんだ」と自虐的なジョークを混じえた自己紹介のあと、70桁の数をほんの1分ちょっとで憶える（Sがかかった時間の3分の1だ）という正真正銘の記憶力を披露し、続いて高校生と私の記憶力のテストに移った。

「これから君たちに写真をたくさん見せるよ。すごく速いスピードでいくからね」。生徒たちのどよめきに負けないように、彼はトーンを上げた。「できるだけたくさん憶えてね」。そう言うとリモコンのスイッチを押し、照明を落とした。教室の前の映写幕に、次々と写真が映し出された。0・5秒足らずで次の写真に移っていく。ソニー・リストンに勝利したときのモハメド・アリ、バーベル、月面上につけられたニール・アームストロングの足跡、フリードリヒ・ニーチェの『道徳の系譜』の表紙、赤いバラ……。

写真は全部で30枚あった。あっという間に次の写真に移るので、全部どころか1枚でも思い出すのが難しいような気がした。それでも私は全神経を注いで1枚1枚、脳に刻みつけた。最後の「山羊《ヤギ》」の写真のあと、部屋は真っ暗になり、再び照明がついた。

「さて、全部憶えられたと思うかい？」

「思いません！」と私の前に座っていた女子高生が皮肉めいた口調で答え、幾人かがクスクス笑った。

「そう、それが聞きたかったんだ」とエドは答え、腕時計を見て時間を書きとめた。もちろん、私たちは写真を全部憶えることができるという結果になるのだろう。そうでなければテストをした意味がない。でも、前に座っている女子高生と同じく、私もそんなことができるとは思えなかった。

30分後、次々と見せられた写真の記憶が忘却曲線にしたがってかなり消えてから、エドは新しいスライドを見せていった。今度は2枚の写真が並んでいる。1枚は先ほど見たもので、もう1枚は初見のもの――左側にモハメド・アリ、右側に泡を出しているアルカセルツァー［訳注：解熱鎮痛薬。発泡性のタブレット］の写真――だった。

エドは私たちに、さっき見たほうの写真を指さすように言った。簡単だ。モハメド・アリの写真はさっき見たもので、アルカセルツァーは違うと誰もがわかった。エドは「ね、簡単に思い出せただろう」と言ってから、次のスライド――左側に一匹の鹿、右側にはニーチェの本――に移った。

これも全員が正解した。結局、全員が30枚を全部答えることができた。「さあ、面白いことがわかっただろう」。エドは教室の前方を教授さながらのポーズで歩きながら言った。「1万枚のスライドを見せたって、君たちはきっとちゃんと答えることができるはずだ。君たちの記憶力はそれくらい優秀なんだよ」

続いて彼は、1970年代に行われた、よく引用される実験について話した。今やったのと同じような方法で行われたテストだが、30枚ではなく1万枚を憶える（このテストにはまるまる1週間かかった）。憶えるには多すぎる量だ。一度見ただけで憶えるならなおさらである。それにもかかわらず、被験者たちは80％以上の写真を憶えることができたという(1)。

もっと最近の実験もある。見せる写真は2500枚(2)。ただし、モハメド・アリとアルカセルツァーのタブレットというようなわかりやすいもの——アリがどれだけ泡を吹いていたとしても間違いなく区別がつく——ではなく、5ドル札の束と1ドル札の束、緑の電車と赤い電車、細い持ち手のついたベルと幅広の持ち手のついたベル、といった似たような写真の中から選ぶのだった。2つの写真にはわずかな違いしかなかったにもかかわらず、被験者たちは全体の90％を正確に記憶していた。

この数字には驚いたが、実は私がなんとなく感じていた、「人間の記憶力は捨てたものではない」ということを数字で示したにすぎない。私たちは日々、鍵をどこに置いたか忘れた、名前がのどまで出かかっているのに思い出せない、といった類《たぐい》の物忘れに嘆いているが、最大の物忘れは、私たちはごくまれにしか忘れないということを忘れていることである。

「もっとびっくりすることを言おうか」とエドは言った。「このテストを何年かあとにやっても、君たちは、どちらが以前に見たことがある写真かをほとんど答えられるはずだよ。脳のどこかに見たことのあるものの痕跡が残っているんだよ」

あまりに信じがたい話に思え、調べてみたくなった。私たちの記憶力はどれくらい優れたものなのか？　すべてを憶えていることなど可能なのか？

確かに「脳は忘れない」という見解は、私たちが記憶力について語るときに、写真、テープレコーダー、鏡、コンピュータなど、機械のような正確性を示唆するたとえを使うことが多いことからもうかがえる。脳のことを「経験したことをもれなく写し取る機械」と認識していることの表れと言えよう。調べてみると、ごく最近まで大半の心理学者が、人間の脳には完璧な録音機としての機能があるのではないか——記憶というものは終生、脳のどこかに格納される。それが見つからないとしても、消えてしまったわけではなく、どこかに紛れ込んでしまっただけだ——と考えていたことがわかった。

1980年に発表されたアメリカの心理学者、エリザベス・ロフタスの重要な論文によれば、彼女が「私たちが学習したことはすべて、脳に永久に格納される。ただし時に、特に細かいことについては取り出せないこともあるが、睡眠状態にするか、何らかのテクニックを用いれば、このような細かい情報も復元できる」(3)という説について仲間に意見調査をしたところ、実に84%が賛成の意を示したという。

ロフタスはさらに、この説は、もともとは1934年から54年にかけてカナダの脳外科医であるワイルダー・ペンフィールドが行った一連の実験がきっかけで提唱されるようになったものである、と述べている。ペンフィールドは、局所麻酔をして開頭手術中のてんかん患者の脳に電極を当てて刺激を与えた。てんかんの原因となっている部位を突きとめ、できれば治療したいという狙いのもとに行われたのだが、側頭葉のある部分に電極を当てると、思ってもみなかったことが起こった。患者が長い間忘れていた思い出を鮮明に語り始めたのだ。もう一度同じ場所に電極を当てると、往々にしてまた同じ思い出が蘇る。この実験から、ペンフィールドは、脳は関心の程度にかかわらずあらゆることを記憶していて、その記録は消えることがない、と信じるようになった。

ドイツの心理学者ウィレム・ワーヘナールも、同様の考えを支持するようになっていた。[4] 彼は1978年から84年までの6年間にわたり、毎日、その日に起こった印象的な出来事を1つか2つ記録していった。1つの出来事につき1枚のカードを使い、起こったこと、一緒にいた人、場所、日付を書きとめた。そして1984年、6年間の記録のうち、どれだけの出来事を思い出せるか調べてみた。無作為にカードを抽出し、そこに書かれていることを憶えているかどうかチェックしたのだ。

すると、ちょっとした手がかりがあれば、特に最近のことについてはほとんど思い出すことができた。しかし、古いほうの記憶のうち、20％近くはまったく思い出せなかった。日記に残っているのに思い出せないというのは、まるで知らない人の身に起こったことのようで、自分の体験とは思えなかったという。

思い出せない記憶は本当に消えてしまったのだろうか。ワーヘナールはそんなはずはないと考え、まったく思い出せない出来事のうち、日誌の記述から誰かが一緒にいたと思われる10件について、さらに調べることにした。そうして、一緒にいた人たちを探り当てて連絡をとったところ、皆、細かい情報を教えてくれて、いずれの記憶もすっかり復元することができた。どの記憶とて消えてはいなかったのだ。彼はこのことから、経験したことは完全に忘れ去るということはない、という結論を下した。

しかし、ここ30年の間に心理学者の大半は、「過去の記憶は完全な状態で脳に格納されている。

ただ取り出されないでいるだけだ」という説に懐疑的になっていった。また、脳科学者たちによって記憶に関する謎が解明され始め、時間に伴う忘却、記憶の変化・消失は、脳の中の細胞レベルで実際に起こっている物理現象であるということが明らかになった。そして今では、ペンフィールドの実験は幻覚を呼び起こしただけ、記憶というよりはデジャブのようなものという見解が主流になっている。

そうはいっても、長く忘れていた過去の体験を突然思い出すことはよくあるし、「いったん脳にしまわれた記憶なら、何かきっかけがあれば残さず引き出すことができる」という説は根強く残っている。実のところ、人間の記憶に関する最大の、そして蔓延している誤解とは――エドが笑い飛ばしたことだが――映像記憶をもつ人がいる、ということである。

これに関してエドにもう少し聞いてみたところ、彼は、昔はよくそのような記憶力をもつ人が世界記憶力選手権のことを聞きつけて参戦し、自分や仲間たちを蹴散らしていくという夢にうなされ、汗をびっしょりかいて目が覚めた、ということを打ち明けてくれた。そのようなことはまず起こらないという見解が主流であることを知って、ようやく安心したのだという。自分には映像記憶の能力があると主張している人も多いが、本当に誰かの脳に映像が格納されていて、それを忠実にまるごと呼び出せるということを裏づけるデータはない。実際、科学文献に取り上げられている映像記憶の症例は1例だけである。(5)

1970年、ハーバード大学の視覚研究者チャールズ・シュトロマイヤーが、世界で最も権威のある科学雑誌の1つ、『ネイチャー』誌にエリザベスという若い女性についての論文を発表した[6]。彼女はハーバードの学生で、ある特殊な能力をもっていたという。彼女の左目を隠して右目だけに1万個のランダムな点の配列を見せ、次の日は左目だけに別の配列を見せたところ、驚くことに、彼女はまるで1990年代に流行した「マジックアイ」(ステレオグラム)のように、脳内で2つの図を合体させることができたのだ。それぞれの図が重なり、新しい1つの絵が見えたのだと彼女は述べている。これは映像記憶が存在しうるということを裏づける初めてのデータかと思われたが、ドラマのような展開が待っていた。なんと、シュトロマイヤーは彼女と結婚し、以後、彼女についての研究は行われなかったのである。

その後、1979年にジョン・メリットという研究者がシュトロマイヤーの論文の検証に乗り出した。彼は、全国各地の新聞と雑誌に映像記憶があるかどうかを調べるテスト(点で描かれた図を2つ並べたもの)を行う旨を告知した。エリザベスのような能力をもつ人が見つかって、彼女が唯一の例なのではないということを証明できないかと考えたのだ。約100万人がこのテストに挑戦し、正解を出した30名のうち15名がメリットの研究に参加することに同意した。しかし、誰1人としてエリザベスのような特殊な芸当を披露することはできなかった[7]。

エリザベスの研究は異例の出来事が重なった。研究者と被験者が結婚して、その後の研究が行われなくなり、同じような能力をもつ被験者も見つからない。シュトロマイヤーの研究は信用できない、と言う心理学者もいた。そこで私はシュトロマイヤーに直接電話をかけ、事の真相を尋ねた。「私たちのデータには、疑惑をもたれるような点は一切ない[8]」と彼は語った。ただし、女性1例だけの研究では、映像記憶をもつ人がほかにも存在することの強い裏づけにはならない、ということは彼も認めている。

若い頃、私はバビロニアで編集されたユダヤ教の聖典『タルムード』の全63編、5422ページのどこを指されても何が書いてあるかを答えられる超正統派ユダヤ教徒の話に魅了されたことがあった。おそらくヘブライ学校に伝わる伝説で、空中浮揚する教祖の類の作り話に違いないと思っていたのだが、「タルムード記憶の達人」は「鉄腕男」と同じく実在し、ユダヤ教の高い地位についていることがわかった。

1917年、ジョージ・ストラットンという心理学者が『サイコロジカル・レビュー』誌に、記憶の達人として知られていたシャス・ポラックというポーランドのユダヤ教徒の学者グループについての論文を書いている。しかし、ストラットンが注釈に書いているように、「シャス・ポラックの記憶力は驚異的だったが、学術的な世界で大成した人は1人もいない」[9]。どうやらポラックには、映像記憶のような力があって研究にすべてのエネルギーを注ぐことができる、というわけではなかったようだ。全人生を懸ければ、たいていの人間なら5422ページを憶えることも可能なのではないだろうか。

映像記憶が神話でしかないとしたら、ロシアのジャーナリストSについては、どのように説明したらいいのだろう。脳の中でスナップ写真を撮っているのでないのならば、どんなことが行われているのだろうか。

Sの脳には特異な記憶力のほかにも、変わった特徴があった。彼には「共感覚」という珍しい認知障害があり、知覚どうしが奇妙につながっていた。音を聞けば、その音の色、手触り、時には味までもが感じられ、「複数の感覚の複合体」が浮かんでくる。ある単語は「なめらかで白い」と感じ、またある単語は「オレンジ色で弓矢のようにとがっている」と感じられるのだという。ルリヤの同僚で著名な心理学者のレフ・ヴィゴツキーの声は「黄色でほろほろと崩れそう」、カメラマンのセルゲイ・エイゼンシュテインの声は「ちろちろと燃えている炎」のようだと語っている。

言葉を聞くと、Sの脳内にはイメージが浮かぶ。私たちは「象」という言葉を聞いたり見たりすると、すぐに、これは大きくて灰色で、足が太く、鼻が長い厚皮動物のことを言っているのだと理解する。けれども、たいていの場合は、象の姿がそれほど強いイメージとして頭に浮かぶことはないし、通常の会話や読書ではわざわざそんなことをする必要はない。しかし、Sは言葉に触れるたびに即座に、これを自動的に行っている。どうしようもないのだという。

「『緑』と聞くと緑の植木鉢が思い浮かぶ。『赤』と聞くと赤いシャツを着た男性がこちらに来る様子が浮かぶ。『青』と聞くと誰かが窓から青い旗を振っている姿を想像してしまう」と、彼はルリヤに語った。どんな言葉を聞いてもそれに付随したイメージ——時には味やにおいのこともある——が浮かぶので、Sはいつも現実とは別の、一種の白日夢を見ている状態だった。彼を取り巻く現実の世界があり、同時にもう1つの想像の世界が彼の脳内で展開されているのだ。

彼の脳内に浮かぶこういったイメージはあまりにも強烈で、時には現実と区別がつかないこともある。「彼が住んでいる想像の世界と、彼が存在してはいるが、時には客のようになる現実の世界――彼にとってどちらの世界が現実なのか見分けるのは、誰にとっても至難の業だ」とルリヤは書いている。脈拍を上げるには、電車を追いかけて走っている自分を想像すればいい。体温を上げたいなら、熱いオーブンに自分の手を突っ込む様子を思い描けばいい。想像することで、痛みを消すことだってできる、とSは言う。「例えば、歯医者に行ったとき。治療台に座って、痛みを感じ始める……朱色の細い糸が頭に浮かぶ。このままだと糸がどんどん太く、大きくなっていくはずだ。どうしよう……そこで、この糸を切ってしまう。小さく小さく、点になるまで切り刻む。すると痛みもなくなる」

数ですら、Sにとってはそれぞれの個性がある。「例えば、1は勝気《かちき》でがっしりした身体つきの男性。2ははつらつとした女性。3はふさぎ込んだ人（理由はわからないが浮かぶのだ）。6は足がむくんでいる男性。7は口ひげを生やした男性。8はでっぷり太った女性（袋の中にまた袋が入っているようなイメージ）。87なら太った女性と口ひげをひねっている男性が並んでいる様子が見える」

共感覚によって数字には命が吹き込まれたが、一方でSは抽象的な概念や比喩を理解することが難しくなった。「視覚化できることしか理解できない」と彼は言う。「無限」や「無」という言葉は彼の理解を超えていた。「例えば、『何か』という言葉は、私にとっては灰色のもくもくした厚い雲のイメージだ。『無』も雲が浮かぶけれど、薄くて向こうが透けて見える。その粒子をつかもうとしても、ごく小さなものしかつかめない」

Sの思考には「比喩を使う」という選択肢はない。「自分の言葉の重みをはかる」という表現から思い浮かぶのは、「分別をもつこと」ではなく「秤《はかり》」なのだ。文字どおりの意味のものでない限り、詩を読むことは不可能。単純な物語も理解するのが難しい。有無を言わさずイメージが思い浮かぶので、一語一語に反応して進めなくなってしまうか、関連した別のイメージへ、別の記憶へと思考が飛んでいってしまうのだ。

Sに限らず、私たちの記憶というのはどれも、言葉の醸し出すイメージがクモの巣状につながったものである。これは比喩ではなく、脳の物理的構造をそのまま表現したものだ。脊柱《せきちゅう》の上にのっている1400グラムの塊は、1000億個のニューロン（神経細胞）が集まってできていて、それぞれのニューロンは5000～1万個のシナプス結合を介して他のニューロンとつながっている。このニューロンのつながりのパターン(10)が生理学的に見た記憶の正体である。何かを憶えたり考えたりするたびに、この広大なネットワークの中でつながり方が変わり、脳が形を変えていく。この文を読み終える頃には、脳が物理的に変わっているのである。

「コーヒー」という言葉から黒色、朝食、苦みといったイメージが思い浮かぶとしたら、それは脳内に実在する経路に神経インパルス〔訳注：神経線維を伝わる活動電位のこと〕が次々と送り出され、「コーヒー」の概念を符号化するニューロンと、「黒」「朝食」「苦み」といった概念を格納しているニューロンとを結びつけたためである。このことは今や、科学者たちにとっての常識だ。しかし、細胞の集合の中にどのように記憶が「格納されて」いるかは、いまだに神経科学分野での大きな謎である。

ここ数十年間の科学の発展にもかかわらず、いまだに人間の脳の中の記憶というものを実際に見た人はいない。画像技術の進歩によって脳の基本的な形状が確認できるようになり、研究によって個々の脳細胞の中や細胞間で何が起こっているのかが解明されてきたものの、大脳皮質の回路、つまり脳の外側のひだ状の部分——将来の計画を立てたり、割り算の筆算をしたり、詩を書くときに使われる部位で、記憶の大部分がここに保持される——で何が起こっているかは、科学的にはほとんどわかっていないのだ。私たちの脳についての知識は、空高く飛んでいる飛行機から街を見下ろして認識できる程度のレベルだ。

つまり、ビジネス街がどこにあるか、住宅街がどこにあるか、空港はどこか、大きな道路はどこにあるか、どのあたりから郊外になるか、ということはわかっている。また、街を構成する個々の単位（市民。このたとえで言えばニューロンのこと）の様相についてもある程度まではわかっている。しかし、人々がおなかが空いたらどこへ行くのか、どのように生計を立てているのかということや、通勤や通学の様子などはほとんどわからない。脳は近くから、そして遠くからも感覚を生み出す。その仕組み——思考や記憶、脳の言葉のようなもの——は、いまだに謎に包まれている。

それでも、1つわかっていることがある。脳内の連想の仕組みは非線形的なものなので、秩序立った方法で意識して記憶をたどることはできないということだ。何らかの思考や感覚（無限に広がるクモの巣の中の一部）からの合図を受けて、まったく別の場所にある記憶が意識の中に直接浮かび上がってくる。だから、忘れてしまったり、のど元までしか出ていないときには、それを追跡してつかまえるのは難しいし、うまくいかないことが多い。暗闇を懐中電灯で照らしながら、思い出したいことの一部でもわからないかとうろうろすることになる。「Lで始まる名前だった……絵を描いてる人だった……2〜3年前にパーティで会った人だ」。そして思い出すまで手がかりを探す。「ああ、そうだ、Lisaっていうんだ！」。脳は線形の論理思考をしないので、順番に探すことも、拾い読みすることもできないのである。

しかし、Sにはそれができる。Sの記憶はカードカタログのように系統立てられていて、記憶した情報の1つ1つに脳内のアドレスが割り当てられている。

例えば、「熊」「トラック」「大学」「靴」「ドラマ」「ゴミ」「スイカ」という単語を憶えるとしよう。7つの単語を憶えるのは簡単かもしれないが、この順番どおりに憶えるとなると少し難しくなる。でも、Sは違う。Sにとって、リストの最初の情報はいつも、間違いなく2番目の情報につながっている。そして2番目の情報のあとには3番目の情報しか来ない。ダンテの『神曲』だろうが数式だろうが変わりはない。彼の記憶はいつも、線形につながって格納されている。だから、詩を前から後ろへ、そして後ろから前へと復唱できるのである。

Sは、記憶を自分が知っている建物や場所にマッピングすることによって、驚くほどきちんと整理している。「Sが単語を続けて読むとき、彼の頭には1つ1つの単語の写実的なイメージが浮かんでいる。かなりたくさんの単語がある場合には、そのイメージを頭の中の列に、何らかの方法で分けて置いていかなくてはならない」とルリヤは書いている。「たいていは……頭の中で思い描いた道に1つずつ置いていく」

Sは、何かを記憶したいときには、モスクワのゴーリキー通り、トルジョークの自宅、そのほか行ったことのある場所を頭の中で歩きながら、1つ1つのイメージを異なる場所に並べていくところを想像する。これは家の戸口に、これは街灯の脇に、これは柵の下に、これは庭に、これはショーウインドウの出っ張りに、という具合に並べていくのである。すべては彼の頭の中で、あたかも実際の道に実際の物を置いていくかのように苦もなく行われる。先ほどの7つの単語――「熊」「トラック」「大学」「靴」「ドラマ」「ゴミ」「スイカ」――を憶えるように言われたら、その言葉に結びついているイメージを思い浮かべ、それを頭の中の道に並べていく。

1日後、1カ月後、あるいは10年後にそれを思い出したいと思ったら、イメージを並べた道をもう一度歩いて、自分が置いた場所でそれぞれを確かめればいい。まれに思い出せない単語があるが、「これは……〝記憶の不備〟ではなく〝認知の不備〟である」とルリヤは書いている。例えば、単語リストの中で、憶えていたはずの「鉛筆」という言葉を忘れてしまったことがあった。彼はその理由をこう説明している。「鉛筆のイメージを柵の近くに置いた。通りの先にある柵のね。でも、鉛筆のイメージが柵のイメージに同化してしまって、もう一度歩いたときに気づかずに通り過ぎてしまったんだ」。また、「卵」という言葉を思い出せなかったときには、「白い壁のところに置いたら、背景に溶け込んでしまった」と語っている。

Sの記憶は、与えられたものを何でも見境なく食べてしまう野獣のようなもので、憶えておく価値のない些細なことも吐き出すことができない。Sにとって最大の課題は、ルリヤが言うところの「忘却術」を習得することだった。それぞれの感覚が生み出すイメージが濃密なので、なかなか消すことができず、もどかしい思いをする。Sは、そういった記憶を消すための方法をいろいろ試してみた。

例えば、紙に書けば憶える必要性を感じなくなるだろうと思い、試してみた。でもダメだった。次はその紙を燃やしてみた。それでも燃えさしの中にイメージが見えた。そしてようやく、彼はひらめいた。以前に憶えたイメージ図が頭から離れず苦しんでいたある夜に、忘れるための秘訣を見つけたのだ。忘れたい情報には意味がないと信じればいい。「地図を思い出したいと思わなければ、地図はきっと現れない。これを実践しよう」


Sの何でも吸い込んでしまう記憶力があれば、恐るべき敏腕ジャーナリストになれるのではないか、と思う人がいるかもしれない。私だったら、メモを取らずに記憶できて、憶えたことをいつでも使えれば、きっと仕事でも何でも、今よりうまくできるようになると考える。

しかし、職業人としては彼はうまくいかなかった。新聞記者の仕事は続かず、その後、定職につくこともなかった。ルリヤは、Sのことを「根なし草タイプの人間で、いつだって何か特別いいことが自分の身に起こると期待しながら生きている」と考えている。結局、Sの記憶力は、彼を、アルフレッド・ヒッチコック監督の『三十九夜』に出てくるミスター・メモリー〔訳注：舞台で客から出されるあらゆる質問に答える芸人〕のようなステージ・パフォーマーになるしか働く道のない人間にしていた。世界一の記憶力をもつ人間は、明らかに憶えすぎだったのだ。

アルゼンチンの作家ホルヘ・ルイス・ボルヘスは、『記憶の人、フネス』という短編小説の中で、素晴らしい記憶力があるものの、忘れることができないために不幸になった、Sの小説版とも言える男性を描いている。フネスは、大切なこととそうでないことを区別したり、優先順位をつけたり、一般化したりすることができない。「大局的に、観念的に考えることができない」のである。Sと同じく、彼も記憶力がよすぎた。ボルヘスが小説の中で示唆したように、おそらく忘れる、憶えていないという性質があるから、私たちは人間でいられるのだろう。この世を理解するためには、フィルターをかける必要がある。「考えることは、忘れることだ」とボルヘスは書いている。

Sの物事を記憶する能力は現実離れしたもののように思えるが、実は、私たちの誰もがもっている空間記憶をうまく利用したものである。ロンドンに行くと道々で、バイクのハンドルに地図を置き、それを見ながらひたすら行ったり来たりしている男性――時には女性のことも――を見かけることがある。

この熱心なライダーは、ロンドンのタクシー運転手になるためのトレーニングをしているのである。彼らは、市の公共輸送事務所から認定を受けるまで2～4年をかけて、この広くて複雑な街の全2万5000に及ぶ通りと1400の目印となる場所を頭に入れる。トレーニングの先には、「the Knowledge（知識）」という名前の恐ろしく難しい試験が待っている。この試験では、2つの地点を結ぶ最短ルートを判断するだけでなく、通りにある名所を挙げることも求められる。そうして勉強しても、合格するのは10人に3人程度だ。

2000年、ロンドン大学ユニバーシティ・カレッジの神経科学者エレナー・マグワイヤが、ロンドンの迷宮のような道路を運転することがタクシー運転手の脳にどんな影響を与えるかを研究した。運転手16名に研究室に来てもらって彼らの脳をＭＲＩ（磁気共鳴画像）で調べたところ、彼らの脳には驚くべき特徴があることがわかった。右の後方海馬《かいば》（空間認識に関与していると言われている部分）が平均よりも７％大きかったのだ。大きい差というわけではないが、無視できない数字である。マグワイヤはロンドンの道を憶えることによって脳の構造が物理的に変化する(11)という結論を出した。運転手としての経験を積めば積むほど、その影響が顕著に表れていた。

脳は柔軟な組織で、自身のことを認識していて、新しい情報が入ってくるとできるだけそれに適応しようとする（この性質を「神経可塑性《かそせい》」と言う）。「成人のニューロンは増えることはない。学習によってシナプスの配列が変わり、脳細胞間に新しいつながりが生まれることはあるが、脳の解剖学的構造は基本的には変わらない」というのが長年にわたる定説だったが、マグワイヤの研究は、この説は真実ではないということを示唆している。

ロンドンのタクシー運転手についての革新的な研究の次にマグワイヤが注目したのは、知的競技者だった。研究論文「Superor Memory（卓越した記憶力）」の執筆者であるエリザベス・ヴァレンタイン、ジョン・ワイルディングとチームを組み、世界記憶力選手権でトップクラスの成績を収めた10名についての研究に取りかかった。記憶の達人たちの脳は、ロンドンのタクシー運転手たちの脳のように一般の人の脳と構造的に違っているのか、それとも、私たちの誰もがもっている記憶力を何らかの方法で私たちより上手に使っているだけなのか、ということを調べるのが目的だった。

３人は、知的競技者と対照群（知的競技者と比較するため、同じ条件で実験を行った人のグループ）とをＭＲＩスキャナーにかけ、３桁の数、モノクロの顔写真、雪の結晶の拡大写真を記憶させ、脳の動きを観察した。知的競技者たちの脳に解剖学的な特徴、つまり徹底的に物を憶える過程で彼らの脳が変わっていったことを示すデータが見つかるのではないか、と思っていた。しかし、画像データを見たところ、両グループの間に脳の構造的な違いは何ひとつ認められず[12]、知的競技者の脳は対照群の脳と区別がつかなかった。

さらに、一般認知能力を調べるテストをしてみたところ、彼らのスコアはごく普通だった。知的競技者は頭がとりわけいいわけではなく、その脳にも特別なところはない。エドやルーカスは、自分たちはごく普通の人間で記憶力も平均レベルだと言っていたが、それは単なる謙遜ではなかったのだ。

しかし、知的競技者の脳と対照群の脳には、１つはっきりとした違いがあった。記憶しているときに脳のどの部分が活動しているのか調べてみると、知的競技者の脳では、まったく別の回路が活動していることがわかったのだ。ｆＭＲＩ（機能的磁気共鳴画像）の結果は、対照群の脳ではそれほど活動していない部位が、知的競技者の脳では活発に動いていることを示していた。

驚いたことに、知的競技者が新しい情報を学ぶときには、ロンドンのタクシー運転手が日々道を憶えていく中で拡大させていった右側の後方海馬をはじめとして、脳の視覚的記憶と空間記憶の２つに関与すると言われている部分が活動していた。なんとも説明がつかないことだった[13]。なぜ知的競技者たちは、３桁の数を憶えるときに画像を思い浮かべるのか？　なぜ雪の結晶を記憶するときにロンドンの運転手たちのように脳内空間を移動するのか？

マグワイヤたちは、記憶の達人に、どのようにして記憶しているのかを詳しく聞いた。彼らが教えてくれたのは、Sの頭の中で起きているのとほとんど同じ方法だった。彼らはSと違って生まれつき共感覚があるわけではないが、意識的に憶えるように言われた情報を画像に変換し、よく知っている場所を思い浮かべてそれを並べる、といったことをしていた。Sのように反射的に行っているわけでも、また生まれもった天賦の才能によってそうしているわけでもない。マグワイヤたちの研究によって明らかになった思いがけない神経活動のパターンは、努力と訓練のたまものだったのである。彼らは、Sが記憶するのと同じ方法を自ら習得していったのだ。

気がつくと私は、エドと彼の物静かな友人ルーカス、そして自らの記憶力を極限まで高めようといういかにも難しそうな2人のプロジェクトに魅了されていた。2人のほうも、自分たちと同年代で、ジャーナリストをしていて自分たちが知らない雑誌に自分たちのことを書いてくれそうな、そして記憶の達人としての道を後押ししてくれそうな私に興味を抱いたようだった。

高校での授業を終えて、エドとルーカスは私を近くのバーに誘ってくれた。そこで私は、気鋭の映画監督に会った。彼はエドの寄宿学校時代の仲間で、ニューヨークでのエドとルーカスの様子を8ミリビデオで追いかけ、彼らの特異な活動を撮影していた。その中には、エンパイア・ステートビルのエレベータに乗って、展望台までの53秒間に1組のトランプの順番を憶えるルーカスの姿もあった（「世界最速のエレベータは、オーストリアの記憶力チャンピオンよりも速いのか」という質問に対して、エドはあっさりと「速いわけがないよ」と返していた）。

何杯か飲んだあと、エドは私を、知的競技者の世界のさらに奥地へ誘《いざな》おうと、〝記憶の達人たちの秘密組織〟KL7のことを教えてくれた。エドとルーカスが2003年にクアラルンプールの選手権で設立した組織で、実際には秘密でもなんでもない。

「KLはクアラルンプール（Kuala Lumpur）の略ですか？」

「いや、Knights of Learning（学習の騎士）のことだよ。7は、7人で始めたから」とルーカスが教えてくれた。彼は、1組のトランプの順番を憶える賭けに勝って、ウェイトレスからごちそうされた3杯のビールの1杯目をすすりながら言った。「教育の発展のための国際的な組織なんだ」

「この組織の会員になるというのは大変な名誉なんだよ」とエドが付け加えた。

1000ドル以上の寄付金はルーカスの銀行口座で眠ったままだったが、エドは、この組織は記憶力選手権のあとで集まって飲む以外には、これといった活動はしていないと言った（ルーカスは自分でデザインしたしゃれたビール樽の注ぎ口につけるアタッチメントをいつもスーツケースに入れている。飲み会のときには、それが大活躍する）。詳しく教えてほしいと言うと、エドがこの組織の大切な儀式を実際にやってみせてくれた。

「悪魔の儀式と言うんだけど」。エドはそう言うと、ジョニー（前述の2人を取材している映画監督）に腕時計のタイマーをセットするように頼んだ。「持ち時間は1人きっかり5分間。その間にビールを2杯飲み、3人の女性とキスをして、49桁の数を憶える。なぜ49桁かって？　7の2乗だからさ」

「やってみると意外と難しいことに僕も驚いたよ」とルーカスが言った。彼は光沢のあるグレーのスーツに細いネクタイ姿で、賭けに負けたウェイトレスに、頬に3回キスしてもらう約束を軽々と取りつけていた。

「技術的には物足りないけれど、価値はあると思うんだ」と語るエドのあごの下を、一筋のビールがつたって流れる。彼はポケットから数字が印刷された紙を取り出して、手で裂いていくつかの小片に分けた。指が紙の上をするすると動く。49桁までできたところで彼は立ち上がって早口で言った。「あと一息」。それから近くのボックス席によろめきながら移動し、銀髪の、このにぎやかなバーにしては高齢の3人の女性に自分の状況を説明し始めた。制限時間になると、女性の承諾を待たずにテーブルの上に身を乗り出して、唇を彼女たちのこけた頬に押し当て、彼女たちを当惑させた。

エドは得意気な顔で戻ってくると、私たち全員とハイタッチをした。そしてテーブルで、お代わりを注文した。

彼がどんな人間なのかまったくわからなかった。だんだんと見えてきたのは、彼が審美眼のある人物——オスカー・ワイルド的な意味で——だということだった。今まで出会った誰よりも、まるで芸術に取り組むかのように人生に参加し、慎重に考えたうえでの楽天さというものを実践している。彼にとっての「価値あるもの」は、世の中一般の考える「役に立つもの」とはほとんど重なっていないようだった。彼の人生の指針があるとすれば、それは「いかなるときも冒険心をもって行動すること、これこそ最高の天職だ」といったところだろうか。大変な美食家であり、また博士号を取得するため記憶と認知との関係について熱意をもって真剣に取り組み、大きなことを成し遂げるつもりのようだった。

そして、新しいタイプの色男でもある。その晩遅く、私は彼が通りである女性に近づき、タバコをもらって別れてから数分後、彼女の電話番号を復唱するのを見た。彼の〝バーでのやり方〟は、若い女性のところに行って「好きな長い数列」を作ってもらい、それを自分が憶えられたらシャンパンを1本ごちそうする約束をする、というものだった。

その夜ずっと、エドは自分のスリリングな体験や、何やら教訓めいた失敗を次から次へと話して聞かせ、私を楽しませた。ニュージーランドのバーで、警備員に見つからないように窓から裸足で侵入したこと。ロンドンのスーパーモデルのパーティに押しかけたこと（「このときのほうが簡単だった。僕は車椅子だったからね。けっこううまく運転できるんだよ」）。パリでイギリス大使館のパーティに入り込んだこと（「汚れた靴をはいている僕のあとを大使がずっとつけてきたよ」）。それから、ロサンゼルスの下町でバス代がなくて12時間も物乞いをしたこと……。

そのとき、私はこういった武勇伝をまるごと信じたわけではなかった。でも、それはただ、エドならそれくらいのことはやるだろうと思えるほどには、彼のことをよく知らなかったからだ。それからまた何杯か飲みながら、私は1日の大半をこの2人と一緒に過ごしていることに、そして、自己紹介をしたときに確かに自分の名前を言ったはずなのに、2人とも私を名前で呼んでくれないことに気づいた。エドはウェイトレスに私のことを「ジャーナリストの友人」と紹介していたし、ルーカスは私を紹介すらしなかった。よくある逃げの手口だ。

エドはその日、自分は出会った女の子全員の名前と電話番号を憶えることができる、と間違いなく言っていた。私にはそんなことができたら人生が変わってしまいそうなくらい、ものすごい技に思えた。ビル・クリントンは人の名前を絶対に忘れなかったという。そして、彼は大統領まで上りつめた。私は、彼の「できる」という言葉がかなりあいまいなのではないかと思い始めていた。「1万までの数字を逆に言うことができる――本当にそうしたいと願えば」という類のものに思えたのだ。そこでエドに、私の名前を憶えているか聞いてみた。

「もちろん。ジョシュアだよね」

「姓は?」

「あれ、教えてくれたっけ?」

「教えましたよ。フォアです、ジョシュア・フォア。あなたもつまるところは人間なんですね」

「ああ、そうだね」

「あなたは人の名前を憶える素晴らしい術を身につけているんだと思ってましたが」

「理論的にはそうなんだよ。でもその力っていうのが、アルコールの摂取量に反比例して減っていってしまうんだよね」

それからエドは私に、彼が人の名前を憶えるときの方法を教えてくれた。選手権の99枚の顔写真を見て姓と名を憶える種目「名前と顔」で使っている方法だ。パーティや会議で人の名前を憶えるときに使うことができる、と彼は言う。「拍子抜けするほど簡単なんだよ。名前の音の感じを自分がはっきりと思い描けるものに結びつけるんだ。鮮明なイメージを思い浮かべることで、人の顔の視覚的記憶をその人の名前に関連した視覚的記憶にしっかりと結びつける。何日かたって、連絡を取りたい、なんて名前だったっけ……というときに、自分が思い描いたイメージが頭に浮かんでくるんだ……そうだな、君の名前はジョシュア・フォアだったね」。エドは眉を吊り上げ、大げさにあごを動かした。「うん。初めて会ったときにまるで私の助手《ジョシュ》のようだった君の姿が浮かんだよ。選手権会場の外だったよね。それから、自分が何かを4つ《フォー》に分けている姿を思い浮かべる。わかる？　なんてことないイメージだけど、僕にとっては楽しいんだ。少なくとも君の名前そのものよりもね。そして僕の頭の中にしっかり定着するんだ」。それは後天的に獲得した共感覚の類のものだと私は思った。

このような記憶術の効果を理解するために、心理学者が「ベーカー／ベーカーパラドクス」[14]と名づけた、ちょっと変わった忘却のパターンについて紹介しておこう。2人の被験者にある人物の写真を見せ、1人には「この人はベーカーという名前だ」、もう1人には「この人はベーカー《パン屋》だ」と教える。数日後、もう一度同じ写真を見せて何を憶えているか尋ねる。職業を教えられた人のほうが、姓を教えられた人よりも記憶している傾向が強いという。なぜそうなるのだろうか。同じ写真、同じ言葉なのに、記憶しやすさに違いが生じるのはなぜだろう。

この写真の男性はベーカー《パン屋》だよと言われると、ベーカーという言葉が意味する種々のイメージのネットワーク内に、彼がベーカーだという事実が埋め込まれる。この人はパンを焼くんだ、白い山高帽《やまたかぼう》をかぶっているんだな、家に帰ってくるとおいしそうな香りが漂うんだろうな、などなど。一方、ベーカーという名前は、その人の顔としか結びつかない。弱い結びつきで、簡単に消える。名前は流れていってしまい、どうすることもできない（言葉がのどまで出かかっているときというのは、その言葉の意味するイメージを「格納している」ニューラルネットワークの全部ではなく、一部だけにアクセスしている可能性が高い）。

しかし、職業ならば、記憶を呼び起こすための手がかりがたくさんある。その人がパン屋だということがすぐには思い出せなかったとしても、おそらく、パンに関する何かしらのことがひっかかっているか、顔から白い山高帽が思い浮かんだり、自宅の近くのベーカリーが思い浮かんだりするだろう。いくつもひっかかりがあるので、そこから職業をたどっていくことができるわけだ。「名前と顔」の種目で勝利するには、そして現実社会で人の名前を憶えるには、ベーカーをベーカー《パン屋》に転換させる、あるいはフォアを４《フォー》に、レーガンを光線銃《レイ・ガン》に転換させればいい。単純だが、非常に効果的な方法である。

私は実際にこの方法を使って、エドとルーカスをずっと取材しているドキュメンタリー映画監督の名前を憶えることにした。彼はジョニー・ロウンズと名乗った。「僕らはパウンド・ロウンズと呼んでいるんだ。高校生のときはかなりの巨漢だったんだよ」とエドが言った。私は、兄が子どもの頃、ジョニーと呼ばれていたので、目を閉じて、２人が腕を組んでパウンドケーキにかじりついている様子を想像してみた。

「このようなことをもっと伝授できるよ」とエドは言った。そしてルーカスに向かって、興奮した口ぶりでこう言った。「夜が明けるまでに、彼を全米選手権で勝てるようにできるかな」

「アメリカ人のこと、ずいぶん見くびっているんじゃないですか」と私は言った。

「そうじゃない。ちゃんとした指導者がいないだけなんだ」。続けて彼は、「1日1時間練習すれば、来年の選手権で優勝できると思うよ」と言った。そしてルーカスに同意を求めた。「君もそう思うだろ？」

ルーカスはうなずいた。

「トニー・ブザンと同じことを……」

「ああ、トニー・ブザンね。あの人、君に脳は筋肉だとかいうバカバカしい話をしていなかった？」とエドは鼻で笑った。

「ああ、そんなことを言っていましたね」

「脳と筋肉のそれぞれの性質をちょっとでも知ったら、彼の言葉がいかにお笑い草かってことがわかるさ」。私はこのとき初めて、エドとブザンの歪《ゆが》んだ関係を感じ取った。「いいかい、今君に必要なのは、僕を君のコーチ、トレーナー、マネージャー、そして精神修行の師にすることだ」

「そうすることで、あなたにはどんな得があるんですか」

「楽しいんだよ」。彼は笑顔を浮かべた。「それに、ジャーナリストなんだったら、ハンプトンズのご家庭に僕のことを法外な時給を払っても娘の家庭教師として雇いたいと思わせる記事を書いてくれるのも悪くないし」［訳注：ハンプトンズはニューヨークの富裕層の避暑地として有名なリゾート地］

私は大笑いして、考えてみると言った。実のところ、私はトランプをめくったり、意味のない数字を憶えたりといった知的競技者になるために必要な頭の訓練に、1日に1時間も費やす気はなかった。私はこれまでいつだって、自分の頭の悪さと向き合ってきた。確かに高校ではクイズチームのキャプテンだったし、長年、計算機付きの腕時計を愛用しているけれども、そんな私にとってすら、エドの言うような訓練はやりすぎに思えた。

しかし、私は一方で、自分自身の記憶力の限界を知ることに、そしてエドにも興味をそそられ、こういったトレーニングをすることを考え始めていた。これまで会った知的競技者の誰もが、どんな人でも記憶力を伸ばすことができる——Sのもっている能力は誰の中にも潜んでいる——と力説しているのだ。それが本当なのか見極めたい、と思った。その夜、帰宅すると、私のEメールの受信箱にエドからメールが届いていた。「それで、僕は君のコーチになれるのかな？」

第3章

熟達化のプロセスから学ぶ

鶏には生まれたくない。なかでも雄鶏《おんどり》に生まれるほど不幸なことはない。養鶏業者にとって、雄鶏は無用の長物である。卵を産むわけではないし、肉も硬い。重労働を一手に引き受けて自分たちに収入をもたらしてくれる雌鶏《めんどり》(1)の足元にも及ばない存在だ。鶏卵を生産する農家では、雄鶏は端切《はぎ》れかくず鉄、つまり何の役にも立たないけれど、製造過程でどうしても出てくるものとして扱われ、早く廃棄――粉末にされて家畜の餌になることが多い――するほどいいとされている。

しかし、ある問題が何千年にもわたって養鶏業者を悩ませていた。雛が雄か雌かわかるのは、生後4～6週間たって羽毛の伸び具合に違いが出たり、トサカのような特徴が見えてきてからなのだ。それまでは、性別のわからないヒヨコのために小屋を確保し、餌をやらなければならないので、かなりの費用がかさむ。

1920年代になって、この困った問題の解決策が見つかった。日本の獣医学者たちが、雛の総排泄腔《そうはいせつこう》(生殖器と肛門が位置する小さな穴)内部に、一般の人にはわからないようなひだやへこみ、小さな突起、こぶが集まっている部分があり、ここをきちんと見れば、生後1日の雛の性別を見分けられることを発見したのだ。1927年、オタワで開催された万国家禽《かきん》会議でこの方法が紹介されてから、世界中の養鶏業は大きく変わり、最終的に卵の価格が安くなった。初生雛雌雄鑑別士――この技術を習得するには数年を要する――は、農業の世界で最も価値ある存在の1つとなった。

なかでも最高の技術を誇るのが、全日本初生雛鑑別協会の養成所の卒業生である。この養成所の認定基準はとても厳しく、生徒の5～10％しか卒業できないという。しかし卒業生は第一級のビジネスコンサルタントのごとく世界各地の養鶏所を飛びまわり、日給500ドルの収入を得ることができた。そうして日本の雌雄鑑別士は世界中に進出していった。

雛の雌雄鑑別は繊細な技術で、禅のような集中力と外科医のような器用さが要求される。雛を左手にのせ、腸が外に出るようにやさしくつかむ（このとき、力が強すぎると腸が裏返しになって雛が死んでしまい、雌雄鑑別どころではなくなる）。鑑別士は親指と人差し指で雛を仰向けにし、総排泄腔を露出させて穴の内部を見る。正しく作業するために爪は短く切っておく。

単純なケース――鑑別士が説明できる類のもの――では、かろうじてわかる程度のピンの頭ほどの突起を診《み》る。突起が凸状《とつじょう》であればオスということで左側に、凹状《おうじょう》だったり平らだったりすれば雌ということで右側へと送られる。このケースであれば専門家でなくても、少し練習すれば小突起を見つけることができるようになる。ところが、雛の約80％は、この突起の有無がはっきりしないのだ。そこで、雌雄鑑別にはほかにもさまざまな方法を用いる。

いっぱしの鑑別士になるには、総排泄腔の構造パターンを1000通りも知っておかなければならないと言われている。また、この仕事をさらに難しいものにしているのが、瞬時に診断しなければならないという点だ。考えている時間はない。何秒も迷っていると、握っている手によって雌の総排泄腔が膨れ、雄のように見えてくる。間違えればコストがかさむ。1960年代、養鶏業者は鑑別士に、1羽正しく鑑定するごとに1ペニーを支払い、1羽間違えるごとに35セントを差し引いていた。一流の鑑別士は1時間に1200羽を、98～99％の正解率で鑑別していた。

日本には、手に雛を2羽のせて一緒に鑑別することで、1時間に1700羽を鑑別できるプロ中のプロもいる。

雌雄鑑別という技がこれほど人を魅了する——哲学者や認知心理学者の論文テーマとして取り上げられ、私自身も記憶の研究をしていく中でこの神秘的な技に魅せられた——のは、難しいケースでは、超一流の鑑別士でさえも鑑別法を説明できないという点にある。彼らの技術は言葉で説明できるものではないのだ。雄か雌か、3秒以内に「わかる」。でも、どうしてわかったのかは説明できないのだという。研究者たちがどれだけ詳しく調べてみても、どうしてこちらが雄で、あちらが雌なのかの理由はわからない。鑑別士たちに言わせれば「ただ直観で判断した」ということになる。基本的に、鑑別士たちは世界——少なくとも鶏の総排泄腔という世界——を、私たちとはまったく違った方法で見ている。彼らが雛の臀部《でんぶ》を見るとき、凡人には見えないものが見えているのである。

さて、雌雄鑑別と私の記憶力との間に、何の関係があるのだろうか。実は驚くほど密接な関係があるのだ。

＊＊＊

私は、私たちの記憶力がトニー・ブザンや知的競技者が力説していたとおり劇的に向上する可能性を秘めている、ということを強力に裏づけるデータを探していた。そこで、科学文献をあたってみることにした（文字どおり、体当たりだ）。文献を集めていくうちに、ほどなくして、「Exceptional Memorizers: Made, Not Born（驚異的な記憶力は生まれるのではなく作られる）[2]」という論文に出会った。執筆者は、フロリダ州立大学の心理学教授、K・アンダース・エリクソンである。

ブザンが「自分の記憶力を最大限に発揮する」という考え方を大衆に広めるより前に、エリクソンは、人間の記憶力が向上していく理由と過程を解明する研究に取り組んでいた（のちに「Skilled Memory Theory（記憶力は訓練によって養われる）」という理論を発表している）。1981年、彼は同僚の心理学者ビル・チェイスとともに、カーネギーメロン大学のある学生（論文ではSFとしている）を対象にした、今や古典となっている実験を行った。2人はSFに有償で週に数時間、実験室に来てもらい、簡単な記憶力テストを繰り返し行った。SがルリヤのSがルリヤの診療所を初めて訪ねたときに受けたのと同じようなテストである。

SFは椅子に座って、1秒に1個の速さで読み上げられる数をできるだけたくさん記憶する。始めたときは、一度に7個の数しか記憶できなかった。しかし、2年後――それまでにこの退屈なテストを250時間受けた――の最後のテストでは、SFはその10倍の数を憶えられるようになっていた。この実験によって、長年信じられてきた「私たちの記憶力は変わらない」という説が打ち砕かれた。SFが記憶力を伸ばしていった過程にこそ、知的競技者からチェスの世界チャンピオン、そして雌雄鑑別士まで、あらゆる達人の内に潜む基本的な認知プロセスを理解する鍵がある、とエリクソンは考えた。

誰でも、何かしらの対象に対して優れた記憶力を発揮することができる。本書でもロンドンのタクシー運転手の記憶力を紹介してきたし、科学文献にはウェイターの超一流の記憶力、俳優の長台詞《ながせりふ》を憶える能力など、さまざまな分野の達人たちの記憶力を扱ったものがたくさんある。これまで、医師、野球ファン、ヴァイオリニスト、サッカー選手、スヌーカー［訳注：ビリヤードの一形態］選手、バレエダンサー、そろばんの達人、クロスワードパズルの名手、バレーボールのリベロ[3]［訳注：守備専門の選手］などの素晴らしい記憶力に対する研究が行われてきた。人類が挑戦して成果を上げてきた分野であれば、その道の達人の卓越した記憶力についての論文が書かれている確率は50％に及ぶと言っていいだろう。

なぜ、熟練したウェイターは客の注文をメモしないで憶えていられるのか？ 世界的なヴァイオリニストはなぜ、初めて見るスコア（総譜）をいとも簡単に記憶してしまうのか？ 一流のサッカー選手は――ある研究で証明されているように――どうしてテレビで一度見ただけの試合をほとんど間違いなく再現できるのか？

そもそも客の注文を記憶できる人が外食産業で働くのだとか、選手のフォーメーションを憶える才能のある選手がプレミアリーグ［訳注：イングランドのサッカーリーグのトップディビション］へ上がっていけるのだとか、雛の総排泄腔を見る能力のある人間が全日本初生雛鑑別協会鑑別士養成所に自然に引き寄せられていくのだ、などという説もあるかもしれないが、それよりも、要因があったからそれができるようになったと考えるほうが理にかなっている。何かしらの分野を極める過程には、その分野について微細にわたって記憶できる力を養う〝何か〟がある。でも、その〝何か〟とは何だろう。そしてその〝何か〟は、一般化できて誰でも習得できるものなのだろうか。

エリクソンがフロリダ州立大学の研究者とともに運営しているヒューマン・パフォーマンス研究所では、一流のプロの記憶力――およびそのほかのこと――を研究している。エリクソンはおそらく、熟達化研究の第一人者と言える存在だ。近年、「それぞれの分野で世界に通用する能力を得るには最低1万時間を要すると考えられる」という研究結果を発表し、大きな注目を浴びる存在となっている。

私が電話をかけて、記憶力の強化トレーニングをすると伝えると、彼はもう始めたのかと聞いてきた。私がまだだと言うと、彼はいささか興奮したようだった。「今まで熟達化する前の人を研究する機会はなかった」と言ったあと、彼はこう続けた。「もし君が本気ならば、君を研究対象にしたい。何日間かフロリダに招待するので、いくつかテストさせてくれないか」。記憶力を向上させる以前の私のデータ、いわば初期値を知りたかったのだ。

ヒューマン・パフォーマンス研究所は、タラハシーの郊外にそうそうたるオフィスビルを構えていた。壁に並んだ本棚には、『The Musical Temperament（音楽家気質）』『Surgery of the Foot（足の手術）』『How to Be a Star at Work（仕事で第一人者になる方法）』『Secrets of Modern Chess Strategy（モダン・チェスの戦略の秘訣）』『Lore of Running（ランニングの知識）』『The Specialist Chick Sexer（雛鑑別士の専門性）』といったエリクソンの研究に関するさまざまな書籍がずらりと並んでいた。

若手の研究者のデイヴィッド・ロドリックは、この場所を「僕たちのおもちゃの宮殿」と呼んでいた。エリクソンに初めて電話をしてから数週間たってここを訪れたときには、ある部屋の中央に、床から天井まで9×14フィート（約2・75×4・25メートル）のスクリーンがあり、交通違反の取り締まりの様子が実物大で映されていた。駐車している車に歩いていく警官の視点で撮影されたものである。

ここ数週間、エリクソンらはタラハシーのＳＷＡＴ［訳注：アメリカ警察の特殊機動部隊］隊員と警察学校を卒業したばかりの警官たちを研究していた。彼らを、ベレッタ製の拳銃をベルト式の銃ケースに入れて腰につけた状態でスクリーンの前に座らせる。そして、背筋がゾクゾクするような映像を次から次へと見せ、反応を観察するのだ。その1つに、爆弾のような不審物を胸にくくりつけた男性が学校の門に向かって歩いていく映像もあった。経験値の違う2グループの反応の差を見るのが目的だった。

結果は驚くべきものだった。熟練したＳＷＡＴチームはただちに拳銃を抜き、男に向かって「やめろ！」と繰り返し叫んだ。それでも男が歩みを止めないのを見て、発砲しようとした。一方、学校を卒業して間もない警官たちは、男が階段を上り、校舎へ向かっても止めようとしなかった。状況を判断して適切に反応するという経験が不足していたのだろう、というざっくりした説明はできる。

しかし、経験とはつまりは何なのか。ベテランの警官に見えて若い警官たちに見えなかったものは何か。彼らの目は何を見ているのか。そして頭の中ではどのようなことが起きているのか。

どうしてベテランと新人とで行動に違いが生じたのか。彼らは記憶から何を引き出したのか――。

雌雄鑑別士と同様、ベテランの警官には言葉で表現できない技術がある。エリクソンの研究は、ひと言で言えば、私たちが「経験」と呼んでいるものを分離して細かく調べ、その認知的基盤の正体を解明することだった。

そのため、エリクソンらは警官たちに、映像を見て浮かんできた思考を声に出して言ってもらった。今回も、きっと今まで研究してきた他の分野の達人からわかったことと同じことが見えてくる、と彼らは期待していた――これまで見てきた一流のプロは世界を違った方法で見ていた。素人には見えないものを感知し、一番重要なことに的を絞り、何をすべきかをほとんど自動的に察知する。そして、種々の感覚を通して流れ込んでくる莫大な量の情報を高度なやり方で処理する。つまり、脳の最も基本的な制限である「マジカルナンバー7」を克服していたのだ。

＊　＊　＊

1956年、ハーバード大学の心理学者ジョージ・ミラーが発表した論文は、今では記憶力に関する研究の古典となっている。それは、こんな印象的な書き出しで始まる。

私の悩みはある整数のことが頭から離れないことだ。ここ7年間というもの、その数は私を追いまわし続けている。私の最も私的なデータに侵入し、公的な雑誌のページから私を攻撃する。その数はいろいろと変装する。あるときは少し大きく、あるときは少し小さく。でも、正体がわからなくなるほど大げさな変装はしない。この数が私を悩ませているのは偶然ではない。ある有名な議員の言葉を借りるなら、そこには目的があり、現れ方にもパターンがある。その数にただならぬ何かがあるか、私が妄想に取りつかれているかのどちらかだ。

実のところ、私たちの誰もが、ミラーの言うこの整数に悩まされている。この論文のタイトルは「マジカルナンバー7 ± 2――人間が情報を処理する力の限界」。彼は、私たちが情報を処理したり意思決定をしたりする能力には基本的に限界があり、大雑把に言って、一度に7つのことしかできないということを発見したのである。

新しい思考や情報は、脳に入ってきてすぐに長期記憶として格納されるわけではなく、仮の場所に置かれる。これは「作業記憶」として知られているもので、現時点で意識の中にある雑多なことを格納しておく脳のシステムである。

ここで、この行を最初から繰り返してみてほしい。ただし、前に戻って読んではいけない。

ここで、この行を最初から

簡単にできるだろう。

次に、もう一度、前に戻らずに先ほど繰り返した文を繰り返してみよう。さっきより難しかったとしたら、それはこの文がすでに作業記憶から抜け落ちているからだ。

作業記憶は「認識」と「その長期記憶」の間のフィルターという重要な機能を担っている。感じたことや頭に浮かんだことがもれなく長期記憶という膨大なデータベースに保管されたとしたら、Sやフネスのように雑多な情報の海の中で溺れてしまうことになる。脳を通過する情報の大部分は、それを認識したあとも憶えている必要はなく、なんならまた認知すればいい類のものである。記憶を長期にわたって保存するものと短期間だけ保存するものに分けるというのは実にうまいやり方で、大半のコンピュータはこのモデルにのっとって作られている。つまり長期記憶はハードディスクに、そのとき処理している事柄は作業記憶としてメモリーに格納されている。

コンピュータと同じように、私たちが物事を処理するときにも、一度に扱うことのできる情報の量には限りがある。何度も繰り返さない限り、情報は抜け落ちていく。私たちの作業記憶がお粗末なものだということは誰もが知っている。ミラーの論文によれば、その能力はごく限られた範囲に収まる。一度に5個のことしか記憶できないという人もいれば、9個まで憶えられるという人もいるが、どうやら短期記憶の容量は「マジカルナンバー7（記憶容量は7個）」に落ち着くようだ、と彼は書いている。さらに、この7個を保持できるのはほんの数秒で、気が散ったりすればまったく保持できない。私たちは皆、このような制限に縛られているからこそ、記憶の達人たちの妙義に魅了されるのだろう。

私自身に対する記憶力テストは、ヒューマン・パフォーマンス研究所の床から天井まで届くスクリーンの前で行われたわけではなかった。拳銃も持たされなかったし、視線追跡装置もつけなかった。人類の知能への私のささやかな貢献は、フロリダ州立大学心理学部の218号室で行われた。狭い部屋で窓はなく、染みのついたカーペットの上に古いIQテストが散らばっている。はっきり言って、倉庫のような場所だった。

私のテストを担当したのはエリクソンの研究室の博士課程の3年生、トレス・ロリング。ビーチサンダルとサーファー風のくしゃくしゃの金髪からは想像しがたいが、南オクラホマの小さな街の出身で、父親は石油関係の仕事をしている。16歳のとき、オクラホマ州のジュニア・チェス・チャンピオンになった。フルネームはロイ・ロリング3世。それでトレスと呼ばれている［訳注：トレス（Tres）はラテン語で「3」の意味］。

トレスと私はまる3日間、218号室にこもって次から次へと記憶力テストを行った。私は古いテープレコーダーにつながったマイクロフォン付きの無骨なヘッドセットをつけ、トレスは私の後ろに脚を組んで座り、ストップウォッチを膝に置いてノートを取っていた。

数を憶えるテスト（前から順に、後ろから順に復唱する）、単語を憶えるテスト、人の顔を憶えるテストのほか、回転する立方体が脳内でどのように視覚化されているか、「jocose」「lissome」「querulous」といった言葉の定義を知っているか、というような記憶力とは一見関係なさそうなさまざまなテストも行った。「多面的適正検査」という選択式のテストもあった。一般的知識を問うもので、例えば次のような質問が出される。

孔子が生きていたのはいつか？
（A）紀元後1650年
（B）紀元後1200年
（C）紀元後500年
（D）紀元前500年
（E）紀元前40年

ガソリンエンジンのキャブレターの主な役割は？
（A）ガソリンと空気を混ぜる
（B）バッテリーを充電した状態に保つ
（C）燃料に点火する
（D）ピストンを格納する
（E）燃料をエンジンに送り込む

テストの多くは、詩、名前と顔、ランダムワード、スピードナンバーズ、スピードカードなど、全米記憶力選手権からそのままとったものだった。トレーニングする前の記憶力を調べるためだ。ほかにも、2進数、歴史上の日付、読み上げられる数など国際的な選手権のみで行われているテストも行った。タラハシーでの3日間で、トレスは7時間分の録音テープを集めた。これをエリクソンと大学院生たちが調べることになる。ラッキーな人たちだ。

続いて、ケイティ・ナンダゴパルという大学院生からインタビューを受けた。「自分は生まれつき記憶力がいいと思うか」――悪くはないと思うが、特別よくはない。「子どものときに記憶力ゲームをやったことがあるか」――ない。「ボードゲームをしたことは?」――祖母とやっただけ。「なぞなぞが好きか」――もちろん。「ルービックキューブを完成させることができるか」――できない。「歌を歌ったりするか」――シャワーを浴びているときだけ。「ダンスをするか」――これもシャワーのときだけ。「ワークアウトをしているか」――聞かないでくれ。「ワークアウト用のテープを使っているか」――どうしてそんなことを知りたいのか。「電気配線の専門知識があるか」――これは真面目な質問?

自分に何が起こっているのかを知り、いつかそのことを人に伝えたいと思う人間にとって、科学実験の被験者になるということはなかなか骨の折れるものである。

「本当のところ、このテストの目的は何なのですか」と私は尋ねた。

「今は聞かないでください」(あとならいいのか――結局、追加のテストをすることになったが、教えてはくれなかった)

「テストの結果はどうでした?」

「全部終わったらお伝えしますから」

「だいたいの予想くらい教えてくれてもいいでしょう?」

「今はダメです」

「私のＩＱはどれくらい？」
「さあ」
「高いかな？」

カーネギーメロン大学の学生ＳＦが２年間、２５０時間にわたって繰り返し受けた退屈な記憶力テストは「数唱《すうしょう》」として知られている、数に対する作業記憶の容量を測定する標準的な方法である。大半の被験者は、開始時のＳＦと同じく７±２程度の数しか憶えることができない。たいていは頭の中で何度も復唱して５～９個の数を憶える。このときの、自分自身に語りかける際の脳内の声を「音韻ループ」と言う。音韻ループはこだまのように音を反復して、短期記憶のバッファを作り出す。このバッファに格納した音は、何度も繰り返し練習しない限り数秒で消えてしまう。

ＳＦもチェイスとエリクソンの実験に参加したときは、音韻ループを使って情報を記憶していた。ＳＦのスコアはなかなか伸びなかった。しかし、あるとき変化が訪れた。スコアが少しずつ上がっていったある日、10個の数字を憶えることに成功し、次の日は11個、と記憶できる数字の数が着実に増えていったのだ。彼は１つの発見をした。短期記憶に限界があったとしても、情報を直接、長期記憶として格納できる方法を見つけたのである。これには「チャンキング」という技術が必要になる。

チャンキングは、憶えるアイテムのサイズを大きくすることによって、憶えるアイテムの数を減らす方法である。電話番号が市外局番と2つのグループに、クレジットカードの番号が4つのグループに分かれているのは、チャンキングの考え方に基づいてのことである。チャンキングは、達人たちの卓越した記憶力にも大きく関係している。

言語を使った古典的なチャンキングの説明を紹介しよう。HEADSHOULDERSKNEESTOESという22個の文字を憶えることになったとする。何を意味する文字列なのかわからなかったら、簡単ではない。しかし、この22個の文字をHEAD（頭）、SHOULDERS（肩）、KNEES（膝）、TOES（つま先）の4つのグループに分けてみると、驚くほど簡単になる。さらに、「HEAD, SHOULDERS, KNEES, TOES（あたま、かた、ひざ、つま先）」という歌〔訳注：子ども向けの有名な英語の手遊び歌〕を知っていたら、1つのチャンク（かたまり）としてとらえることができる。

数についても同じである。120774109911101という12桁の数を憶えるのは簡単ではないが、これを120、741、091、101の4つに分けると少し簡単になる。12／07／41と09／11／01に分ければおそらく忘れろと言っても忘れられない。「アメリカの地に恐るべき攻撃がされた2つの日付」と1つのチャンクにすることもできる。

チャンキングは、意味がないように思える情報を、すでに自分の長期記憶の中に格納されている情報を使って置き換える方法だ。真珠湾攻撃（1941年12月7日）やアメリカ同時多発テロ（2001年9月11日）の日付を知らなければ、先の12個の数字をチャンキングすることはできない。スワヒリ語は話せるが英語は話せないという人なら、「HEADSHOULDERSKNEESTOES」は歌ではなく、ただの文字列にしかならない。つまり、チャンキングをするときには——これは私たちが記憶するすべての局面で言えることだが――すでに憶えていることによって、憶えられることが決まってくる。

ＳＦは正式にこの方法を教えてもらったわけではなく、自分で発見した。アマチュアランナーだった彼は、ランダムな数字の列をタイムに置き換えたのだ。例えば、３４９２は「3分49秒2、1マイル（約1・6キロ）走の世界記録に近い数字」。４１３１は「4分13秒1、1マイル走のタイム」、といった具合である。彼は、憶えるべきランダムな数列に関することは何も知らなかったが、ランニングについての知識はあった。そして、意味のない情報でも、自分にとって意味のあるフィルターを通せば、その情報が強く焼きつけられることを発見した。自分の経験をピックアップし、それを使って今受け取った情報を形にしたわけだ。ＳＦは長期記憶から引き出したものを利用して、数を違った方法で見るようになったのである。

自分の記憶を使って、世の中を違った角度から見る――これは一流のプロが皆、行っていることである。長い年月をかけて積み上げた経験が、新しい情報を認知する方法の基盤となる。ベテランのＳＷＡＴ隊員が見たものは、学校の階段を上ってくる男の姿だけではない。男の腕のぴくぴくした動きに長年の警官生活の中で何度か見てきた動きと同じものを見、男の姿に今まで出会ってきた怪しい人間の雰囲気を見た。過去に遭遇した経験を踏まえて、目の前にあるものを見たのだ。

全日本初生雛鑑別協会鑑別士養成所の卒業生たちは、これまで埋め込まれた情報が磨き上げられた技術によってすばやく自動的に雛の組織に集まり、考えようとしなくても雄か雌かがわかる。

しかし、ベテランのＳＷＡＴ隊員と同様、一見、無意識のように見えるこの技術は、簡単に習得できるものではない。養成所の学生は、各レベルの単位を取るためには［訳注：養成所には初等科、補修科、特別研修科がある］、少なくとも25万羽の雛を見なくてはならないと言われている。鑑別士が「直観で判断した」と言ったとしても、それは長年にわたる経験によって培われてきたものだ。雛の臀部の膨大なデータを記憶しているからこそ、きわめて短い時間で総排泄腔のパターンが認識できるのである。大半の場合、雌雄鑑別の技術は論理的思考力ではなく、パターン認識に基づくものだ。つまり分析ではなく、認識と記憶のなせる業なのだ。

記憶によって達人の直観的な認識が培われる古典的な例を、およそ直観とは関係がなさそうな分野に見ることができる。チェスだ。実は、チェスは現代のチェスの原型が生まれた15世紀から、認知力を調べる究極のテストであると考えられている。１９２０年代、ロシアの研究者たちが、世界最強のチェス棋士８名の知力を定量化しようと、一連の認知力テストを行った。すると驚いたことに、いずれのテストの結果でも、彼らに飛び抜けて優れた点は認められなかった。世界最強のチェス棋士も、特に優れた認知力をもっているわけではなかったのである。

しかし、世界的なチェス棋士が、総じて彼らよりチェスが下手な人と比べて頭がいいわけではないとしたら、違いはいったい何なのだろう。１９４０年代、チェス愛好家であるドイツの心理学者、エイドリアン・デ・グルートが、チェスがそこそこうまい人と、世界クラスの棋士との境は何なのかという一見シンプルな疑問を提示した。先の先まで読んでいるのか？　一手一手につき検討する選択肢の数が多いのか？　手を分析する能力が優れているのか？　単にゲームの動きを直観的に把握することに長《た》けているのか？

チェスがゲームとして、そして研究対象として人々を魅了する理由の1つには、達人が普通の人には思いつかない手を打ってくる、ということがある。最上の手は凡人の理解を超えたものであることが多い。グルートは、達人どうしの対戦の棋譜を読み込み、確実に正解と言える手（ただし、わかりにくいもの）が含まれている盤面をいくつか選んだ。そして、それを世界クラスのチェス棋士やトップクラブの棋士たちに見せ、意識にのぼったことを話しながら次の手を考えてもらった。

グルートの発見は、先のロシアの学者たちの研究よりももっと意外なものだった。大半の手については、少なくとも初盤では、達人たちは普通の人に比べて先まで読んでいるわけではなかった。一手につき検討する選択肢の数すら多くはない。彼らは、雌雄鑑別士と驚くほど似た方法をとっていた。つまり、正しい動きが見える。そして、それをほとんど間違えることがないのだ。

チェスの達人たちは、次の手をあまり考えていないようだった。彼らに思考プロセスを口頭で述べてもらったとき、グルートは彼らが独特の言葉遣いをすることに気がついた。例えば、「ポーンの形」［訳注：ポーンは「チェスの魂」と言われている重要な駒で、ある局面におけるポーンの陣形（どこに置かれているか）を「ポーンの形」と言う］などの駒の陣形を見て、ただちに「ルークが無防備になっている」というような弱点に気づいている。彼らは盤面を32マスとして見ているのではなく、マスのチャンク、争点の集合体としてとらえているのだ。

達人は文字どおり〝違った盤面〟を見ていた。彼らの目の動きを調べてみたところ、普通の人よりもマスのへりを見る傾向があることがわかった。複数のマスの情報を一度に把握しているのだ。また、離れたマスへすばやく視線を移し、1つのマスに目を留める時間は比較的短い。注目する箇所も少なく、正しい手を見つけるのに無関係な場所を見ることもほとんどない。

しかし、チェスの達人に関する初期の研究で最も驚いたのは、彼らが驚異的な記憶力をもっていたことである。ちらっと見ただけで、盤面の状態を記憶できる。そして、はるか前の対局を記憶を頼りに再現することもできる。実際に、盤面を記憶する能力によってチェスの腕前が推測できるということが、のちの研究によって示されている。こういった盤面の記憶は、一時的な短期記憶の中に符号化されているだけではない。彼らはゲーム後数時間、数週間、さらには数年たっても盤面を思い出すことができるのだ。そして、腕を上げていくうちに棋譜を記憶するのは当たり前にできるようになって、やがて頭の中で複数の相手と対戦することも可能になっていく(4)。

ところが、チェスの達人たちの記憶力はゲームに関しては驚異的だが、そのほかのことに関しては際立ったところはない。チェスの駒をランダムに、実際のゲームでは起こりそうもない形に配置してみたところ、その盤面に対する彼らの記憶力はチェスの初心者より多少いい程度で、8個以上の駒の位置を憶えていることはまれだった。同じ駒、同じ盤を使っているのに、どうして突然「マジカルナンバー7」に制限されてしまうのだろうか。

チェスの研究から、記憶について、そして広く「熟達化のプロセス」についてわかってきたことがある。私たちは、物事を1つ1つ個別に記憶しているのではなく、流れの中で憶えているのだ。ランダムに並べた駒には流れがない。比較できるような盤面もなく、似たような過去のゲームもない。さらに意味のあるチャンクもない。世界一流の棋士にとってすら、基本的には意味のない雑音でしかない。

先ほど、歴史上の日付の知識を利用して12桁の数字を記憶する方法を紹介したが、チェスの達人たちも、長期記憶の中に保存した膨大な棋譜のパターンを使って盤面をチャンキングしている。達人たちの技の源は、認識しているチャンク（棋譜のパターン）の種類の豊富さにある。だからチェスにおいて、あるいはどんな分野においても、経験を積まないで世界レベルに達するのは難しい。チェス界史上最高の天才と言われているボビー・フィッシャーですら、グランドマスターと認められるまでに9年という歳月をチェスに没頭して過ごした。

チェスは分析に基づいた頭の運動だと昔から言われてきたが、チェスの達人たちが大切な局面で行う決断の多くは、盤面を認知して即座に行われる。雌雄鑑別士が雛を見てすぐに性別を判断するように、SWAT隊員がただちに爆弾に気づいたように、チェスの達人も盤面を見れば即座に一番有効な手がわかる。

このプロセスは通常5秒以内に起こり、それが脳内で起きている様子を実際に見ることができる。研究者が脳磁図という技術を用いて思考によって誘発される弱い磁場を計測したところ、レーティングの高い棋士ほど盤面を見るときに前頭頭頂皮質を使う――つまり、長期記憶から情報を呼び出している――傾向があり、レーティングが低い棋士ほど内側側頭葉を使っている――つまり、新しい情報を符号化している――傾向があることがわかった。達人は目の前にある盤面を過去の盤面に関する膨大な記憶に基づいて解釈するのに対し、技量の低い棋士は盤面を新しいものとして見ているのである。

チェスはしょせんゲームであり、心理学者の研究テーマとしては物足りないと思う向きもあるかもしれないが、グルートは、チェスの達人に対して彼が実施した実験にはもっと大きな意味があると考えている。「靴作り、描画、建築、製菓といった分野」に見られる熟練を要する技術は、「経験に基づいて情報を連結させること」を積み重ねた結果である、と彼は言う。エリクソンによれば、私たちが「専門技術」と呼んでいるものの正体は、「その分野に関する長年の経験の中で得た膨大な知識とパターンに基づいた情報検索、そしてそれをまとめる力」のことである。言い換えるなら、優れた記憶力は専門技術の副産物ではなく、その〝本質〟なのだ。

私たちの誰もが、認識しているか否かにかかわらず、チェスの達人や雌雄鑑別士のように、目の前にあることを過去に学んだことに照らし合わせて解釈している。周りのことをどう認識するかだけでなく、その中でどういう行動をとるかということも、これまでの経験から決まってくる。

私たちは、記憶のことを、新しい情報が入ってきたらそこにしまって、必要になったら取り出す、というようにとらえがちである。しかし、このイメージは実際の記憶の働きとは違う。記憶はいつも私たちと一緒にいて、新しい情報を形成し、また新しい情報によっても作られる。つまり、感覚を通して絶えず流れているフィードバックループの中で動いている。見たり、聞いたり、においを嗅いだあらゆることは、これまでに見たことのある、聞いたことのある、においを嗅いだことのあるあらゆるものによって変わってくるのである。

自分の人格と行動は、基本的に、自分が憶えていることによって決まる。それも、雛の雌雄を鑑別するときのように微妙な、また病気を診断するときのように複雑なやり方で決定される。しかし、「理解する」「行動する」という行為が「記憶する」という行為に包含されるのだとしたら、エドやルーカスをはじめとする私が出会った知的競技者たちはどうなのだろう。「記憶の宮殿」というシンプルだと言われているテクニックは、どのようにして彼らに、何のプロにもならずに素晴らしい記憶力を身につける道を与えたのだろうか。

エリクソンとその学生たちは、私に3日間にわたり行ったテストの結果を教えてくれなかったが、私は自分の記憶力の初期値がどの程度かわかるように記録を取っていた。数字は9桁程度憶えられた（平均以上だが、飛び抜けてよくはない）。詩の記憶は惨たんたるものだ。孔子が生きていた年代はまったくわからない（でも、キャブレターの機能はわかった）。タラハシーから戻ってくると、電子メールの受信箱にエドからのメールが届いていた。

やあ、優秀な生徒よ！　フロリダでのテストが終わるまでは、トレーニングは控えていたんだろうね。偉いよ。少なくとも、研究に貢献しようという意味では賞賛に値する姿勢だ。でも、次の選手権は遠い未来のことではないよ。すぐにトレーニングを始めなくちゃ。ちょっと活を入れさせてもらうよ。君は、脳をフル活動させて、その楽しさを味わうべきなんだ。

第4章

世界で一番忘れっぽい人間

記憶の達人たちについて見てきた私の次のステップは、物忘れの達人を探すことだった。人間の記憶力の性質と意味を理解しようとするなら、記憶力が欠けていることについて調べてみない手はないだろう。そこで、またもインターネットで「物忘れ」について検索してベン・プリドモアの対極をいく人物を探し、『ジャーナル・オブ・ニューロサイエンス』誌の中から、84歳の元検査技師ＥＰ[1]についての記事を探り当てた。彼が記憶を遡ることができるのは、直近に考えたことだけに限られていた。これまでの記録の中で最も重度の健忘症患者の1人だった。

　私はタラハシーから戻って数週間後、カリフォルニア大学サンディエゴ校とサンディエゴ退役軍人病院で神経科学と記憶の研究をしているラリー・スクエアに電話をかけた。スクエアは10年以上にわたってＥＰの研究をしていて、ＥＰが妻と住んでいるサンディエゴ郊外の日当りのいい平屋の家に往診に行くときに、私が同行することを許可してくれた。私たちは、スクエアの研究室でコーディネーターをしているジェン・フラシノと一緒にＥＰの家へ向かった。彼女は定期的にＥＰの家を訪れて、認知力検査を行っていた。２００回以上訪問しているにもかかわらず、ＥＰは毎回、初めて会ったかのように挨拶するのだった。

　ＥＰは身長１８８センチ、白髪をきっちりと分けていて、耳が際立って大きい。にこやかで感じがよく、親切で、よく笑った。最初は、ごく普通の好々爺《こうこうや》に見えた。がっしりした長身でブロンドヘアのフラシノが食堂のテーブルをはさんでＥＰの向かい側に座り（スクエアと私も彼女の隣に座った）、基本的な知力と常識を測定するための質問をいくつかした。彼女は、ブラジルはどこの大陸に位置しているか、1年は何週間あるか、水の沸点は何度かといった質問をし、一連の認知力テストによってすでに証明されていること、つまりEPには一般常識があるということを示してみせた。彼のＩＱは１０３で、短期記憶にはまったく支障がなかった。彼は質問に辛抱強く答えていった。すべて正解だった。初対面の人が家に来て、水の沸点は何度かなどと真顔で聞いてきたら、私もこんな顔をするだろうな、というような困惑の表情が浮かんでいた。

「道路に封筒が落ちていました。封がしてあり、宛名が書かれていて、切手も貼ってあります。さあ、どうしますか」

「ポストに入れます。ほかに何か？」

ＥＰは笑って、私に視線を送った。「この人たちは私のことを頭が足りないとでも思っているのでしょうか」とでも言いたげな目だった。でも、ここはおとなしくしていたほうがいいと察したのか、フラシノに視線を戻して言った。「面白い質問ですね。いやぁ、面白い」。彼は、以前に何度となく同じ質問をされたことがわかっていなかった。

「食べ物に火を通す理由はなんでしょう」

「生だからでしょうか」。その声から彼の思いが伝わってきた。彼の困惑は不信感に変わりつつあった。

私はＥＰに、前大統領の名前を尋ねた。

「思い出せない。おかしいな」

「ビル・クリントンという名前に憶えがありますか」

「もちろん、クリントンのことは知っています。私の旧友です。科学者で、いい奴でした。一緒に働いていたんですよ……」。私が驚いて目を見開いたのに気づいて、彼は話を止めた。「違うのか。別のクリントンのことを言っているのかな」

「ええ。前大統領もビル・クリントンという名前でしたよね」

「そうでしたか？　ああ！」

彼は膝をたたき、笑い声をもらしたが、恥ずかしいとは少しも思っていないようだった。

「あなたの記憶にある一番新しい大統領は誰ですか」

しばらく考えて彼は答えた。「そうですね、フランクリン・ルーズベルトがいましたね」

「ジョン・F・ケネディのことは聞いたことがありませんか」

「ケネディですか。わかりません」

フラシノが別の質問をはさんだ。「なぜ歴史を勉強するのでしょう」

「そうですね。過去に起こったことを知るためだと思います」

「では、なぜ過去に起こったことを知りたがるのでしょう」

「早い話が、面白いんでしょうね」


1992年11月、EPは軽いインフルエンザと思われる症状に襲われた。しかし5日間、原因不明の熱が下がらず昏睡状態に陥り、その間に、単純ヘルペスという悪性のウイルスによって、まるでリンゴの芯がくり抜かれるようにEPの脳の一部が失われてしまった。ウイルスが自然に消滅するまでに、EPの内側側頭葉にウォルナッツ大の穴が2つでき、それとともに記憶の大半が消えてしまったのである。

このウイルスは絶妙な攻撃を仕掛けた。脳の左右に1つずつある内側側頭葉の中では、海馬とその周辺の部位が協働して、認知したものを長期記憶にするという奇跡的な作業を行っている。実際には、記憶は海馬ではなく、その外側のシワのよった部位（大脳新皮質）に格納されるのだが、記憶を新皮質に固定する働きをするのが海馬である。海馬が破壊された彼は、テープの入っていないビデオカメラのようになってしまった。つまり、見ることはできるが記録することができない。

ＥＰは、新しい記憶を形成できない前向性健忘症と、少なくとも１９５０年頃からあとの記憶を思い出せない逆行性健忘症の2種類の健忘症を患っていた。子どもの頃のこと、商船で働いていたときのこと、第二次世界大戦のことなどは、いずれも鮮やかに思い出せる。でも、彼の世界の中ではガソリンは1ガロン25セントで、人類はまだ月に行ったことがなかった。

ＥＰは15年間健忘症を患っていて、状態は良くも悪くもなっていなかった。スクエアたちが彼の状態から学びたいと思うことは、まだたくさんあった。彼のように自然が残酷だが絶妙な実験をする症例は、乱暴な言い方だが科学にとって大きな恵みとなる。多くの基本的な疑問がまだ解明されていない分野には、検査することは無限にある。それをＥＰに行うのである。実際、海馬とその周辺の重要な領域だけが壊れて、そのほかの部分はまったく正常である、というような症例は世界にひと握りしかない。

もう1つ、重度の健忘症の例を挙げよう。元ＢＢＣの音楽プロデューサー、クライヴ・ウェアリングは1985年にヘルペス脳炎にかかり、EPと同じように記憶することができなくなった。妻には毎回、20年ぶりに再会したかのような挨拶をする。彼の住む養護施設から迎えを寄こしてほしいと妻から電話を受けても何もしない。事細かな日誌をつけていて、それは日々の苦痛の具体的な記録であるはずなのに、その内容が信じられない。自分で書いたことすら、生活のあらゆることと同様、身に覚えのないことに思えてしまうのだ。日誌を開くたびに、自分の過去と対峙することになる。日誌は以下のような記述でいっぱいである。

~~午前8時30分　今、目が覚めた~~
~~午前9時6分、今、すっかり目が覚めた~~
午前9時34分、今、本当に目が覚めた

前の記述が線で消されていることから、彼が自分の状態を自覚していることがうかがえる。一方、EPにはその自覚がない。おそらくそれは幸せなことだと思う。スクエアがテーブル越しに、最近、物覚えの調子はどうかとEPに質問すると、

「いいと思います。本当にいいのかどうかはわかりませんが」と答えた。

EPは左手首に金属製の医療警告ブレスレットをつけていた。何のためなのかは明らかだったが、私はあえて彼に聞いてみた。彼は自分の手首に目をやり、書かれている文字を淡々と読んだ。

「記憶喪失、と書いてありますね」

ＥＰは、自分が記憶の問題を抱えていることすら忘れている。毎回毎回、「自分は憶えることができないのだ」と気づく。そして、自分の物忘れが恒常的なことだということを記憶できていないので、ちょっと今思い出せないだけなんだ、という程度にしか考えていない。私たちが物忘れをしたときのように、多少もどかしい思いをするくらいで、それ以上の困惑はないのである。「彼は、自分がおかしいとは思っていないのです。それは喜ばしいことです」。ＥＰがソファに座っているときに、妻のベヴァリーが、彼には聞こえないように話してくれた。「自分が普通ではないと気づいているのではないか、とも思うのですが、会話や彼の暮らしぶりにはその様子は見えません。でも本当は知っているような気がします」

その言葉を聞いたとき、私は、憶えることができないという以上に、ＥＰの妻ですら彼の最も基本的な感情や思考に触れることができないという事実に、衝撃を受けた。ＥＰには感情や思考がない、と言っているのではない。そのときそのとき、彼は思い、考える。孫が生まれたと聞けば、その都度目に喜びの色を浮かべる（そして、即座に孫の存在を忘れる）。

しかし、今の感情と過去の感情を比べることができないので、自分自身について、あるいは周囲の人について一貫した話ができず、家族や友人に安心感を与えることができない。結局のところＥＰは、何に対しても、誰に対しても、自分が集中していられる時間内でしか興味をもつことができないのだ。ちょっとしたことで意識がほかに向けば、会話は最初からやり直し。彼と意味のある関係が築けるのは、「今このとき」だけなのである。

病気になってから、ＥＰにとっての宇宙は彼が見ることのできる空間だけに、関係を築けるのはその空間にいる人だけになった。暗闇の中、小さなスポットライトに照らされて生きている。目が覚めたら朝食をとり、またベッドに戻ってラジオを聴く、というのがいつもの朝の過ごし方だが、ベッドに戻ると、朝食をとったあとなのか、それとも今起きたところなのかがわからなくなる。もう一度朝食をとって、またベッドに戻ってラジオを聴くということも珍しくない。三度朝食をとることもある。テレビを見るときは、一瞬一瞬に興奮する（ただし、起承転結がはっきりしている番組は理解できないこともある）。ヒストリーチャンネルや第二次世界大戦についての番組を好む。昼食前に何回も、時には45分も近所を散歩する。そして庭に腰を下ろす。

また、新聞も読むが、それは彼にとってはタイムマシーンから降りたような感覚だろう。イラクだって？　インターネットって何だ？　見出しの終わりにたどり着く頃には、その見出しがどんな言葉で始まったかを忘れている。たいていは、天気予報欄を見たあとは、写真にひげを描くなどの落書きをして過ごす。そして不動産情報を見ると、いつもその価格に驚きの声をあげるのだった。

記憶することができないので、時間の感覚もない。意識は落ちては消えるしずくのようなもので、続くことがない。彼の腕から時計を外したら、あるいはもっと意地悪して時計を進めるか遅らせるかしたら、完全に時間がわからなくなる。彼は思い出せない過去と予測できない未来にはさまれた「永遠の現在」という空間の中で、あらゆる不安から解放されて静かに生きている。

「父はいつだって幸せです。とても幸せなんです。きっと、何のストレスもなく生きているからでしょうね」と、近所に住んでいる娘のキャロルは言う。慢性的な記憶喪失で、ＥＰはある種の病的な悟りの境地に達した。仏教徒の理想とする「永遠の今を生きる」という思想を曲解して体現しているかのようだ。

「あなたのお年は？」とスクエアが尋ねると、

「えーっと、59だったか、60だったか……ああ、わからない」と、推測するというよりは計算でもするかのように真剣に眉をひそめて答える。「私の記憶力は完全ではありません。そんなに悪くはないけれど、時には思い出せないこともある。あなたたちもそういうことがあるでしょう」

「ありますね」。EPはずっと昔の世界にいるのだが、スクエアは親しみのこもった調子でそう答えた。


時間の感覚がなければ、記憶の必要もないだろう。しかし、記憶がない場合、時間に相当するものはあるのだろうか。ここで言う時間とは、物理学者の言うような4番目の次元、独立変数、光の速度に近づくにつれて縮む単位のことではなく、心理学で言う意味での時間、人生の一節を経験しているときのテンポ、脳の構成概念としての時間のことである。EPが自分の年を思い出そうと苦心しているのを見て、私はエド・クックと全米記憶力選手権で会ったときに、彼がパリ大学で行っている研究について話してくれたことを思い出した。

「主観的な時間を拡張することに挑戦しているんだ。それが実現できたら実際より長く生きていると感じられるようになるだろう」。彼は会場の外の歩道でタバコをくわえたまま話した。「最後の瞬間に抱く思いを払拭して、地獄？　何だそれ、と思えるようにしたいんだ」

「どうやってそれを実現するんですか」

「たくさん記憶する。自分の人生の時間軸につける目印を増やしていく。時間の経過をもっと意識する」

その話を聞いて私は、ジョセフ・ヘラーの小説『キャッチ22』に出てくるダンバーというパイロットのことを思い出した。ダンバーは、楽しい時間は速く過ぎることから、時間の経過をゆっくりにする一番確実な方法は、できるだけ退屈に過ごすことだと考えていた。エドにそのことを話すと、彼は肩をすくめて言った。「まったく逆だよ。記憶を詰め込めば詰め込むほど、時間はゆっくり流れていくんだ」

時間の感じ方は一定ではない。1日が1週間、1カ月、あるいは1年のように感じることもあるし、逆に1カ月、1年があっという間に過ぎていくこともある。

人生は経験の記憶で構成されている。Xが起こった直後にパリへ長期旅行をした、車の運転ができるようになって最初の夏にYをした、初めて就職した週にZが起こったというように、私たちは経験を、他の経験と関連づけて憶えている。事実の記憶をネットワークに統合させて蓄積していくのと同じように、経験したことを別のときに起こったことのウェブに融合して増やしていく。ウェブが密なほど時間の感じ方が密になる。

このことをフランスの時間生物学者、ミシェル・シッフルが見事に示してみせた。彼は時間と生命体との関係を研究し、科学史の中でもかなり特異な自己実験を行った。1962年、彼は地下の洞窟という完全に外界から遮断され、時計もカレンダーも太陽もない空間で2カ月間過ごした。身体の声だけを頼りに睡眠や食事をとり、〝時間の及ばない〟環境で生活することによって、人体の自然のリズムがどのような影響を受けるかを調べようとした。

シッフルの記憶力は急速に衰退していった。真っ暗闇の中で、1日1日の区切りがわからなくなり、ただ時が続けて流れていくだけになった。誰とも話すことがなく、することもない。記憶に刻み込まれるような印象的なこともなく、時間の経過を教えてくれる目印もない。ある時点で、前の日に起こったことすら思い出せなくなった。隔離された生活は彼をEPと同じ状態にした。時間の感覚がぼんやりし始め、事実上、健忘症の状態になったのだ。

間もなく、睡眠パターンも崩れた。36時間続けて起きていたかと思えば、別の日は8時間だけしか起きていられない。そしてその違いが認識できない。9月14日、実験の最終日になり、地上のサポートチームに声をかけられたとき、彼の日誌の日付はまだ8月20日だった。彼は1カ月しか経過していないと思っていた。彼の中では時間が半分に圧縮されていたのだ。

時間は単調さによって縮まり、新鮮さによって拡張する。日々身体を動かし、健康的な食生活をして、充実しているときは、時間が短く感じる。仕切られた空間に座って書類を受け渡すだけの生活をしていると、1日の印象は残らないまま別の日と一緒になって消えてしまう。だから、日常生活のパターンを時々変えてみたり、普段は行かない場所に旅行に行ったり、できるだけたくさん新しい経験をしたりして、記憶をしっかりと固定させることが大切である。新しい記憶を作ることで心理的な時間が拡張され、人生を長いものとして感じられるようになるのである。

アメリカの哲学者ウィリアム・ジェームズは、1890年、『心理学の諸原理』の中で、心理的な時間の歪みについて初めて言及した。「若いときは、日々、客観的にも主観的にも新しいことに出会えるかもしれない。冴えた頭で理解し、しっかりと記憶する。そのときの思い出は、あわただしくも楽しかった旅行の思い出のように込み入っていて、多様で、消えにくい。だが、年を取るにつれ、このような新しい経験のうちのいくつかが、記憶に残りにくい日常の決まりごとになり、その日、その週のことが別の日、別の週のことと区別がつかなくなって、年月が中身のない縮んだものになっていく」

年を取るほど時間が短く感じるのは、年を取るほど憶えにくくなっているからだ。「『憶えていること』が『人間であること』だとしたら、『憶えていることが多い』ほど『人間らしい』ということになるだろう」とエドは言っている。

できるだけ多くのことを記憶して生きていきたいというエドの思いは、いささかピーターパンじみたところがあるのかもしれないが、自分の人生を憶えておきたいという欲望が、私たちが必死になってやろうとしているさまざまなことに比べて、それほどおかしなものだとは思えない。そこには妙に理にかなったものがある。ソクラテスは、振り返ることのない人生は生きる価値がないと考えていた。憶えていない人生なら、なおさらであろう。

記憶についての科学的知識の多くは、EPのような損傷した脳を研究して得られたものである。研究対象となった1人に、ヘンリー・モレソンという健忘症患者がいる。通称HM、2008年に亡くなるまで、人生の大半をコネチカットの養護施設で過ごした（医学文献では、尊厳を傷つけないようにとの配慮から、患者をイニシャルで呼ぶ。ＨＭの名前は彼の死後に公表された）。9歳のときにバイク事故にあってから、てんかんを患うようになった。27歳の頃には週に数回失神するようになり、行動がかなり制限されるようになってしまった。そこでウィリアム・スコヴィルという脳外科医が、症状の原因と思われる部位を切除する実験的手術によって、ＨＭの症状を軽減しようと考えた。

１９５３年、スコヴィルはＨＭの頭皮に麻酔をし、両目のすぐ上に穴を開けた。そして小さな金属製のへらでＨＭの脳を持ち上げ、金属製のストローで海馬とその周辺の内側側頭葉の大部分を吸い出した。その手術によりＨＭの発作回数は減ったが、不幸な副作用が表れた。脳の一部とともに記憶も切除されてしまったことが、間もなくわかったのだ。

その後50年間にわたって、ＨＭを対象に多くの実験が行われ、彼は脳科学史上、最も研究された患者となった。その結果、ＨＭの症例はスコヴィルの手術によってもたらされた特殊な例である、と思われていた。

しかし、ＥＰによってこの考えが間違っていることがわかった。スコヴィルが金属製のストローでＨＭに行ったのと同じことを、おそらく自然界が単純ヘルペスという手段を使ってＥＰにしたのだ。ＥＰとＨＭの脳のＭＲＩ画像を並べてみると、ＥＰの損傷のほうが多少大きいものの、ぞっとするほど似ている。正常な脳がどんなものか知らなくても、左右同じ位置にぽっかりと開いた穴が、黒い目のようにこちらを見ているのがわかるはずだ。

ＥＰと同じくＨＭも、あることに対して考えている間しか記憶を維持できず、ほかのことに意識が移ってしまうと、もう記憶は戻ってこない。カナダの脳科学者ブレンダ・ミルナーが行った有名な実験で、ＨＭは５８４という数をできるだけ長時間憶えるように指示された。憶える過程を聞いたところ、ＨＭは次のように説明した。

簡単だ。８を憶える。５と８と４を足すと17になる。17から８を引くと９。９を２で割ると４・５。これで５と８と４がそろった。なんてことはない。

彼はこの複雑な呪文を数分間唱えていた。でも、集中力が途切れるとすぐに数は消えてしまう。憶えるようにと言われたことすら忘れてしまう。科学者たちにとって、長期記憶と短期記憶には違いがあるということは19世紀後半から周知の事実だったものの、ＨＭによって２種類の記憶処理が脳の別の部位で行われていること、海馬の大半が失われてしまうと、短期記憶を長期記憶に変換することができなくなることが確認されたのだった。

ＨＭの症例から、別の種類の記憶についてもわかったことがある。ＨＭは朝食の内容や現大統領の名前すら忘れてしまうのに、記憶できることがあったのだ。ミルナーは、ＨＭが複雑な課題を認識すらせずに習得できることを発見した。１９６２年に行われた画期的な研究で、彼は、ＨＭが紙に描かれた星の形をした図形の内側を、それが映った鏡を見ながらたどることができるということを示したのである。この課題をＨＭに出すと、彼はいつも、今までにやったことがないと言う。けれども、やるたびに脳が前よりうまく指令を出せるようになり、手が前よりなめらかに動くようになっていった。彼は健忘症でありながら、記憶していたのだ。

ＥＰへのテスト、およびその後の健忘症に関する研究によって、記憶することができなくても、「憶えずに習得する」ことが可能だということがわかった。ある実験で、スクエアはＥＰに24個の単語のリストを見せて憶えるように指示した。予想どおり、数分たつと１つも思い出せなくなり、憶えるように言われたことすら忘れてしまった。この単語を見たかどうか質問すると、半分程度しか正しく答えられない。

そこで今度は、ＥＰをコンピュータのモニターの前に座らせて別のテストをしてみた。48個の単語をそれぞれ０・０２５秒ずつ画面に表示し、ＥＰに見せたのだ。０・０２５秒というのは、目が情報の一部をぎりぎりとらえられる程度の時間である（まばたき1回は０・1～０・15秒）。48個の単語のうち半分はＥＰが見たのを忘れてしまった先の24個、もう半分は新しいものだ。スクエアはモニターに単語を次々に表示させたあと、ＥＰに憶えている単語を言ってもらった。すると驚いたことに、ＥＰは新しい単語に比べると、見たことがある単語をはるかによく憶えていた。意識して憶えていたわけではないにせよ、脳の奥に印象が残っていたのである。

この無意識に記憶する現象（「プライミング」と言う）は、意識して認識していることの下層にまったく無意識の記憶がある、ということを裏づけるものである。記憶体系がいくつに分類できるかということについては意見が分かれるが、一般的には、専門家は記憶を「陳述記憶」と「非陳述記憶」（「顕在記憶」と「潜在記憶」という言い方もある）の２つに分けて考えている。陳述記憶とは、例えば自分の車の色、昨日の午後の出来事など、憶えていることを認識している事柄を指す。ＥＰとＨＭは新しい陳述記憶を構築する能力を失ったわけである。

非陳述記憶とは、自転車の乗り方、鏡を見ながら図形を描く方法（あるいは、コンピュータ画面に一瞬だけ映し出された単語）など、無意識に憶えている事柄を指す。非陳述記憶は陳述記憶のように短期記憶というバッファを経由するわけではなく、強化され、格納されるのに海馬の力を必要としない。基本的に、脳の別の部位によって記憶されるのである。運動技術の習得は主に小脳で、知覚の習得は大脳新皮質で、習慣の習得は脳幹神経節で行われる。ＥＰやＨＭを見てわかるように、脳の一部が損傷を受けても、残りの部分は働き続ける。実際、性格や思考といった人格の核となる部分の大半は、意識の入り込めない潜在記憶と結びついている。

心理学者は、陳述記憶を、さらに「意味記憶」（事実や概念の記憶）と「エピソード記憶」（自分自身が体験したことの記憶）に分類している。今日の朝食に卵を食べた記憶はエピソード記憶で、朝一番に食べる食事のことを朝食と呼ぶという認識は意味記憶である。エピソード記憶は時間と空間の中に位置していて、〝いつ、どこで〟という情報と結びついているのに対し、意味記憶は時間と空間に関係なく浮遊する知識のかけらのようなものである。どちらの記憶も海馬と内側側頭葉内の組織を必要とするが、使用する神経経路と部位が違っている。ＥＰは意味記憶もエピソード記憶も同等に失ったが、興味深いことに、記憶が失われているのはここ60年程度の範囲だけである。古いことほどよく憶えているのだ。

記憶に関する不思議の1つに、ＥＰのような健忘症患者が、広島に原爆が投下されていることは憶えているのに、それよりずっと最近に起こったベルリンの壁の崩壊を思い出せないのはなぜか、ということがある。理由はわからないが、健忘症患者では、新しい記憶から忘れていき、古い記憶ほど鮮明に保持されている。この現象は19世紀フランスの心理学者、テオデュール・リボーによって言及されて以降、「リボーの法則」と呼ばれている。アルツハイマー病患者にも同様のパターンが見られる。そこから大事なことが示唆される。記憶はずっと変わらないわけではなく、時がたてばその姿形も変わるということだ。ある記憶を思い返すと、そのたびにその記憶は別の記憶が集まっているウェブのもっと深い場所へ統合され、安定性を増し、失われにくくなっていく。しかし、この過程で私たちは記憶を変形させているのである。時には、実際に起こったことといくらか似ている、というくらいまで変化させてしまう。

脳科学者がこのときに脳内で起こっていることを研究し始めたのはごく最近だが、心理学者たちは以前から、新しい記憶と古い記憶の間に質的な違いがあることを把握していた。ジークムント・フロイトは、「古い記憶はあたかも第三者がカメラで記録していたかのように憶えていることが多いのに対し、新しい記憶は本人が自分の目で見ているように記憶していることが多い」という不可思議な事実について言及している。自分の身に起こったことが、単にどこかで起こったことに変わっていく。あるいは、時間がたてば脳は自然にエピソードを事実に変換するとも言える。

この事実がニューロンレベルでどのように起こっているか、ということはまだ解明されていない。よく言われている仮説に、「記憶は放浪する」というものがある。海馬がまず記憶を形成するが、その内容は最終的に大脳新皮質の中に長期記憶として格納される。時を経て、記憶が呼び戻されて強化されていき、やがて消すことのできないものになる。そして、皮質の中のウェブに固定され、海馬から独立して存在できるようになる、というものだ。

この説が確かだとすると、新たな疑問が出てくる。EPの記憶は、ウイルスが内側側頭葉を侵食したときに完全に消滅したのか、それとも取り出せなくなっただけなのか？　ウイルスは家を半焼させたのか、それとも家の鍵を奪っただけなのか？

記憶を定着させ、引き出せるようにするプロセスには、睡眠が重要な役割を果たしていると考えられている。ラットに走路を1時間走らせると、目を閉じていても通り道を学んだときと同じ神経発火パターンをとることが明らかになっている。私たちが見る夢の内容が、現実世界の要素の非現実的な継ぎ合わせになっていることが多いのは、夢が、経験がゆっくりと長期記憶に変わっていく過程の副産物であるためだと言われている。

ソファにEPと並んで腰かけながら、私はEPは今でも夢を見るのだろうか、と思った。もちろん彼には本当のところはわからないだろうが、ともかく彼が何と答えるかが知りたくて聞いてみた。「時々ね」。もちろん「作話《さくわ》」［訳注：精神医学用語で、心の中の健忘を空想によって補って話すこと］に間違いないのだが、彼の語り口は冷静だった。「でも夢を憶えているのが難しいんだ」

私たちは皆、健忘症の状態でこの世に生まれてくる。そして、かなりの人が生まれたときと同じ状態でこの世を去っていく。ある日、私は3歳になる甥に、2歳のときの誕生パーティのことを憶えているか聞いてみた。生きてきた年月の3分の1以上の時間を遡らなければならないというのに、彼は驚くほど正確に思い出すことができた。ギターを演奏してくれた若者や友だちの名

いだろう。

前、演奏された歌、私がプレゼントしたミニチュアのドラムセットのこと、そしてケーキにアイスクリームをのせて食べたことまで憶えていた。だが、10年たったら、おそらく何も憶えていないだろう。

3~4歳頃までの体験は、大人になってはっきりと思い出せるような永続的な印象を残すことはまずない。人の最初の記憶は平均3歳半のときのものと言われており、それもぼんやりした断片的なもので、間違っていることも多い。人生のほかのどの時期よりも速いスピードで物事を吸収していくこの期間——歩くこと、しゃべること、世界とはどういうものであるかを理解する時期——に学んだことが潜在記憶にほとんど残らないというのは、誠に不思議なことである。

フロイトは、幼児期の記憶を思い出せない（幼児期健忘）理由を、幼少期の性欲をのちに恥ずかしく思い、その記憶を抑圧しているからだと考えていた。今もこの説を信じている心理学者がどれほどいるのかわからないが、生後2~3年間というのは脳が急速に成長する期間であり、新しいシナプス結合の形成を促すために使われていない結合は切り離されるという事実のほうが、幼児期の記憶がないという奇妙な現象の説明としては説得力がある。大脳新皮質が十分に発達するのは生後3~4年たってからで、この頃から記憶が残るようになっていく。

しかし、幼児期健忘の理由を説明するには、解剖学以外のアプローチも必要である。幼児期には、世の中のことを理解したり、現在と過去を関連づけるための仕組みができていない。経験がないため、そして何よりも言葉という物事を統合して整理するのに必須のツールがないために、幼児は記憶をのちに引き出すための記憶の痕跡のウェブに保存することができないのである。記憶を保存する仕組みは、世の中と接していく中で徐々に構築されていく。人間が生まれてから数年の間に習得するきわめて重大な事柄は、実質的には潜在性の非陳述型のものだ。言い換えるなら、誰もが多少なりともＥＰの状況を経験し、そしてＥＰのように、そのことをすっかり忘れているのだ。

私はＥＰの非陳述型の記憶が呼び出されているところを確かめたいと思い、彼に近所を案内してくれないかと頼んだ。最初は断られたが、２～３分待ってからもう一度聞いてみたところ、今度は承諾してくれた。玄関から外に出て、高く昇った午後の太陽に照らされる中を右に曲がった。私ではなく、彼が決めたのだ。私は、なぜ左に曲がらなかったのかと聞いてみた。

「なんとなく、そうしないほうがいいような気がして、こっちに曲がったんだ。なぜだかわからない」と彼は言った。

また、散歩コース（彼が1日に少なくとも3回は通る道）を紙に描いてほしいとも頼んだが、それは無理だった。彼は自分の住所も、そして海がどちらにあるのかということも――サンディエゴの人間にとっては信じられないことだが――わからなかった。しかし、何年間も同じ道をたどっているうちに、このコースが彼の中に刻み込まれていた。一度でも曲がり角を間違えたらＥＰは完全に迷子になってしまうだろうが、妻のベヴァリーは今では彼を1人で散歩させていた。時には、たくさんの丸い石や子犬、誰かの財布などを拾って帰ってくる。でも、どうしてそれが彼の手の中にあるのかは説明できないのだった。

「夫は近所の人に会うときちんと挨拶するので、近所では人気があるんです」と妻は言う。初めて会う人に思えても、習慣の力でこの人たちと仲良くしたほうがいいということを感じ取り、その無意識の思いから、立ち止まって挨拶をしているのだ。

ＥＰは、近所の人のことを憶えていないのに近所づきあいを習得している。この事実から、たくさんの日々の基本的な行動が、陳述記憶から独立した潜在的な価値観や判断力によって行われていることがうかがえる。私は、ほかにもＥＰが習慣によって学んだことはないかと考えた。陳述記憶を失ってから15年という歳月をかけて作られた非陳述記憶はほかにないだろうか？　きっと、彼には今でも願望や不安、感動、あこがれなどの感情があるはずだ。たとえ、思い出していられる時間がとても短くて、誰かに話す前に消えてしまうのだとしても。

私は、自分の15年前を思い浮かべ、その間に自分がどれだけ変化したかを考えた。今の私と当時の私を並べてみたら、ある程度は似ているように見えるだろう。しかし、分子レベルではまったく違う。髪の生え際のラインも、ウエストのラインも違う。名前以外には同じところがないようにすら見えるところもある。２人の私を結びつけることができ、そして一瞬一瞬、毎年毎年がつながっているという幻想を抱いていられるのは、私という人間の核に、比較的安定していて、でも少しずつ進化していることがあるからだと思う。それを魂と言うか、自己と言うか、はたまたニューラルネットワークの副産物と言うか、どう呼ぶにしても、そうして人生を連続体としてとらえることができるのは、記憶があればこそである。

しかし、私たちのアイデンティティが記憶のおかげで形成されたものだからといって、ＥＰが魂のないロボットなどではないことは明らかである。記憶を失っても、そこには人間がいて、人格がある。それも、世の中を独自な視点で見ることができる魅力的な人格だ。ウイルスは彼の記憶を奪ったのかもしれないが、彼の人間性まで奪うことはできなかった。ウイルスの攻撃のあとには空洞と、成長もしないし何も変わらない止まったままの自己が残ったのだった。

通りを横切り、ベヴァリーとキャロルと別れて、初めてEPと私だけで歩くことになった。彼は私が誰なのか、なぜ自分の隣にいるのかわかっていないようだったが、それでも私が何かしらの理由があってここにいるのだろうな、と感じているふうではあった。彼は私を見て、唇をすぼめ、何か言いたげだった。私は沈黙を埋めるよりも、しばらくそのままにして、どうなるかを見てみたいと思った。これはおかしい、どうしてこんなことが起きているんだと、彼が一瞬でも感じるのを期待したのだ。

けれども、そのようなことは起きなかった。起きたとしても、EPがそれを表情に出すことはないだろう。彼は自分自身の存在がわからなくなっている。自分自身の住む現実世界がまったく見えていないのだ。私は、少しの間でも彼をこの場から救い出したいという衝動に駆られた。彼の腕を取って、「あなたは、とても珍しい、そして回復するのが難しい記憶障害を抱えているのですよ」と言いたかった。「ここ50年間のことがあなたの記憶から抜けているのですよ。数分後には、この会話をしたことすら忘れてしまうんですよ」と。驚き、ああそうだったのかと一瞬だけ納得する彼の顔や、彼の前にぽっかりと穴が開いてすぐに閉じる様子、そして通り過ぎる車や小鳥の歌で我に返り、何事もなかったかのように元どおりになる彼の姿が頭に浮かんだ。でも、もちろん私はそんなことはしなかった。

「そろそろ帰りましょうか」と私は彼に言って、来た道を指さした。そして2人で踵《きびす》を返し、彼が知らない道を、彼が知らない隣人に手を振られながら、彼が知らない家へと歩き始めた。家の前に車が停まっていた。そのミラータイプのウィンドウに、私たちは自分の顔を映してみた。EPに何が見えるか聞くと、

「年を取った男、それだけだよ」という答えが返ってきた。

第5章

記憶の宮殿

私は、エドがヨーロッパへ戻る前に、もう一度会う約束を取りつけた。エドはセントラルパークで会いたいと言ってきた。まだ行ったことがなくて、アメリカに来たからにはぜひ立ち寄りたいと思っていたらしい。2人して晩冬の、葉の落ちた木々の間を抜け、貯水池の周りをジョギングする人たちを眺めながら、公園の南端まで歩いた。通りをはさんで目の前に、リッツ・カールトン・ホテルが見える。寒く、冷たい風が容赦なく吹きつけ、憶えることはおろか、およそ頭を使うのにふさわしいとは言いがたい午後だった。それにもかかわらず、エドは屋外にいたがった。

彼は私に杖を渡すと、公園の端の大きな岩に果敢に登り始めた（慢性関節炎が少々痛そうだった）。そして地平線を眺め、景色の「この上ない雄大さ」についてコメントしてから、私にも登るように促した。彼は私に、1時間のうちにいくつか基本的な記憶の仕方を教えてくれると約束していた。それより長い時間をこの天候の中で過ごすのは考えられなかった。

「言っておきたいんだけど」と彼は器用に足を組んで座り、話し始めた。「すぐに記憶力のいい人を敬う気持ちが消えてしまって、『バカバカしいトリックだな』と思うようになるよ」。そう言うと彼はひと呼吸して、私の反応を確かめるように頭を上げた。「でも、それは間違いだよ。通り抜けなければならない反抗期みたいなものだと思っておいたほうがいい」

彼はまず、あらゆる記憶法の原則である「入念な符号化」について説明し始めた。私たちの記憶力は、この現代世界のために構築されたものではない。視力、言語能力、直立歩行などあらゆる生物学的能力と同様に、私たちが生きている今とはまったく違う環境の中で、自然淘汰の過程で発達してきたものだ、と彼は言った。

私たちの祖先が使っていた原始的な脳から、現在私たちが使っている——時にはうまく使えないこともあるが——言葉や図形を扱い、繊細な仕事をする現代の脳への進化の大半は、更新世（180万年前からほんの1万年前までの時代）に起こったものである。当時は——そして、こんにちでも少数の辺境の地では——人類は狩りをして暮らしていた。そういった生活の中で生まれた要求から、こんにちの私たちの脳は形作られていった。

砂糖や脂肪を好む嗜好は栄養の乏しい世界では適切なものだったが、ファストフード店があちこちにはびこる今の世の中にはふさわしくない。それと同じく、私たちの記憶力も、現代の情報社会には完全には適応できていない。私たちが記憶力を要する場面は、脳が発達してきた環境では考えられなかったものが多い。私たちの祖先は、電話番号を憶えたり、上司の指示を一言一句思い出す必要はなかった。また、成績がよければ飛び級で進級できるシステムもなかったし、比較的小規模の決まったグループで生活していたので、カクテルパーティで初めて会った何十人もの名前を憶える必要もなかった。

初期の人類やヒト科の祖先が憶える必要に迫られていたことと言えば、食料や資材のある場所、家への帰り道、食べられる植物と毒性の植物の違い、といった情報であった。これは生死に関わる記憶と言えるもので、日々の暮らしが記憶力にかかっていた。そして、人間の記憶力が発達したのは、少なくともこういったことを憶える必要に迫られてのことだった。

どんな記憶法にも共通する原則として、情報の種類によって憶えやすさに差がある、ということがある。視覚で認識した情報は飛び抜けて記憶しやすく（憶えた写真を選ぶテストのことを思い出してみてほしい）、単語や数のリストなどの情報は憶えにくい。大切なのは、Sが直観的に行っている「共感」という作業を行うこと、つまり憶えておきにくいことをつかまえて、それを憶えやすい記憶に変換することである。

「たいていの記憶テクニックは、大雑把に言ってしまえば、『凡庸な事柄を、鮮やかで面白く、今までに見たことがない、それゆえに忘れにくいものに変化させて記憶に埋め込む』という考え方に基づいているんだ」と、握りこぶしに息を吐きかけながらエドが言った。「これが『入念な符号化』だよ。さっそく単語のリストでやってみよう。記憶の仕方を身につけるための汎用的なトレーニングだ。それから数やトランプを憶えられるようにしていって、さらに複雑なものに進んでいこう。基本的に僕らが一緒にいるときは、君が求めることは何でも学ぶことができる。本当だよ」

それからエドは、最近ウィーンを訪れたときのことを事細かに話してくれた。ルーカスのその年で一番大事な試験の前日に、２人で夜明けまでパーティをして、朝日が昇る頃に家にたどり着いたのだという。「ルーカスは昼に起きて、それから集中記憶方式で試験に必要なあらゆることを憶えにかかったんだ。そして受かったよ。それくらい効率よく勉強できるようになれば、ぎりぎりになるまで勉強しなくてすむんだ。ちょっといいだろう？　ルーカスは、その類の勉強は低俗な訓練にすぎないということに気づいたんだ」

そしてエドはカールした髪の毛を耳にかけ、まず何から憶えようかと聞いてきた。「役に立つことから始めよう。エジプトの王様とか、アメリカの大統領の任期とか。それともロマンチックな詩がいいかな。お望みなら、地質年代とかでもいいよ」

「どれも実に役に立ちそうですね」と私は笑って言った。

「ここ100年間のアメフト優勝チームを憶えるくらいなら、すぐにできるようになる。野球のトップ選手のアヴェレージでもいいけど」

「本当にスーパーボウルの優勝チームを全部知っているんですか」

「いや、知らない。クリケットのほうが好きなんだ。でも、君にそれを教えるのは悪くない。大切なのは、このテクニックを使えば何でもすぐに憶えられるということ。さあ、やってみるの？みないの？」

「やってみます」

「よろしい。一番わかりやすくて実用性が高いのは、To-Doリストを憶えることだろうな。To-Doリストをつけてる？」

「家でときどき」

「なるほど。じゃあ僕はいつも頭の中でつけているから、それを使うことにしよう」

エドは私に紙を要求し、そこにいくつかの言葉を書きつけ、いたずらっぽい笑みを浮かべて私に返した。15の項目が書かれていた。

「北方の友だちが開くパーティに行く前に、この街で用意しておかなくちゃいけないものだよ」

私は声に出して読んでみた。

ガーリックのピクルス
カッテージチーズ
サーモン（できればピートスモークのもの）
白ワイン6本
靴下（3足）
フラフープ3本（予備も？）
シュノーケル
ドライアイス製造機
ソフィアにEメールする
ぴったりしたジャンプスーツ
ポール・ニューマンの映画（『傷だらけの栄光』）のDVDを探す
エルクのソーセージ⁇
メガフォンとディレクターチェア
ハーネスとロープ
気圧計《Barometer》

「これが頭の中に？」。私は信じられなくて聞いてみた。

「そうだよ。僕の頭の中から引き出したんだ。これから君の頭の中に行くんだよ」

「本当にこれが必要なんですか」

「うーん、全部は見つからないかもな。ニューヨークにカッテージチーズがあると思う？」

「エルクのソーセージやジャンプスーツのほうが心配ですよ。そもそも、明日イギリスへ帰るんじゃ？」

「そうだね。白状しよう。まぁ、このうちのいくつかは絶対に必要ってわけじゃない」と言って彼はウインクした。「でもね、ここで大切なのは、君がこれを憶えるということだよ」

エドは、今から教える記憶テクニックを身につければ、「記憶の達人の誇り高き伝統」への仲間入りができると言った。

この伝統は、紀元前5世紀、天井が落ちてきたテッサリアの大宴会場のがれきの中にいた詩人、ケオスのシモニデスによって始まったと言われている。シモニデスは目を閉じて、記憶の中で崩壊した建物を再び組み立てた。驚異的な再現力により、彼は悲劇の晩餐でどの客人がどこに座っていたのかも思い出すことができた。部屋の見取り図を意識して憶えようとしたわけではなかったのに、記憶の中にずっと残っていたのだ。このシンプルな発見から、いわゆる「記憶術」の基盤となるテクニックが編み出されたと言われている。

エドは、宴席に並んでいるのが客人ではなく別の人や物であったとしても、例えばギリシャの偉大な劇作家が生まれた順に座っていたとしても、自分の詩の言葉だったとしても、あるいはその日にやらなければならない仕事の内容だったとしても、空間記憶を使って憶えれば、たいていのことは、並んでいる順番のまま脳に刻み込むことができると確信していた。必要なのは、数列やトランプのカードの並び順、ショッピングリスト、『失楽園』〔訳注：イギリスの17世紀の詩人、ジョン・ミルトンによる壮大な叙事詩〕の文面といった記憶に残りにくい情報を、心が惹きつけられる視覚映像に変換して、頭の中の空間に配置することだけ。それだけで憶えられなかったことが忘れられないことに変わる。

古典的な記憶力向上トレーニングの具体的な内容のほとんど――実際、知的競技者の宝とする記憶トリックのすべてと言ってもいいもの――は、紀元前86～同82年のどこかの時点で書かれた作者不明の『ヘレンニウスへ』[1]というラテン語の修辞学の教科書の中で紹介されている。この本はシモニデスの開発した記憶法をあますところなく考察し、中世に伝えた唯一の書である。記憶術の内容はこの本が書かれて以降2000年の間にいくらかは発展したものの、ここに書かれていることと本質的には変わっていない。「僕らのバイブルだよ」[2]とエドは言う。

エドはラテン語も古代ギリシャ語も読むことができ（フランス語もドイツ語も流暢《りゅうちょう》に話す）、自分のことをアマチュアの古典学者だと言っている。『ヘレンニウスへ』は、彼が私に勧めた数冊の古典の中で最初に読むように言われた本だ。彼は、トニー・ブザンの、共著書を合わせると120冊を超える膨大な著作のいずれかや、知的競技者たちの書いた自己啓発書に手を出す前に、まずは古典を読んでみることを私に勧めた。私は『ヘレンニウスへ』に続いて、クインティリアヌスの『雄弁家教育論』の抜粋、キケロの『弁論家について』を読み、その後、トマス・アクィナス、アルベルトゥス・マグヌス、サン・ヴィクトルのフーゴー、ラヴェンナのペトゥルスらの中世に書かれたものを読むことになった。

古代においては、『ヘレンニウスへ』に紹介されている記憶法が広く使われていた。実際、キケロは記憶術についての著書の中で、「この方法は周知だから、インクを使ってあれこれ説明する必要もないだろう」と書いている（だから皆、この本に信頼を置いている）。昔は教養のある人なら誰でも、エドが私に教えてくれようとしている記憶テクニックに精通していた。記憶力を向上させるためのトレーニングは、言語技術の分野では、文法、論理学、修辞学と同様に、古典教育の中心と見なされていた。学生たちは何を憶えるかだけでなく、いかにして憶えるかを学んだのである。

本がほとんどない世界では、記憶は神聖なものだった。1世紀に大プリニウスのまとめた『博物誌』を見てみよう。この本は、知っているとバーでの賭けに使えそうな古代の雑学やびっくりする話をまとめた百科事典のようなもので、その中に、歴史に残る驚異的な記憶力についての話もある。大プリニウスは、「キュロス王は、彼の軍隊のすべての兵士の名を言うことができた」「ルキウス・スキピオは全ローマ人の名を知っていた。ピュロス王の使者であったキネアスは、ローマに到着したその翌日には、ローマの全元老院議員と騎士の名前を知っていた……ギリシャにおけるカルマダスという名の人は、誰かが引用を請うと、図書館にあるどんな書物の内容でも、それを読んでいるかのように暗唱した」と記している。

いろいろな点から見て、そこに書かれていることは全面的に信じることはできない——インドには頭が犬の人間がいるとの記述もあるくらいだ——が、古代の人々の驚異的な記憶力についての逸話がこんなにもたくさんある、という事実自体が印象的である。大セネカは2000人の名前を言われたとおりに繰り返すことができたというし、聖アウグスティヌス曰く、彼の友人ジンプリチウスはヴェルギリウスの詩を後ろから暗唱できたそうだ（前から暗唱しても取りたてて注目されなかったのだろう）。

当時は、記憶力は自分の外にある知識を内在化させる手段であり、最大の美徳だと思われていた。「古代、中世の人々は記憶というものに畏敬の念を抱いていた。彼らは、素晴らしい記憶力をもっている人こそ最高の天才だと思っていた」と、記憶テクニックの歴史に関して2冊の本を著しているインド生まれの学者メアリー・カラザースは言う。実際、聖人たちの人生における最大のテーマは、（「人間離れした高潔さ」を別にすれば）往々にして「卓越した記憶力」であった。

実は、『ヘレンニウスへ』の中で記憶——「創造力の宝庫であり、修辞学のあらゆる側面の管理人」——について考察されている部分は、修辞学と弁論学の長い論文の中のほんの10ページである。まずは、生来の記憶と後天的な記憶の違いの説明から始まる。「生来の記憶とは思考と同時に生まれ、私たちの脳に埋め込まれる記憶であり、後天的な記憶とはトレーニングと教育体系によって強化される記憶である」。生来の記憶は生まれたときに手に入れたハードウェア、後天的な記憶はハードウェア上で稼働するソフトウェアと言えるだろう。

続いて、「後天的な記憶はイメージと場所という2つの基本要素で構成されている」と記述されている。イメージは、憶えたいと思うことの中身、場所はそのイメージを格納する場所のことである。つまり、後天的な記憶では、頭の中によく知っていて想像しやすい空間を思い描き、その場所に記憶したいもののイメージを置いていくのである。ローマ人たちはこの方法を「場所法」と呼び、この記憶を格納する場所はのちに「記憶の宮殿」と呼ばれるようになった。「記憶の宮殿」と言っても宮殿でなくてもいいし、建物である必要もない。Sのように街の通りを思い浮かべてもいいし、ある路線の駅や十二宮〔訳注：黄道帯を12等分し、30度ずつに区分したもの〕、架空の生物でもかまわない。小さくても大きくても、屋外でも屋内でも、現実にあるものでも想像上のものでも、とにかくある場所から次の場所へ移る際の順番がわかりやすく、想像しやすいものであれば何でもいいのだ。

全米記憶力選手権で4回の優勝を勝ち取ったスコット・ハグウッドは、世界的建築雑誌『アーキテクチュラル・ダイジェスト』で特集されていた豪華な家々にイメージを置いている。マレーシアの気鋭の記憶力王者、イェップ・スウィー・チューイは、自分自身の身体の部位を使って、『オックスフォード中英辞書』の全1774ページ、5万6000語を憶えた。10個、100個、あるいは1000個と「記憶の宮殿」を使い分けて、違ったテーマの記憶を整理することもできるだろう。

オーストラリアやアメリカ南西部では、先住民族のアボリジニやアパッチ族が独自の「場所法」を編み出していた。ただし、建物を使うのではなく、地元の地形図を利用して物語を作り、風景を織り交ぜた歌に仕立てていた。小高い丘、岩、水流がそれぞれ物語の一部を担う。「神話と地図が符号しているのです」と、ミッソーリ大学で記憶と言い伝えの研究をしている言語人類学者のジョン・フォーリーは言う。しかし、物語を風景に埋め込むことで、ある悲劇がもたらされた。先住アメリカ民族は政府に土地を取り上げられたことで、故郷だけでなく自分たちに伝わってきた神話も失ってしまったのである。

「ジョシュ、わかってほしいのは、人間は本当に場所を憶えることに長けているってことだ」と、エドが岩に座ったまま言った。「例えば、君が初めて行った誰かの家で5分間だけ1人になって、好奇心が湧いてきたとする。5分間でその家のことをどれだけ憶えていられると思う？　おそらく、それぞれの部屋の場所と間取りだけでなく、方角や装飾品、家具の配置や窓の位置まで憶えていられるはずだよ。意識していなくても、自分自身が気づいているということにすら気づいていない何百もの物の場所や、いろいろな特徴を憶えているものなんだ。そういった情報を足していったら、ちょっとした短編小説ができあがる。でも、僕たちはそれを記憶の功績として残したりはしない。ただ空間記憶を消費しているだけなんだ」

「記憶の宮殿」の基本的な考え方は、自分のもっている素晴らしい空間記憶を利用して、脈絡なく並んでいる情報、ここで言うならエドのＴｏ－Ｄｏリストを組み立てて格納することだ、と彼は続けた。「家の間取りを間違えるなんてありえないのと同じように、フラフープ3本、シュノーケル、ドライアイス製造機ときたら、その次はソフィアにＥメールする以外にない、ということが実感できるようになる」

大切なのは、よく知っている場所を「宮殿」に選ぶこと。「最初の宮殿は、君が育った家がいいと思う。よく知っている場所だろうから」とエドは言った。「その家を歩きながら、リストの項目を置いていこう。思い出すときには、これから頭の中で歩く道をもう一度たどればいい。憶えようとしていることを残らず思い出せるようになるよ。じゃあ、教えてもらおうか。君の育った家は平屋？」

「2階建てのレンガ造りです」

「敷地の端に小さな郵便箱がある？」

「いいえ。どうしてですか」

「それは残念。このリストの最初の項目のイメージを置くのに最適の場所だったんだけど。でもいいさ。家の敷地に入るところから始めよう。目を閉じて、駐車場の脇にガーリックのピクルスの瓶が置いてある様子をできるだけ詳しく思い浮かべてみて」

私は何を思い浮かべたらよいのかまったくわからなかった。「ガーリックのピクルスってどんなのですか？　イギリスのごちそう？」

「いや、週末に山に行くときに持っていくようなスナックだね」。エドはまたもいたずらっぽい笑みを浮かべた。「さあ、感覚を総動員してこのイメージを憶えようとすることが大切だよ」。情報から思い浮かぶひっかかりが多いほど、すでに知っている情報のネットワークに埋め込みやすくなり、記憶に残りやすくなる。Sは、耳から入ってくるあらゆる音を即座に、無意識のうちに、色とにおいが合体したイメージに転換した。『ヘレンニウスへ』でも、憶えたいイメージに対してSと同じことを行うように説いている。

「イメージをとことん理解することが重要だ。だからできる限り意識を向けること」。エドは続けた。「集中したことは記憶に残りやすくなる。集中力は、自分の意志だけでなく、その対象の個々の要素によっても引き出されるんだ。精密で、魅力のある、鮮やかなイメージを心の中に配置することで、脳は多少なりとも強固で確実な記憶を格納できるようになっていく。そこでまず、ガーリックのピクルスの心地よい香りをイメージし、それを頭の中に広げる。次に食べているところを想像し、その香りを舌で味わってみる。そして、それを実家の敷地の端でやっているのだ、と確認するんだ」

ガーリックのピクルスがわからないので、どんな味かも想像できなかった。それでも、ピクルスが入っている大きな瓶が実家の私道の端にどんと置かれている様子を思い浮かべてみた。

（読者の皆さんにも、ぜひ私と一緒に試してみていただきたい。ガーリックのピクルスの瓶詰があなたの自宅の門の前、門がないなら家の外のどこかに置かれている様子を想像する。実際に思い描いてみてほしい）

「ガーリック・ピクルスのイメージを自分の中に据えつけることができたら、家に向かって歩いて、To-Doリストの次の項目を玄関に置くよ。カッテージチーズだ。目を閉じて、子どものプールくらい大きなカッテージチーズを思い浮かべてみて。できた？」

「ええ。たぶん」

（できましたか？）

「じゃあ、クラウディア・シファー［訳注：「生きたバービー人形」と呼ばれたドイツ出身の人気スーパーモデル］がカッテージチーズの浴槽で遊んでいるところを想像してみて。カッテージチーズに浸かっている様子を。思い浮かぶかい？　どんな小さなことでも見逃さないようにね」

『ヘレンニウスへ』には、「記憶の宮殿」に置くイメージは、面白くて、下劣で、奇想天外なほどいいと書かれている。「日々つまらない、どこにでもある、陳腐なことを目にしていると、だんだんとそういったことは記憶に残りにくくなっていく。脳は、新しい、思いがけないことによって刺激を受ける。低俗なこと、口に出すのがはばかられるようなこと、普通では考えられないこと、すごいこと、信じられないこと、笑えるようなことなら、長期にわたって記憶に残る」

イメージが鮮やかなほど、格納する場所に定着しやすくなる。記憶の達人が普通の人と違うのは、その場所でそういった濃密なイメージを作り、今までに見たことがない、印象に残る情景として描き出せること、そしてそれを即座にやってしまうことだ、ということが私にもわかってきた。だからこそトニー・ブザンは、「世界記憶力選手権は、記憶力というよりも創造性を測る選手権だ[3]」と言っていたのだ。

イメージを描くときには、下品な発想が役に立つ。進化の過程で、私たちの脳はジョークとセックスの2つの事柄をとりわけ面白く感じ、記憶に残すようにプログラミングされた。セックスについてのジョークなら最強だ（本書の冒頭でリー・パールマンとマヌート・ボルが何をしていたか憶えておいでだろうか）。比較的お堅い時代に書かれた記憶に関する文書でも、このことに言及されている。15世紀に著された最も有名な記憶の教科書の著者であるラヴェンナのペトゥルスは、貞淑で敬虔な男性たちに許しを請うたうえで、「私が（謙遜から）ずっと黙っていた秘密がある。それは、早く憶えたいと思ったら、この上なく美しい乙女たちを『記憶の宮殿』に並べること。乙女たちのイメージによって記憶が鮮やかになる[4]」と記している。

しかし、私にとって、クラウディア・シファーがカッテージチーズに浸かっている様子は心惹かれるとは言いがたいものだった。耳に冷たい風が吹きつける。「ねえ、エド、どこか屋内でやりませんか？　確か近くにスターバックスがありましたよ」

「いや、この冷たい空気が脳にいいんだよ。さあ、集中して。家に入ったところだよ。左を向いたところを想像してみて。そこにはどんな部屋がある？」

「リビング。ピアノがあります」

「素晴らしい。リストの3番目はピートでスモークしたサーモンだ。ピアノ線の下にたくさんのスモーク用のピートが置かれているのを想像して。ピアノ線の上にはサーモンがある。スコットランド・ヘブリディース産のサーモンだ。うん……においがするかい？」。彼は冷たい風に吹かれながら鼻をひくひくさせた。

またしても私は、ピートでスモークしたサーモンなるものが正確にはわからなかったけれど、鮭の燻製《くんせい》のようなものだろうと思ったので、それを思い浮かべた。「いいにおいですね」。目を閉じたまま言った。

（ご自宅にピアノがない場合は、玄関を入って左手のどこかにピートでスモークしたサーモンを置いてください）

次は白ワイン6本。これをピアノの隣の、染みがついた白い長椅子の上に置くことにした。「ワインのボトルを擬人化するといいよ」とエドは言った。「動かないイメージよりも動くイメージのほうが記憶に残りやすい」。このアドバイスも『ヘレンニウスへ』にあったものだ。著者は「並外れて美しい、もしくはこの上なく醜い」イメージを描いて、それに動きをつけ、目立つように飾りつけることをアドバイスしている。「血の染みをつける、泥で汚す、赤いペンキを塗る、などによってイメージに汚れをつける」のもいいし、「面白いニュアンスを加えて」イメージを強化することもできる。

「じゃあ、ワインどうしでそれぞれの品定めをしているところを思い浮かべてみよう」

「それじゃ、例えばメルローが……」

「おいおい、メルローは白じゃないよ」とエドが苦笑した。「例えば、こんなのはどう？　シャルドネがソービニョン・ブランの土壌の質を憐《あわれ》んで小バカにし、そのそばではゲヴェルツトラミネールがリースリングの価格を嘲笑《ちょうしょう》している」

このイメージは面白いし、脳に刻みつけられそうだった。でも、なぜだろう？　擬人化された高慢ちきな6本のワインが、ただ「ワインのボトル6本」と言うよりもずっと記憶に残りやすい理由はどこにあるのか？

1つには、このような突飛なイメージを想像するには、「ワインのボトル6本」と書かれたものを読むよりも労力を要することが挙げられる。頭脳を総動員していく中で、その記憶を符号化するニューロンの間に強い結びつきができるのだ。しかし、もっと重要なのは、しゃべるワインのボトルのイメージが斬新だという点にある。日々、多くのワインのボトルを目にしているが、いまだかつてしゃべるボトルに出会ったことはない。ただの「ワインのボトル6本」を憶えようとしても、すぐにほかのワインのボトルの記憶と区別がつかなくなってしまうだろう。

考えてみてほしい。先週食べた昼食のうち、メニューをいくつ思い出せるだろうか。今日食べたものならおそらく思い出せるだろう。昨日食べたものはちょっと大変かもしれない。では、おとといは？　一週間前はどうだろう？　先週食べた昼食の記憶が消えてしまったということは考えにくい。どこで誰と食べたかなど適切なヒントが得られれば、おそらく皿の上に何がのっていたかを思い出せる。先週の昼食を思い出せないのは、その記憶を今までに食べた昼食と一緒に、ただ「昼食に食べたもの」とだけカテゴライズして、しまい込んでしまっているからだ。

このように「昼食」や「ワイン」といったたくさんの要素を含んだカテゴリーの中から1つのものを思い出そうとすると、多くの記憶が我も我もと押し寄せてくる。先週の水曜日の記憶が必ずしも消えてしまったわけではなく、昼食の記憶の海の中からそれを引き上げる適切な釣り針がないだけなのだ。でも、しゃべるワインだったら？　これなら特異な存在だ。その記憶にはライバルはいない。

「次は靴下3足だ」。エドは続けた。「近くに、靴下を吊るせるようなランプはないかな」

「あります、長椅子の右隣に」

（まだ続けてくださっているのなら、最初の部屋のどこかにワイン6本と靴下3足を置いてください）

「いいね。ここで、靴下を印象的なものにするには2つの方法があるよ。1つは、ぞっとするほど古くて臭い靴下にする方法。もう1つは、いい色合いのコットンでできた、見たこともないような素敵な靴下にする方法だ。ここでは素敵なソックスにしよう。それがぶら下げられている様子を思い浮かべてみて。そのときに、幽霊とか妖怪のようなものを付け加えてもいいよ。例えば、靴下の中にほっそりした幽霊がいて、靴下を伸ばして引っ張っている様子を思い浮かべてみよう。本気で想像するんだよ。柔らかな木綿の靴下が、自分の額にふわりと当たる様子を想像してごらん」

私はそうして、エドの言うとおり、子どもの頃に住んでいた家を思い浮かべ、部屋から部屋へと歩きながらイメージを置いていった。ダイニングルームでは、テーブルの上でフラフープを回している3人の女性を思い描いた。台所に入っていって、シュノーケルをつけた男性がシンクに飛び込み、ドライアイス製造機がカウンターに煙を吹きつけている様子を想像した（ついてこれていますか?）。そして書斎に移った。次は「ソフィアにEメールする」だ。

助けを求めようと目を開けると、エドは新しい手巻きタバコを作ろうと、紙の端をなめていた。

「ソフィアにEメールするのはどのようにしたら……」

「ああ、それは難しいね」と彼はタバコを置いて言った。「Eメールってのはそれ自体、憶えにくい。言葉は抽象的であればあるほど憶えにくくなる。なんとかして、Eメールを具体化しなくちゃいけない」。エドはしばらく考え込んだ。「そうだな、Eメールを送るシーメール（she-male：ニューハーフ）を想像してみようか。できる? それから、そのニューハーフとソフィアを結びつけてみよう。『ソフィア』と聞いて最初に何を想像する?」

「ブルガリアの首都ですね」

「おお、博学だね。すごいよ! でも、憶えにくいな。そうだ、ソフィア・ローレンにしよう。ニューハーフがコンピュータのキーボードを打っていて、その膝にソフィア・ローレンが座っている。情景が思い浮かぶかい？　心をつかまれたかな？」

だんだんと、テンポよくイメージが思い描けるようになってきた。書斎を出て、ぴったりしたジャンプスーツを着た魅力的な女性が廊下で甘い声を出している様子を思い浮かべた。壁のくぼみにポール・ニューマンを、地下室につながる階段の上にエルクのソーセージを置いた。階段を下りてガレージに行き、ディレクターチェアに座って大きなメガフォンで指揮をとっているエドを配置した。そしてガレージを開けるスイッチを押して裏庭へ出て、ハーネスをつけたクライマーがロープを使って大きなオークの木を登っている様子を思い浮かべた。最後に気圧計《Barometer》を裏庭のフェンスに置いた。

「ポークスクラッチングズ〔訳注：豚の皮を油で揚げたスナック菓子〕とか、バー《Bar》で出てくるスナックの上に置こうよ。これなら見落とさないから」と、エドはアドバイスしてくれた。そうして私は家を回り終えて、目を開けた。

「よくやった」。そう言ってエドはゆっくりと拍手をした。「そろそろ気づいただろう。今置いたイメージを思い出すプロセスは、ものすごく直観的なものなんだ。いいかい、普通、記憶はその意味するもののネットワークや関連するイメージのウェブに、程度の差はあるけどランダムに格納されている。でも、今は大量のイメージをきわめて制御された流れの中に置いたんだ。空間認知が働くから、『記憶の宮殿』をもう一度歩くだけで、きっとそれぞれの場所に置いたイメージが浮かんでくるよ。そのイメージをもともと憶えたかったものに翻訳すればいいんだ」

私はもう一度目を閉じ、実家の敷地の端に立っている自分を思い浮かべた。さっき置いた場所にガーリックのピクルスの巨大な瓶があった。小道を歩いて玄関に到着。クラウディア・シファーがカッテージチーズの風呂に浸かって私を誘惑するかのようにスポンジで身体を洗っている。玄関のドアを開けて左に進む。ピアノ線の上でピートでスモークされている魚のにおいが鼻腔をくすぐる。その風味も感じられる。長椅子の上では生意気なワインのボトルが甲高い声でしゃべっている。ランプには3足の上等な靴下が吊るされていて、私の額をやさしくなでる――。

本当にこんなことができるなんて信じられなかった。エドに確認してもらおうと、リストの最初の5項目を声に出して言ってみた。「ガーリックのピクルス！　カッテージチーズ！　ピートでスモークしたサーモン！　ワイン6本！　靴下3足！」

「素晴らしい！」。冷たい風に声を吐き出すようにしてエドが叫んだ。「すごいよ！　KL7の新しいメンバー誕生の瞬間かな」

もちろん、自分のしたことがそこまですごいものではないことはわかっていた。おととい目の当たりにした妙義は、こんな次元ではなかったのだから。それでも、かなりうれしかった。

続いて家の中を進み、さっき置いた奇想天外なイメージを拾い集めにかかった。「ダイニングテーブルの上にフラフープが3つ！　シンクにシュノーケルがある！　カウンターにドライアイス製造機！」

びっくりしたと同時にうれしかったのは、15個のイメージが1つ残らず置いた場所にあったことだ。でも、この記憶はしっかりと脳に刻みつけられたのだろうか。1週間しても、まだこのリストを憶えていられるだろうか。

「意識を失うほど酒を飲んだり、頭を強く打ったりしない限り、自分が思っているよりもずっと長く憶えていられるものだよ」とエドは言った。「今夜、明日の午後、そして1週間後にも『記憶の宮殿』を回っておけば、このリストはずっと記憶に残る。今は15個だったけれど、1500個のイメージが置ける大きな宮殿にすれば、それだけ憶えることもできる。そうやってランダムな単語を憶える術をマスターしたら、次はトランプ、そしてハイデッガーの『存在と時間』と進めていこう。とっても楽しいよ」

＊大プリニウスの『博物誌』の訳は、『プリニウスの博物誌』（中野定雄、中野里美、中野美代訳、雄山閣出版）より引用させていただいた。

第6章

詩を憶える

最初の作業は建物のイメージを集めることだった。本格的な記憶力向上トレーニングを始める前に、「記憶の宮殿」を準備しておかなければならない。私は近所を歩きまわった。友人の家、地元の遊び場、ボルチモアのオリオール・パーク・アット・カムデン・ヤーズ〔訳注：野球場。レンガと鉄骨を組み合わせたり、フィールドが左右非対称だったりと、独特の球場建築で有名〕、ナショナル・ギャラリー・オブ・アートの東館などに行ってみた。それから過去に遡って、高校、小学校、4歳のときまで家族で住んでいたレノ・ロードの家を思い浮かべた。壁紙や家具の配置に集中し、足の下の床の感覚を感じ取り、その場所で起こった印象的な出来事を思い出した。

そしてそれぞれの建物の中に、記憶を並べる場所を設定していった。エドが説明してくれたように、建物を徹底的に知り尽くすためだ。大量の新しい情報を憶えることになったときに、「宮殿」の中をすばやく移動して、イメージを頭にスケッチするがごとく即座に配置できるように、各部屋の詳細をはっきりと思い出せるようにしておくのである。建物のことを知っているほど、また身近に感じられるほど、イメージが強固になり、思い出しやすくなる。エドは、トレーニングを始めるにあたって、10個程度の「記憶の宮殿」が必要だろうと言った。彼には数百の宮殿がある。膨大な記憶が立ち並ぶ大都市だ。

このあたりで、トレーニングを始めた頃の私の生活環境について少々話しておくべきだろう。当時の私は大学を卒業したばかりで、ワシントンDCの実家で親の脛《すね》をかじりながら、ジャーナリストとして身を立てるべく修業していた。子どもの頃に使っていた寝室——窓の上にはボルチモア・オリオールズのペナントが2枚貼ってあり、本棚にはシェル・シルバースタインの詩集がある——で眠り、地下室の父のエクササイズマシーンと古い家族写真が詰まった箱の山の間に机を置いて、とりあえずの仕事場にしていた。

仕事場はポストイットだらけだった。かけ直さなくてはならない電話、これから取りかかる記事の構想、プライベートと仕事の雑用など、やらなくてはいけないことが書いてある。セントラルパークでの成功で気をよくしていた私は、差し迫ったものを何枚かはがしてイメージに変換し、私の祖母の住む郊外の平屋を「記憶の宮殿」に見立て、そこに1個1個配置していった。「車を車検《カー・インスペクション》に出す」は「ガジェット警部《インスペクター・ガジェット》」〔訳注：テレビアニメの名前〕が私道のビュイックの周りを回っているイメージに、「アフリカの王たちについての本を見つける」はシャカ・ズールー〔訳注：南アフリカ、ズールー王国の初代国王〕が玄関目がけて槍を投げているイメージに置き換えた。「フェニックスのライブチケットを予約」では、リビングルームを砂漠と渓谷に変換し、アンティークの食器棚の灰の中からフェニックスが現れる様子を想像した。

全部順調で楽しくすらあったけれども、同時に疲労も感じた。たった10個程度の用件を憶えただけなのに、いつの間にか脳の目が充血したかのように身体が疲れていた。思ったより大変で、想像していたほど効率がよくない。それに、どう処理していいかわからないものがまだいくつか残っていた。電話番号をどうやってイメージに変えたらいいだろう？　Eメールのアドレスは？

私は手の平にポストイットをぺたぺたと貼りつけた状態で椅子に座り、オフホワイトの壁にまだ何枚かのポストイットが貼ってあるのを見ながら、このメモは何のためにあるのだろう、と考えた。ただ壁に貼りつけられるというだけだったら、記憶術のほうが役に立ちそうだ。

私は立ち上がって、書棚から『現代詩選』を取り出した。1800ページある本で、ずっと前に古本屋で買って以来、1回しか開いたことがない。古代の記憶術が万能ならば、詩だって記憶できるだろうと思った。シモニデスは、To-Doリストを憶えるための賢い方法を発見したことでヒーローになったのではない。彼の発見は人間味のある課題を克服するためのものだ。そして、詩を憶える以上に人間味のある課題があるだろうか。

エドは常に何かを記憶しているということに、私はすでに気づいていた。はるか前に『失楽園』を記憶し（1時間に200行のペースで憶えた、と彼は言っていた）、その後ゆっくりと、シェイクスピアへと歩みを進めていった。「10年間、気持ちを荒立てることなく孤独な環境の中で耐えることができなくては英雄とは言えない。これが僕の人生哲学だ」と彼は語っていた。「1時間の記憶作業で詩を10分間暗唱できるようになるとしたら、そしてその10分間分の詩の内容によって日々の忙しさから解放されるとしたら、1時間憶えることに、少なくとも日々いくらかの楽しみを見出すことができるんだ。孤独な環境に自ら身を置くことになるけれどね」

この世界観は、エドが幾度となく私に勧めてきた古代から中世にかけての記憶の教科書によるところが大きい。このような本の著者たちにとって、記憶力を訓練する目的は、情報にアクセスしやすくなるというだけでなく、己の倫理観を強化し、完全な人間を目指すことにあった。記憶力を鍛えることは「判断力、市民性、敬虔さ(1)」を培う鍵だった。憶えたことが、その人の人格形成を後押しする。チェスのグランドマスターになる秘訣が過去のゲームを習得することであるのと同様、人生のグランドマスターになる秘訣は過去の教科書を習得することにあった。窮地に陥ったとき、どう行動したらいいか指示が欲しいなら、記憶をたどるしかない。単に読むだけでは、必ずしも学んだことにはならない。これは、今読んだばかりの本の内容を思い出そうとしていつも私が思うことである。書いてあることを真の意味で習得するには、それを憶えなくてはならない。18世紀の初め、オランダの詩人、ヤン・ルイケンは次のように書いている。

脳に刻み込まれた1冊の本は
書棚にある1000冊分の価値がある(2)

古代から中世にかけての読書の仕方は、こんにちとはまったく違っていた。憶えるだけではなく、書かれていることについて考える。牛のようにそれを何度も何度も咀嚼《そしゃく》する。そしてその過程で本の内容についての知識を深め、自己の一部にする——。ペトラルカ［訳注：中世イタリアの詩人、学者］は友人に宛てた手紙に、「朝方に食べたものを、夕方に消化する。少年時に飲み込んだものを、大人になって繰り返し反芻《はんすう》する。書かれていることを記憶の中だけでなく骨の髄《ずい》にまで埋め込み、残らず吸収する」と書いている。聖アウグスティヌスは『詩編』を読み込み、その内容がラテン語と同様、彼の書く言葉の核になったと言われている(3)。

これは魅力的な話だ。シモニデスのように記憶できたら、膨大な詩を心に刻み込むことができる。最上の詩をまるごと吸収することで、適格な引用を適格なタイミングで会話にはさむことのできる素敵な——時には鼻持ちならないと思われるかもしれないが——人間の仲間入りができる。

歩く詩の書庫になれるのだ。

私は、記憶することを日課に組み込むことに決めた。そう、フロッシングと同じように。ただし、記憶に関しては日々、実践した。毎朝起きてからコーヒーを飲むと、新聞を読むのもシャワーを浴びるのも、きちんと服を着るのも後回しにし、机に着いて10～15分、詩を憶えていった。

問題は、私がそれを得意ではなかったことである。椅子に座って、ルイス・キャロルの『ジャバウォックの詩』（ナンセンスな言葉で書かれた28行の詩）を「記憶の宮殿」に格納しようとするものの、「夕火《あぶり》」や「粘滑《ねばらか》なるトーヴ」をどうやってイメージに変換したらいいかわからず、結局丸暗記するだけになる。これは私のやろうと思っていたこととは違う。そこで次に、T・S・エリオットの『アルフレッド・プルーフロックの恋歌』に取り組むことにした。これはずっと読みたかったもので、ところどころなら知っている。「部屋の中で女たちが行ったり来たりして、ミケランジェロの話をしている」。これなら忘れようがない。

けれども、どうやって憶えたらいいのだろうか。女性たちが私の叔父のバスルームを行ったり来たりして、ミケランジェロの話をしている様子を想像すればいいのか？　それが正しい方法なのだろうか。あるいは、「女たち」のイメージ、「来る」のイメージ、「行く」のイメージ、「ミケランジェロ」のイメージを描くべきなのか？

私は混乱した。時間ばかりかかった。記憶テクニックの習得は、セントラルパークの岩の上で、エドと一緒にかじかむ指を温めながらやっていたときはうまくいくように思えたが、実家の地下室で1人でやっていると、とうていうまくいくとは思えなかった。店で素敵なスニーカーを試しばきして、家ではいてみたら靴ずれができたのと同じような感覚だった。何かを見落としているに違いない。

私は手に入れた『ヘレンニウスへ』を取り出して、単語の記憶に関するページを開いた。私がどうしてこんなに思いどおりにいかないのかを知る手がかりがあるのではないかと期待していたが、２０００年の歴史をもつこの本が与えてくれたのは、慰めだけだった。詩や散文を記憶するのは非常に難しい、と著者はいさぎよく認めていた。でも、それは大切なことだった。著者は、教科書を学ぶことに価値があるのは、その内容が簡単だからではなく、難しいからだと述べている。「面倒や苦労なく簡単なことをしたいと思う人間は、もっと困難な状況に身を置いて鍛えられるべきである」

＊＊＊

記憶術を試してはみたものの、私はまだ、自分が取り組んでいることの実態がつかめないでいた。このプロジェクトを、無害で気楽な実験だと思っていたのだ。私が望んでいたのは、自分が本当に記憶力を伸ばせるのか、もしそうならどこまで伸ばせるのかを知りたいということだけだった。全米記憶力選手権で戦ってみないか、というトニー・ブザンの話も真剣には考えていなかった。なんといっても、毎年ニューヨーク・シティで3月に開かれる大会を目指して、40人弱のアメリカの知的競技者がトレーニングをしているのである。自分の社会保障番号を忘れてしまうような一介のジャーナリストが全米トップの選手と張り合えるとはとても思えない。

しかし、ほどなくしてわかったことだが、国際的な記憶力選手権でのアメリカ人の位置づけは、国際的なボブスレー大会におけるジャマイカ人のようなものだった。一番お気楽で、おそらく一番スタイリッシュではあるが、テクニックの面でもトレーニングの面でも国際的水準から立ち遅れていた。

アメリカでトップの知的競技者は、1時間に数百のランダムな数を憶えることができる。でも、ヨーロッパと比べればまだまだ。8回にわたって世界チャンピオンに輝いているドミニク・オブライエンは世界大会の前の3カ月間は禁酒する。アメリカにはそこまで真剣にこの競技に取り組む人は見当たらない。ブザンが提唱するような厳しい身体トレーニングをやろうとする競技者もほとんどいない（彼の私への最初のおせっかいなアドバイスは、身体を鍛えろということだった）。タラの肝油やオメガ3のサプリメントを毎日飲もうとする人もいない。たった1人、四度にわたって全米チャンピオンに輝いたスコット・ハグウッドだけが、KL7に認められていた。

アメリカの国内記憶力選手権の歴史は世界のどの国よりも古いが、全米チャンピオンの世界記憶力選手権での成績を見ると、1999年にトップ5に残ったのが最高である。おそらく、アメリカ人の気質――ドイツ人のように細かいことにこだわることはなく、イギリス人のような几帳面さも、マレーシア人のようなひたむきさもない――が、世界トップクラスの知的競技者となるうえでの障害となっているのだろう。もしくは、あるヨーロッパ人が私に真剣に語ったとおり、アメリカ人は未来のことに心を奪われて記憶力を衰退させており、一方で大西洋をはさんだ向かい側の人々は過去を重んじる傾向にある、ということがあるのかもしれない。アメリカ人が優勝できない理由が何であれ、記憶術についてもっと学ぶつもりなら――世界最高峰を知りたいなら――ヨーロッパに行ったほうがいい、ということがわかってきた。

「記憶の宮殿」に詩を格納するのに四苦八苦しているうちに数週間がたち、次のレベルに進むには何かしらの助けが必要だと思うようになった。国際的な記憶力選手権は1年を通して地球のどこかで行われているが、その草分けである世界記憶力選手権が、夏の終わりにイギリスのオックスフォードで開催されることになっていた。これは行かない手はないと思い、『ディスカヴァー』誌に選手権を取材して記事にする話を取りつけた。そしてエドに電話をかけ、彼の家に泊めてくれないかと聞いてみた。オックスフォードはエドのホームグラウンドだ。彼はこの街で育ち、大学に通って、今は郊外のミルファームという17世紀の石造りの屋敷に両親と住んでいた。

選手権の数日前の暑い夏の午後、ミルファーム（エドは時々略して「ミルフ」と呼ぶ）に着くと、エドが私の荷物を彼の寝室へ運んでくれた。床には布が散らばり、書棚には90年分のクリケット年鑑が並べられていた。彼はこの部屋で育ったのだ。それから、その家で一番古い棟に連れていかれた。築400年の石造りの納戸を改築した部屋で、台所につながっている。部屋の隅にはピアノが置かれていて、天井からは何年か前にパーティをしたときのものと思われる色とりどりの布が垂れ下がっていた。部屋の片隅には長い木製のテーブルがあり、その端に8組のトランプが並べられていた。

「そこで練習するんだ」とエドは言って、部屋の上部空間に突き出ているバルコニーを指さした。

「2進数のイメージが階段を下りてきて、部屋全体に広がるんだ。いかにもチャンピオンの練習場所という感じだろう?」

夕食前、エドの旧友のティミーという男性が挨拶に来た。エドと私が階段を下りていくと、エドの一番下の妹のフォービーがカウンターで菜園でとれた野菜を刻んでいて、テーブルではエドの両親、ロッドとティーンがティミーとおしゃべりをしていた。ティミーはオンラインのアプリケーションを開発する会社を経営している。BMWを乗りまわし、パリッとしたポロシャツを着て、日焼けした肌をしていた。

ティーンが私を彼に紹介し、エドの教え子だと苦笑しながら言った。ティミーは、エドがいまだに記憶競技に関わっていることが信じられないようだった。クアラルンプールへのあのクレイジーな旅行から、結構な時間がたっているというのに……。

「エドワード、あなた、この新しいお弟子さんが自分を追い越すんじゃないかと心配しているんじゃない?」と、ティーンは息子をからかうように言った。

「ご心配には及びませんよ」と私は言った。

「おや、それなら、もっとスパルタ教育をしないとね」。そう言ってエドは胸をそらせた。

「エドに朝9時から夕方5時までの仕事を分けてくれないかな?」とロッドがティミーに聞いた。

エドは笑って言った。「いいね。君の会社の従業員たちに記憶力トレーニングをしてあげるよ」

「プログラミングはどう?」とティミーは言った。

「やり方がわからないよ」

「お父上が教えてくれるだろ」

ロッドは1990年代にコンピュータソフトを設計してひと財産を築くと、早期退職し、今は養蜂《ようほう》とガーデニングで余暇を満喫するかたわら、昔から所有している水利権を利用して近くの小川に水力発電機を設置し、ミルファームから送電網を取り除くという少々変わった夢を実現すべく活動している。

一方、母親のティーンは地元の学校で発達障害の子どもたちを指導する熱心な教師で、テニス愛好家である。エドのエキセントリックさにはおおむね寛容だが、いつかはエドの素晴らしい才能を、もっと的を絞った、それも社会的に有用な方向へ向けてほしい、と控えめな期待を抱いていた。

「法律はどう?」と彼女が聞いた。

「法律はゼロ・サムゲームだと思う。人生を無駄に使うことになるよ。法律家として優れているということは、往々にして単に不公平を最大にすることを意味するものだ」。エドは私のほうに身を乗り出すようにして言った。「僕は18歳のときは前途有望な若者だったんだよ」

「13歳のときはもっとね」とフォービーが付け加えた。

エドがトイレに立っているときに、私はロッドに、もしエドがトニー・ブザン2世、つまり大金持ちの自己啓発のグルになったらどう思うか、と聞いた。彼はしばらくあごをさすりながら考えていた。「そうだな。法廷弁護士になってくれたほうがいいかな」

翌朝、オックスフォード大学の試験場、つまり世界最高峰の知的競技者たちが集まる場所で、エドは革のソファに手足を伸ばして寝そべっていた。明るい黄色のキャップをかぶり、Tシャツには自分の怒ったような顔の写真と空手キックの漫画、雌牛の臀部のイラストがプリントされ、胸のところに太字で「Ed Kicks Ass-220」と書かれていた（彼は、これは対戦者たちをちょっとばかり威嚇するための小道具であり、また220という数を憶えるためのツールなのだと説明してくれた）。タバコを吸い――彼は身体を鍛えることには無頓着だった――参加者がぞろぞろとドアから入ってくるとにこやかに挨拶を交わした。

彼は、私と最後に会ってから「別のプロジェクト」を遂行するという目的ができたので、パリでのPh.D取得プログラムを無期限停止にしている、と言った。また、全米記憶力選手権からほどなくして、ルーカスが火を飲み込むスタントに失敗して肺を痛めたために、彼とルーカスの「オックスフォード・マインド・アカデミー」の計画が頓挫していることも教えてくれた。

記憶力選手権では、病的と言っていいほどの対抗心がむき出しになる。エドは、自分の顔写真の入ったTシャツを「敵、特にドイツの奴らとの会話の質を向上させる威嚇キャンペーン」の一環だと言っていた。ほかにも彼は会場にふざけた戦略シートを持ち込んで、マスコミや選手たちに配ったりしていた。

そのシートには彼の性格が3人称で「不遜で大胆不敵、向かうところ（特に昨日は）敵なし」と書かれ、トレーニング法の欄には「早起き、ヨガ、縄跳び、スペシャルフード（ブルーベリーやタラの肝油など）、4時間のトレーニングとワインを1日2杯（南フランス、ラングドック・

ルーション地方のカリウム豊富な土壌で栽培されたブドウから作られたもの）、毎日、夕日を眺めながら30分の瞑想、オンラインで日誌をつける」。特技の欄には「明晰夢《めいせきむ》、タントラセックス」。さらに、トニー・ブザンについては「社交ダンスのチャンピオン、思春期の頃は師とあがめていた」、記憶力選手権の今後は「２０２０年までにオリンピック競技になることを願う」、そのとき彼は「引退して共感覚と老衰の生活へ移る」、選手権後は「西洋教育の革命の予定」とコメントしてあった。

彼の隣には伝説の記憶力チャンピオン、ベン・プリドモアが座っていた。そのときまで、私はＧｏｏｇｌｅや噂でしか彼のことを知らなかった（トランプのカードをめくるのと同じ速さでそのカードを記憶できる、と聞いたことがあった）。ベンは「One Fish, Two Fish Red Fish, Blue Fish」というドクター・ユースのコミカルなイラストが描かれた、すり切れて襟元が伸びたＴシャツを着ていた。腰にはポーチをつけて、オーストラリアの雄牛の革でできた黒くてつばの広い、カウボーイハットのような形の帽子をかぶっていた。「これも1つの道具だよ」と彼は穏やかに言った。「魂の一部だね」。足元のピンクと黒のバックパックには「Pump It Up!（ペースを上げろ！）」と落書きされていた。その中に22組のトランプが入っていて、翌日は1時間でこれを憶えるつもりだ、と教えてくれた。

スキンヘッドに黒いひげを生やし、顔をすっぽり覆ってしまいそうな眼鏡をかけ、好奇心旺盛そうな大きな目をしている。その姿は、まるでロバート・クラムの漫画から出てきたようだった。すくめた肩とおかしな歩き方まで似ていた。ぼろぼろの革靴をはき、ビーチサンダルのようにぺタペタと音を立てて歩く。柔らかい、少し鼻にかかったヨークシャーなまりで話すので、「my」が「me」に聞こえる。「自分の声が好きじゃないから」と、前の週に私に電話を折り返すのを渋った理由を説明した。また、自分はイギリスで最も若い「大学落第生」なんだと教えてくれた。「17歳のときに、キングストン大学に入学したんだ。でも、6カ月後に落第した。今は28歳。ちょっと憂鬱だ。記憶の競技の世界では古参になりつつある。昔は注目の新人だったんだけどね」

ベンにはいささか不運なことがあった。彼は世界記憶力選手権に出場するつもりはなく、ここ6カ月間は、円周率πを5万桁記憶することにすべてを懸けていた。世界記憶力選手権の7日後に1週間かけて行われるマインドスポーツの祭典「マインドスポーツ・オリンピアード」で暗唱する予定だったのだ。それが達成されれば世界記録の誕生だと思われていた。しかし、オリンピアードの7週間前、原口證《あきら》なる人物が日本から彗星のように現れて8万3431桁を記憶し、16時間28分をかけて暗唱した［訳注：2007年10月に原口證は10万桁を達成している］。

インターネットでそのことを知ったベンは、計画の見直しを余儀なくされ、あと3万3432桁憶えるよりも、オリンピアードをあきらめて世界選手権でディフェンディングチャンピオンになることを目指そうと決めたのだった。ここ6週間は空き時間のすべてを、πのために準備した「記憶の宮殿」を掃除する作業に費やしていた。数カ月間にわたる過酷な作業の跡を元に戻し、「宮殿」を記憶力選手権で使えるようにするためである。

選手権に来ている知的競技者の大半は、私と同じ道をたどってここに来ていた。人間離れした記憶の技を目にして魅了され、その秘訣を学び、家に帰って自分でもやってみる、というものだ。

けれども、ベンは当初、1つ大切なステップを抜かしていた。彼はトランプの順番を記憶する人を見てすごいと思い、自分でもやってみた。しかし、どのようにして憶えるのかを教えてくれる人がいなかったため、彼はテクニックを一切使わず、脳に刻みつけられるまでひたすら何度もカードを見続けたのである。

しかも驚くことに、彼はいつかきっと自分もできるようになると思って、数カ月間、ひたすら余暇をカードを見て憶えることに費やした。そしてついに、15分間でトランプ1組の順番を記憶できるようになった。これは、彼が記憶術を使って達成した32秒という世界記録よりも、いろいろな意味で印象的な功績であろう。そうして2000年に世界記憶力選手権に初めて出場して、「記憶の宮殿」のことを知ったのだった。そこで彼は初日の種目が終わってから（彼は最下位に近い成績だった）、書店に行き、トニー・ブザンの著書を買った。そしてこれこそ自分の道だと感じ、ほかのことは――1930年から68年に制作されたワーナー・ブラザーズの映画を残らず見るという生涯の夢すらも――どうでもよくなってしまったのだ。

ベンは『How to Be Clever（頭がよくなる方法）』という本の執筆に取り組んでいた。歴史上の日付の曜日を計算する方法、1組のトランプの順番の憶え方、IQテストの攻略法を説く内容である。「知能を上げずに頭がいいと思えるようになることがテーマなんだ。問題は、あまり書く時間がないということ。だって、漫画を見るとか、もっと大切なことがあるから。もし僕が人生をもっといいものにする方法について真面目に書こうとしても、どうしようもないものしか書けないだろうな。自分の人生をよくする方法だってまったくわからないんだから」

優勝の本命はグンター・カールステインだった。額が後退し、角張った顔つきをした43歳のドイツの記憶競技界のゴッドファーザーで、1998年以来、ドイツの大会では毎年優勝していた。物々しい黒い耳あてに、2カ所の小さな穴を除いて完全にテープで外が見えないようにした金属製のサングラスをつけて登場した。どうやらこれが彼のユニフォームらしい。「外からの刺激」(彼はこう呼んでいた)が大嫌いなのだという(引退したデンマークの競技者は馬が装着するようなブリンカーを使っていた)。ぴったりした白いTシャツの上から金のネックレスを下げ、裾の広がった黒いセーラーパンツをはいて、自分のイニシャルが彫られている金のバックルのベルトを締めていた。

彼は私に、大学ではNissan社のモデルをしていたと教えてくれた。目の細め方によっては、ジェームズ・ボンドの映画の悪役か、年を取ったフィギュアスケート選手に見えなくもない。彼の体調がすこぶるよく、それに加えてすさまじいまでの競争心があるということも、間もなくわかった。子どもの頃に患った骨の病気のために、左右の足の長さが違っているにもかかわらず、中年男性を対象にした陸上競技に定期的に参加していて、しかも勝利を収めているそうだ。移動用の鍵のついた金属製の光るスーツケースには、競技に使うためのトランプが入っている。20〜30組くらいだろうか。だが、私がベン・プリドモアに話すと思ったのか、正確な枚数は教えてくれなかった［訳注：選手権では自分のトランプを使ってもよいことになっているので、持参したトランプの量からだいたいの記録が推測できる］。

実際の競技は、オックスフォード通りの古い建物の、オーク材のパネル貼りの大きな部屋で行われた。ゴシック式の大きな窓、第3代リッチフィールド伯と第14代ダービー伯の、実物より大きな肖像画がかかっていた。オックスフォードの在校生が試験を受けるときとなんら変わったところはなく、40脚ほどの机があり、それぞれに6インチ（約15センチ）の高さのデジタル式ストップウォッチが取りつけられていた。選手権の最後を飾る最もエキサイティングな種目である、1組のトランプの順番を憶えるタイムを競うスピードカードで使うものである。

全5種目で、各種目が15分以下で終わる全米選手権と違って、世界選手権は「脳の10種目競技」と称される。「discipline（鍛錬）」と呼ばれる10の種目があり、過酷な3日間を通して、挑戦者の記憶力を少しずつ違った角度から見る。未発表の詩を記憶する、ランダムに並んだ単語を記憶する（記録：15分で280語）、2進数を記憶する（記録：30分で4140桁）、シャッフルしたトランプの順番を記憶する、歴史上の日付のリストを記憶する、名前と顔を記憶する、などの種目がある。5分間でできるだけたくさんの桁数を憶える「スピード競技」もあれば（記録：405桁）、1時間でできるだけたくさんのトランプの順番を憶える（記録：27組）、ランダムに並んだ数を憶える（記録：2080個）といった「マラソン競技」もある。

第1回世界記憶力選手権は1991年、アテナウム・クラブ〔訳注：ロンドンの高級クラブ〕で行われた。「だって、おかしいと思ったんだ」とトニー・ブザンは振り返る。「クロスワードの選手権がある。スクラブル〔訳注：手持ちの駒を使って単語を作るボードゲーム〕の選手権があり、チェス、ブリッジ、ポーカー、ドラフツ〔訳注：西洋碁。チェッカーとも言う〕、カナスタ〔訳注：トランプゲームの一種〕、囲碁の選手権がある。科学フェアの選手権もある。でも、人間の認知プロセスにおいて最も重要で、かつ最も基本となる記憶力については、選手権がないんだ」。彼は、「世界記憶力選手権の優勝者」になれば、メディアにひっぱりだこになり、記憶力向上トレーニングについての著書のこの上ない宣伝になる、ということも承知していた。

ブザンは、友人であり、イギリスのチェスのグランドマスターで『タイムズ』紙(ロンドン)に毎日チェスのコラムを連載しているレイモンド・キーンの助けを借りて、記憶力のトレーニングをしているとの情報を得た幾人かに選手権のことを知らせる手紙を送った。さらに、『タイムズ』紙に広告も載せた。そうして、ミドルズブラの電話帳に載っている「スミス」家の電話番号を残らず言えるという精神科の看護師のクレイトン・カーヴェロ、1日で2000個の外国語を記憶するという記録をもっているブルース・バルマーら、7人がやってきた。なかにはタキシード姿で登場した参加者もいた。

今ではそのようなドレスコードに固執する参加者はいないが、ほかの点については、初回開催時よりはるかに本格的なものになっている。1日だけの大会だったのが、今では週末をまるまる使う大会になった。3日間にわたって行われる10種目のうち、初日の最初に行われる詩を憶える種目が最難関とされている。私自身も詩の記憶がうまくできなかったので、なんとしてでも間近で見てみたかった。毎年、グンターは、この種目を選手権から外すか、それが無理なら、彼曰く「客観的な」ルールにしてほしいと訴えている。しかし、詩は記憶の原点であり、誰かが難しいと言っているからといって種目から外してしまうというのは、「記憶は創造性と人間性にあふれた試みである」という選手権の根底に流れる精神に逆行することになるだろう。

毎年、この選手権のために未発表の詩が委嘱されている。最初の数年は、イギリスの桂冠《けいかん》詩人でトニー・ブザンが「旧友」と呼んでいたテッド・ヒューズが詩を書いた。１９９８年にヒューズが亡くなってからは、ブザン自身が詩を書いている。今回は１０８行の自由韻律詩で、『テッドに捧げるレクイエム』の中の「Miserare」が出題された。これは、次のような書き出しで始まる。

With most things in the Universe（この宇宙のたいていのものに）
I am happy（私は幸せを感じる）
Supernovas（超新星）
The Horse Head Nebula（馬頭《ばとう》星雲）
The Club（かに座）
The light-year-big clouds（はるか遠くにある雲）
That are the Womb of Stars（星座宮）

トニー・ブザンが幸せを感じるものがずらずらと続く（その中には、「God's freezing balls（神が止めた時間）」もある）。そして最後は、こう締めくくられている。

I am not happy（私がつらく感じるもの）

That Ted（それは、テッドが）

Is Dead（神に召されたこと）

選手権では15分でできるだけ多くの行を憶え、その後30分で紙に書き出す。憶えたと認められるには、大文字、小文字から句読点まで完璧に再現しなくてはならない。「not happy」のnotの下に線を引かなかったり、「Dead」のDを大文字にしなかったりすると、その行の得点は半分になってしまう。

文章、あるいはスピーチをいかにして正確に記憶するかというのは、1000年の昔から記憶に挑戦する人々を悩ませてきた問題である。記憶についての最古の論文には、物事の記憶と音節の記憶の2種類の記憶、つまり「memoria rerum（事柄の記憶）」と「memoria verborum（言葉の記憶）」についての言及がある。文章やスピーチを憶えようとするときには、その内容か音を憶えることになる。ローマで修辞学を教えていたクインティリアヌスは、「言葉を記憶」するのは膨大なイメージを作らなければならないので巨大な「記憶の宮殿」が必要になり、効率が悪いのに加え、安定性にも欠けると言っている。スピーチを単語単位で記憶していたら、憶えることが増えるだけでなく、1つ言葉を忘れたら最後、「記憶の宮殿」で何も置かれていない部屋を見つめたまま、動けなくなってしまう。

キケロもまた、スピーチを記憶する最良の方法は、「事柄を記憶する」方針にのっとって、単語ごとでなく要点ごとに記憶することだと言っており、著書『弁論家について』の中では、演説を行うときには伝えたいトピックごとに1つのイメージを割り当て、それを1つの場所に配置していく方法を提案している。実際、トピックという言葉の語源は、ギリシャ語で場所を意味する「topos」である（英語で「最初に」を「in the first place」と言うのも、記憶術に由来する表現である）。

脳は言葉を完璧に記憶するのが得意ではない。そのことを如実に示す有名な例がウォーターゲート事件［訳注：ニクソンの大統領再選をはかるアメリカ共和党の運動員が、1972年に同名のビルの中にある民主党本部に盗聴器を仕掛けようとして未遂に終わった事件。74年にニクソンは大統領を辞任］の公聴会だ。上院ウォーターゲート特別委員会で、リチャード・ニクソン大統領（当時）の法律顧問、ジョン・ディーンは、侵入もみ消しに関する話し合いの内容を証言した。大統領にとっては不利、議会にとっては有利なことに、彼はオバールオフィス（大統領執務室）での会話のほとんどを一語一語再現してみせた。あまりにも詳しく、正確に思われるその供述ぶりに、記者たちは彼のことを「人間録音機」と呼んだ。その後、オバールオフィスに実際に録音機が置かれていて、ディーンが記憶から再現した会話が本当に録音されていることが公表された。

アメリカ中がこの録音テープのもつ政治的意味合いに注目する中で、アーリック・ナイサーという心理学者は、別の視点からこのテープの価値に注目していた。彼は、録音テープの書き起こしとディーンの証言とを比較して、ディーンの記憶の正しかった部分と間違っていた部分を分析した。その結果、ディーンには個々の言葉の記憶（いわゆる「言葉の記憶」）だけでなく、会話の内容の記憶（「事柄の記憶」）すら十分ではないところが多々あることが明らかになった。

しかし、個々のエピソードについての彼の記憶が間違っていても、「彼は真実を語っていると言っていい」とナイサーは書いている。彼の証言の主旨は一貫していた。「ニクソンはなんとかもみ消そうとしていた。それがうまくいったときには喜んだ。そして、隠蔽《いんぺい》が明らかになり始めると困惑していた。これ以上権力を得るか敵が失脚したら、彼は違法行為に乗り出そうとしただろう」。ディーンは間違ったことを言っていたのではなく、詳細こそとらえられていなかったものの、重要な点は正しく記憶していたとナイサーは言う。私たちの誰もが、会話を再現しようとするときに同じことをしている。特別なトレーニングをしない限り、私たちの記憶力は全体像だけに集中するのだ。

脳がそのように作用するのには、明確な理由がある。脳はコストのかかる組織だ。質量は身体全体のほんの2％程度なのに、吸い込んだ酸素の20％を使用し、ブドウ糖の25％を燃焼させる。体内で最もエネルギーを消費する組織であり、自然淘汰によって冷酷なまでに磨かれ、進化し、さまざまなことができるようになっていった。神経系――情報を与える感覚器官から、それを解釈するニューロンの塊まで――の目的は、突きつめれば、現在起こっていることと今後起こることを察知し、最良の対応をすることだと言えるかもしれない。感情や思索、悩みや夢をはぎ取ってしまえば、脳は予想と計画のためのマシンだ。

脳を効果的に機能させるには、混沌としたメモリーの中から秩序を見つける必要がある。感覚器を通して流れ込んでくる膨大なデータから、未来に影響しそうな情報をすばやくふるい分けて取り出し、それに注力して、余計なことを無視する。私たちの脳がふるい落とした雑多なことの大部分は「言語」である。というのは、何かを伝えようとする言葉は、多かれ少なかれ粉飾されたものだからだ。重要なのは「res（事柄）」、つまり言葉の意味することである。脳が事柄の記憶を得意とするのは、こういった理由からである。現実の世界では、公聴会での証言や、記憶力選手権での詩の種目以外では、「言葉の記憶」を要求される場面はほとんどない。

歴史的に見ればごくごく最近まで、文化の伝承は口頭で行われてきた。口から耳へと受け渡されていく詩は、情報を空間移動させ、世代から世代へと伝えていくための主要メディアであった。口承詩は、ただ楽しいことや重要なことを伝えたり、情報を定着させるだけではない。「有益な知識の宝庫であり、倫理、政治、歴史、技術の詰まった一種の百科事典である。そして、教養のある市民ならば知っているべき教育の核だった」(4)と、古典学者のエリック・ハヴロックは述べる。優れた口承作品は文化遺産を伝えるものであり、書棚ではなく脳の中で共有されたのだ。

口承文化の世界においては各地にプロの記憶者(5)が存在し、遺産を次世代へ伝える役割を担っていた。インドでは、あらゆる階級の僧が『ベーダ』〔訳注：インド最古の聖典〕を忠実に憶える(6)ことを求められた。イスラム教出現以前のアラブ世界では、ラウィスという民族が公式の記憶者として詩の記憶に携わっていた(7)。仏陀の教えは400年間途切れることなく口頭で受け継がれ、紀元前1世紀に初めてスリランカで書き残された。ユダヤ教社会では、タンナーイーム（「繰り返す

者」という意味）と呼ばれる人たちが、民族を代表して口頭で伝えられる法律を記憶していた。(8)

西洋に伝わる口承作品で最も有名な、そして初めて系統的に研究された作品は『オデュッセイアー』と『イリアス』である。おそらくギリシャ語のアルファベットで書かれた最初の詩であるこの2作品は、長らく文学の原型とされている。しかし、この2つは文学作品の規範として評価されてきた一方で、学者たちを悩ませる種でもあった。批評家たちは、この2作品はのちの作品とどこか質的に違うところがある——不自然な感じすらする——と考えていた。

1つには、登場人物の表現に奇妙な繰り返しが見られること。オデュッセウスはいつも「心の賢《さか》しい」、暁《あかつき》の女神はいつも「指薔薇《ゆびばら》色の」と形容される。何のためにこのような形容をしているのだろう？　時には形容詞句が完全に不適切と思えるところもある。アガメムノーンを殺した人物をなぜ「人柄の良いアイギシトス」などと呼ぶのか？　なぜ座っていても「駿足のアキレウス」と表現するのか？　涙にくれていても「笑《え》み愛《め》ずるアフロディーテ」なのはなぜか？　『オデュッセイアー』と『イリアス』は、構成からしてもテーマからしても、予測可能と言ってもいいほど型が決まっている。軍の集会、英雄の盾、ライバルとの戦いなど、同じ要素が登場人物や状況だけを変えて何度も出てくる。(9)よく練られた傑作としては、こういった特徴は説明しがたいものがある。

この最古の文学が学者たちを悩ませる根底には2つの疑問がある。1つ目は、何もないところからどのようにしてギリシャ文学の世界に2つの傑作が生まれたのか、ということである。ここまで完璧ではないにしても、文学のようなものは以前にも存在していたに違いない。しかし、この2作品が最古のものとして残されているのはなぜなのだろう。2つ目は、本当の著者（あるいは著者たち）は誰だったのか、ということだ。ホメロスに関する歴史的な記録は残っておらず、作品にいくらか自己をほのめかす記述がある以外には、信頼できるような経歴は残っていない。

ジャン＝ジャック・ルソーは、ホメロスが机に向かって作品を書き、読者のために出版する人という、こんにちの意味での作者ではない可能性がある、という意見を最初に提示した学者の1人である。1781年、『言語の起源についてのエセー』の中で、このスイスの哲学者は、『オデュッセイアー』と『イリアス』は「複数の人が記憶を頼りに書いたものを、のちに多大な労力をかけて集めたものである可能性がある」と書いている（ただし、あくまで彼が研究した範囲について言えば、ということである）[10]。

18世紀、イギリスの外交官であり考古学者のロビン・ウッドという人物も、ホメロスは読み書きができず、その作品はもっぱら記憶が頼りであったということを示唆している。これは革命的な説だったが、そもそもホメロスがどのようにしてそのような驚くべき記憶術を有していたのかが説明できず、裏づけをとるには至らなかった。

その後、1795年には、ドイツの文献学者フリードリヒ・アウグスト・ヴォルフが、「ホメロスの作品とされているものは、ホメロスによって書かれたものでもなければ、ホメロスが作ったものですらない。ギリシャの吟遊詩人たちに歌い継がれてきた歌の数々を、のちに現在のような書き物の形に編集したのだ」という説を発表した。

1920年には、当時18歳だったミルマン・パリーという学生が、カリフォルニア大学バークレー校の修士論文で、ホメロスの作品について言及した。彼は、ホメロスの叙事詩が異色に見えるのは、そもそも他の文学作品と「違っていた」からではないか、と述べている。彼は、ウッドとヴォルフが見落としていたことを発見した。この叙事詩が口頭で伝承されてきたという証拠が、その文の中にあったのだ。型どおりに繰り返されるプロット、異様に繰り返される形容詞句（「心の賢しいオデュッセウス」や「燦《きら》めく眼の女神アテーネー」）といった読者を戸惑わせる特異な文体は、まさしく職人の指紋、この詩の制作過程を物語る物理的な証拠なのだ。この奇妙な文体は、吟遊詩人たちが詩の長さや形式になじみ、詩の内容を憶えるための、言ってみれば記憶を助けるツールだったのである。古代の最も偉大な著者の実態は「筆記の助けをまったく借りずに創作されていた口承詩の長き伝統の一部」[11]だ、とパリーは考えた。

　パリーは、記憶できるような詩を書こうとしたら、まさに『オデュッセイアー』や『イリアス』のようなものになるだろう、と述べている。「型どおりの表現」は物書きの最大の罪と言われているが、吟遊詩人にとってはなくてはならないものだった。型どおりの決まり文句は知らず知らずのうちに意識に浸透するので、演説や書物に使われやすい。だからこそ、口頭で話を伝えるのに重要な役割を果たしてきたと言える。『オデュッセイアー』と『イリアス』は決まり文句だらけである。

　記憶に頼っている文化では、英文学者のウォルター・オングの言うとおり、人々は「記憶しやすさを追求する」ことが必須だった。脳は、繰り返され、リズムがあり、型が決まっていて、何よりも視覚化しやすいものをよく憶える。吟遊詩人たちが、話を繰り返していく中で発見し、練り上げていった「記憶しやすさの原則」は、20世紀になって心理学者たちが実験を始めてわかってきたことと同じだった。つまり、韻を踏んでいる単語はそうでないものより憶えやすく、具体的な名詞は抽象名詞より憶えやすく、動的なイメージは静的なイメージより憶えやすく、頭韻は記憶を助ける、ということである。「イタチ科の動物が運動している」と言うよりも、「背中に縞《しま》模様のあるスカンクがダンクシュートをしている」と言うほうが脳に残るだろう。

吟遊詩人の用いていた最も役に立つ記憶のツールは歌であった。テレビでよく流れているコマーシャルソングを思わず口ずさんでしまったことがある人ならわかるだろうが、ある言葉にメロディーがつくと、なかなか頭から離れないことがある。

脳は、言葉の中にパターンや構造を見出すことによって、そこから意味を抽出する。そして、音楽や韻をつけるというのは、言葉にさらに別のパターンや構造を付加する方法だと言える。だから、吟遊詩人は叙事詩を歌にして伝え、『トーラー』［訳注：旧約聖書の最初の5つの書。「モーセの五書」とも呼ばれる］には楽譜としての要素があり、私たちは子どもにアルファベットを教えるときに、26個の文字としてではなく、歌にして教えるのである。歌は言葉を構造化する究極のツールなのだ。

パリーはハーバードに移って准教授になってから、異例の研究に乗り出した。この若き古典学者は、古代ギリシャの文献の研究に本腰を入れる代わりに、ユーゴスラビアに赴いてホメロスと同じような形で当時もまだ実践されていた口伝の採取にかかり、何千という録音を持ち帰ってきた。彼の集めたデータは、言い伝えに関する研究の新しい流れを作った。

現地調査を進めていく中で、彼は、現代のバルカン半島の吟遊詩人たちは——おそらく、古代にホメロスの作品を語り伝えた人もそうだった――人から人へ、世代から世代へ、詩そのものを伝えるのではなく、形式上のルールや制限を設け、それによって、どんな詩人も毎回、詩を再構築できるようにしている、ということを発見した。以前のものとまったく同じではないが、近いものを歌うことができるようにしているのだ。

このスラブ系の吟遊詩人たちに、毎回まったく同じ詩を歌っているのかと尋ねると、「一言一句違わない」[12]という答えが返ってくる。だが、2つの録音を比べてみると、明らかに違う。単語は別のものになり、行は移動し、楽節は消えている。これは、彼らが自信過剰なわけではなく、ただ「一語一語再現する」という概念がなかっただけだ。筆記というものが存在しないので、一語一語正確に再現されているかどうかを調べる術がないのである。

詩の口承に可変性がもたらされたことで、吟遊詩人たちは聞き手に合わせて素材を変化させることができるようになった。また、詩そのものも、記憶しやすいものに変わっていった。民俗学者は口承詩を、水流によって丸くなった石になぞらえている。繰り返されるごとに、憶えにくい箇所は削られ、憶えたり繰り返したりしやすいものになっていく。本題から逸れた、さして重要でない箇所は忘れ去られ、長い言葉やめったに登場しない言葉は使われなくなる。伝えるべきイメージ、音韻があり、長さを変えないという制約の中では、詩人たちが選択できる言葉は限られるので、構造によって詩が決まってくる。実際、『オデュッセイアー』と『イリアス』のほとんどすべての言葉が、詩を憶えやすくするためのある種の構造、あるいはパターンに収まっていることが、パリーの後継者によって発見されている。

＊＊＊

記憶術がシモニデスによって編み出されたのが紀元前5世紀で、古代ギリシャに筆記が生まれたのと同時期だったというのは、偶然の一致ではない。文字が生まれてからは、記憶はそれ以前の時代と違って当たり前のものではなくなっていった。そして人々の思考は複雑になり、考えたことを脳にとどめておくためには、ホメロスの時代の吟遊詩人たちのようなリズムと形式に頼る古いテクニックでは事足らなくなった。「詩を歌にして聞かせる行為は、もともとの目的を奪われ、余興になってしまった。それまでも余興の要素がないわけではなかったが、今ではそれが唯一の目的になっている」と、エリック・ハヴロックは書いている。そして口伝という制限から解き放たれた詩は、自由芸術へと変貌を遂げていった。

紀元前1世紀、『ヘレンニウスへ』の著者が弁論についての教科書を書く頃には、筆記はすでに1世紀の歴史をもち、私たちにとってのコンピュータと同様、ローマ社会にとって欠くことのできない技術となっていた。この時代の詩人たち――ヴェルギリウス、ホラティウス、オヴィディウスらは皆、『ヘレンニウスへ』をはさんで1世紀の間に傑作を遺している――の詩は紙に遺されている。言葉の1つ1つがきめ細かに吟味された、芸術家が独自の視点で書いた作品である。そして、ひとたび文字になったら、その言葉は不可侵なものとみなされた。そのような詩を憶えようとしたら、求められるのは「言葉の記憶」であって、「事柄の記憶」ではないだろう。

『ヘレンニウスへ』の著者は、詩の言葉を記憶するのに最適な方法は、全体のイメージを描く前に、1つの行を2～3回繰り返して読んでみることだ、と言っている。この方法は、グンターが選手権で用いている方法と通じるものがある。彼は、それぞれの言葉に視覚化した目印を割り当てていた。しかし、この方法には明らかな欠点があった。それは、「and」や「the」のような視覚化できない言葉がたくさんあるからだ。[13]

2000年あまり前、キケロと同世代のギリシャの哲学者であるキオスのメトロドロスは、見えないものをいかにして見えるようにするかという難問への解決策を提示した。[14]彼は、接続詞、冠詞、そのほか構文をつなぐ役割をする言葉を置き換える記号の体系を開発し、それによって読んだもの、聞いたものをすべて一語一句記憶することができるようにした。その記号体系は実際に古代ギリシャで広く使われたようである。『ヘレンニウスへ』には、「ギリシャの記憶に関する書の大半には、膨大な数の単語に相当する記号の一覧が載っているので、このような記号を習得したいと思えば、少し探せば手に入れることができる」と記されている。

メトロドロスの記号は残念なことに歴史の中で失われてしまい、グンターが使うことはできなかったが、彼は自分で、よく使われる視覚化しにくい200語にイメージを割り当てて、独自の辞書を作った。「And」は「〇」(Andの韻はドイツ語で「丸い」を意味する「rund」に似ている)に、「The」は「ひざをついて歩いている人のイメージ」(ドイツ語で「the」に相当する「die」は「ひざ」を意味するドイツ語「Knie」と韻が同じ)に置き換え、ピリオドまで来たら、その場所に釘を打ちつけるといった具合である。

グンターはビデオデッキの修理マニュアルを、シェイクスピアのソネットのように簡単に憶えてしまう。実際には、修理マニュアルのほうがかなり簡単だと思われる。というのは、「ボタン」「テレビ」「プラグ」など、具体的でイメージしやすい言葉が並んでいるからだ。詩を憶えることの難しさはその抽象性にある。「ephemeral（はかない）」や「self（自己）」をどうやって視覚化したらいいのだろう？

グンターの用いた視覚化しにくいものを視覚化するための方法は、音が似た、あるいは語呂の合う言葉をその場所にイメージする、という古典的なものである。14世紀イギリスの神学者であり数学者で、のちにカンタベリー大司教となったトマス・ブラドワーディンは、この手の逐語的な記憶を、ほとんど浮世離れしたレベルまで発展させた。彼は、音節を記憶する方法、つまり視覚化しにくい単語を憶えるときに用いられる方法について、事細かな解説を遺している。

まず、単語を音節に分け、次に各音節に、その音節で始まる別の単語のイメージをつける。例えば、「ab-」という音節にはabbot（大修道院長）、「ba」にはbalistarius（石弓の射手）のイメージを結びつける。(15) それをつなげれば、音節の鎖は一種の判じ絵パズル（スウェーデンのポップグループABBAがabbot［大修道院長］として招かれ、石弓の射手に撃たれる図(16)）のようになる。

この言葉をイメージに転換するプロセスでは、ある意味、忘れることによって記憶していく作業を伴う。ある単語を音で憶えるとき、その意味は完全に無視される。ブラドワーディンは、この上なく敬虔な祝祷《しゅくとう》の儀を不条理な場面に変えてしまった。彼の手にかかれば「Benedictus Dominus で始まる賛歌（ザカリアの歌）」は、「ベネディクトゥス・ドミヌスが左側にヤマウズラをくわえた真っ赤な乳房の白い牛を従えて踊りながら、右側の聖ドミニコを殴ったりなでたりする」[17]となるのだ。

記憶術は、始まった頃からずっと、きわどさと隣り合わせのものだった。趣味がいいと言えるものではなく、時として下劣になり、のちに潔癖な人たちから激しい批判を浴びることになる。ある意味、ブラドワーディンの行った敬虔と不敬の合体が、お堅い聖職者たちの怒りを買わなかったことは驚きだろう。しかし、とうとう攻撃される時が訪れた。16世紀、清教徒ウィリアム・パーキンスは記憶術を偶像崇拝であり、「不信心である。バカげていて、失礼で、とんでもなく、俗っぽい」[18]と非難した。実際のところ俗っぽいことは否定できない。特にパーキンスをイライラさせたのは、ラヴェンナのペトゥルスが若き乙女のイメージを使って記憶を鮮やかにしようとしたことである。

世界記憶力選手権の10種目のうち、詩は最もいろいろな戦略が見られる種目である。とはいえ、大雑把に言ってしまえば大きく2つの戦略に分かれ、それは挑戦者の性別にほぼ一致する。グンターをはじめ男性の大半が論理的な戦略をとる傾向があるのに対し、女性は情緒的な方法でアプローチする傾向にある。オーストリア出身の15歳、赤いTシャツとそれに合わせた赤いソックス、赤い野球帽姿で出場したコリンナ・ドラシュルは、自分は文章の意味を理解せずに記憶することはできない、と言っていた。それだけでなく、文章の感覚をつかむ必要もあるのだという。彼女は詩を小さなチャンクに分け、それぞれのチャンクに「感情」を割り当てる。言葉にイメージを割り当てるのではなく、言葉を感覚と結びつけているのだ。

「冬はどんな感じがするかとか、作者は何を言いたいのかを感じ取ります。この人は幸せなのか悲しいのか、想像するんです」と、彼女は会場の外の廊下で話してくれた。これは、俳優が教えられる台本の憶え方と似ていなくもない。台本を登場人物の感情や行動のまとまりに分割し、そのまとまりごとに共感できるよう訓練するということを、多くの俳優が語っている。

「メソッド・アクティング」と呼ばれているこの方法は、20世紀になる頃、ロシアの俳優、コンスタンチン・スタニスラフスキーによって編み出された。スタニスラフスキーは、台本を憶えるためというよりも、登場人物をリアルに表現するための方法として、このやり方に注目していた。しかし、この方法は台本を感情的・身体的刺激の体系に埋め込むことによって取り出しやすくするものなので、台詞自体も記憶しやすくなる。実際、「ペンを拾う」という文を憶えるときに、本当にペンを拾いながら憶えると記憶に定着しやすくなることが研究によって示されている。

結局、グンターは詩の種目でドラシュルに敗れ、チャンピオンの座も逃した。優勝したのは彼の弟子で、18歳のバイエルンの法学部の学生、クレメンス・マイヤーだった。物静かで驚異的な集中力がある。英語は片言しか話せないが、言葉を習得することに興味はない、とはっきりと私に言っていた。ベン・プリドモアは数の種目と「名前と顔」の種目で失敗して4位になり、黒い帽子を目深にかぶって1人で会場を出ていった。1年後にタイトルを奪回すべく、翌日から準備を始めると言っていた。

エドはもっと悪かった。30人を超える挑戦者のうち、2種類あるスピードカードの種目で両方とも1組のトランプの順番を憶えられなかったのが11人。彼はそのうちの1人だった。プレースキッカーが二度続けてPKを外したようなものだ。彼は、果敢に巻き返しをはかったが、コントロールが効かず、消耗しすぎていた。結局、屈辱の11位に終わり、汗びっしょりで、むっつりとして会場を出ていった。私は彼を追いかけて、どうしたのかと尋ねた。彼はうつむいて、「力《りき》みすぎていたんだ」と答え、「じゃあ、家で」と言って去っていった。

エドはマグダレン橋を渡っていった。パブに入り、そこでクリケットを見ながらギネスを飲んで、失敗を忘れるつもりなのだろう。

オックスフォードの試験場の前に立ち、挑戦者たちが頭をかきむしったりペンをくるくる回したりして、なんとかして「Miserare」を思い出そうとしているのを眺めながら、私は自分たちがこの場にいることの不思議さを思った。この高度な選手権、サブカルチャーの世界の中では、古代の記憶術が実践され、曲がりなりにも賞賛されている。こんな場所は今やほかにはない。世界で最も名高い教育の街の中で、記憶の輝かしい黄金時代の最後の名残が今、火花を散らしているのだ。

記憶の黄金時代から現代の暗黒時代にかけて継承されてきたことが、たくさんあるとは思えない。かつて、人々は自分の脳に設備を整えるべく頑張っていた。物を集めるのに投資するのと同じように、記憶力を獲得するために投資した。でもこんにちでは、ここオックスフォードの試験場のオークの扉を開けて外に出れば、そこにあるのは大半の人が自分の記憶力を信じていない世界だ。記憶に頼らずにすむ近道を見つけ、記憶力に対して延々と不満を言い続け、ちょっと物忘れをしただけで、記憶など何の役にも立たないかのような見方をする。

かつてはあれほど必要とされていた記憶が、どうしてここまで虐《しいた》げられてしまったのだろう。なぜ記憶術が消えてしまったのだろうか。どうして私たちの文明は憶える方法を忘れてしまったのだろう。

*『オデュッセイアー』と『イーリアス』の訳は、『オデュッセイアー』（呉茂一訳、岩波文庫）と『イーリアス』（松平千秋訳、岩波文庫）より引用させていただいた。

第7章 記憶の終焉

大昔は、頭の中のことは記憶するしかなかった。書きとめる文字も、紙もない。残しておきたいことは頭の中に記録した。語り継いでいきたい物語、伝えたい思い、広めたい情報などはすべて憶えなければならなかった。

考えてみると、現代社会では私たちは憶えるという行為をほとんどしていない。朝起きたら、まずは手帳をチェックする。手帳がスケジュールを憶えていてくれる。車に乗り込んだら目的地をＧＰＳ（全地球測位システム）に入力する。ＧＰＳが自分に代わって空間記憶を保存してくれる。仕事用のデスクに着いて、デジタル式ボイスレコーダーのプレイボタンを押すか、ノートを開けばインタビューの内容が再現できる。憶えておきたい画像は写真に撮っておけばいいし、本を開けば情報がその中に詰まっている。Ｇｏｏｇｌｅがあるから、キーワードさえ憶えていれば人類の記憶の宝庫にアクセスできる。

私が子どもの頃は、電話をかけるのに電話機のダイヤルを回したりしていた。その頃は私だって、親しい友人や親族の電話番号を憶えていた。でも今は、そらで言える電話番号はせいぜい4つ程度。それだって平均より多いと思う。２００7年にダブリン大学トリニティ・カレッジの神経心理学者が行った調査によると、30歳未満のイギリス人の3分の1が、携帯電話を見なければ自宅の固定電話の番号を思い出せないという。同調査では、誕生日を憶えている近親者の数が3人以下という成人の割合は30％にのぼることもわかった。便利な道具のおかげで、そのようなことを憶えておく必要がなくなったのだ。

電話番号や誕生日を忘れるということは、日常記憶が少々衰えているということの表れであると同時に、私たちの生来の記憶力が人間を補助するテクノロジーの産物――文字から携帯電話まで――にことごとく取って代わられているという、もっと大きな問題を示唆している。このような脳の外部に情報を蓄えることのできるテクノロジーは、現代社会の基盤を作ると同時に、人間の思考や脳の使い方をも変えた。

プラトンの『ファエドルス』の中で、文字を発明したエジプトの神テウトがエジプト王タモスの前に現れ、その素晴らしい発明品をエジプトの民に授けたいと言ったときのやりとりを、ソクラテスは次のように伝えている。

「これは1つの学問です……国民の記憶力を向上させることができるでしょう……私の発見した方法なら、記憶力も知恵も育てることができます」と、テウトがエジプト王タモスに告げたところ、タモスはその贈り物をなかなか受け取ろうとしなかった。「それを知ってしまったら、魂の中に『忘れてもいいという考え』が埋め込まれるでしょう。自分の記憶力を働かせるのをやめて、忘れやすくなってしまいます。書かれたものに頼り、自分の内部からではなく、外部の目印を手段として物事を思い出すようになるでしょう。あなたが発見したのは記憶力を身につける方法ではなく、想起する方法です。あなたが使徒に授けているのは真の英知ではなく、それに似た偽物《にせもの》です。話を聞かせるだけで、何も教えていない。一見、彼らは豊富な知識を身につけたように見えるでしょう。ですが、聞いたことのほとんどはわかっていない。人間は英知ではなく、英知をもっているというううぬぼれで満たされ、同胞の荷物になってしまいます」

ソクラテスは、筆記によって知識を伝えるという発想をまったく評価していなかった。「書かれた言葉に、すでに知っていることを想起させる以上の価値があると考えるのはまったく愚かなことだ」と述べている。ソクラテスにとって、書くことはただ記憶を呼び出すためのもの、すでに頭の中に入っている情報を引き出す手段でしかなかった。そして、使える知識の量が増えても人間自体は空っぽの器のままだという考えから、書くことによって、知性や倫理観が崩壊していくことを恐れた。だが、彼の書き言葉に対する評価は、弟子のプラトンとクセノフォンが書き言葉として残したからこそ、現代人が知るところとなったのだ。(1) この痛烈な皮肉を、彼はどう受け取るだろうか。

ソクラテスが生きていた紀元前5世紀には、ギリシャではすでに筆記が広まり始めていて、(2) 彼の考えは時代遅れになりつつあった。なぜ彼は、紙にペンで書くという考えをそこまで否定したのだろうか。知識を保存する方法としては、紙に残すほうが脳に入れておくよりもずっと優れているように思う。脳は間違えるし、忘れる。思い出すことができないことが多々ある。人間は、このような生物ゆえの重大な制約を、書くことによって克服している。筆記によって、あてにならない私たちの脳から記憶を取り出し、私たちの脳よりは信頼できる紙に保存することが可能になった。紙に書かれた記憶は永遠のものとなり、望めば遠く、広く、時代を超えて広めることもできる。口伝につきものの自然変異を恐れることなく、世代を超えて伝えることができるようになったのだ。

ソクラテスの時代に記憶がそこまで重要だった理由を理解するには、筆記の歴史について、そして初期の書物が形式的にも機能的にも現在の書物とは異なっていたことについて理解する必要がある。それには印刷技術もなければ、索引も目次も、皮紙《ひし》冊子すらもなく、句読点も小文字も、単語と単語の間のスペースなども存在しなかった時代まで遡ってみなくてはならない。

こんにち、私たちは記憶しないですむようにという目的で、物事を正確に書きとめている。しかし、少なくとも中世後期までは、書物は記憶の代わりというよりも、記憶を補助する役割を果たしていた。トマス・アクィナスの言うように、「記憶するために書きとめ」ていたのだ。(3) 記憶するために書物を読む。書物は情報を頭に入れるための最も身近な道具だった。実際、書かれたものを書き写すといったこともよく行われたが、それは、書くことで憶えやすくなるという理由からである。

ソクラテスの時代、ギリシャの文書は、ナイル川のデルタ地帯から輸入した葦《あし》（パピルス）(4) を圧搾《あっさく》したシートを貼り合わせた長い巻物に書かれていた。長さが60フィート（約18メートル）に及ぶものもある。(5) 読むのも大変なら、書くのも大変だった。情報に触れるツールとして、これほど使いにくいものはそうはないだろう。

その後、紀元前200年になって、アレキサンドリアの司書長であるビザンチウムのアリストファネスによって、句読点の原型が編み出された。句読点の種類は1つしかなく、文字の下か真ん中か上のどこかに打って文章の区切りを知らせる。(6) ただし、単語は大文字のみで、スペースや点で区切られることはなく、続けて書いていた（これを「スクリプティオー・コンティーヌア（続け書き）」と言う）。単語の途中で行末が来ると、ハイフンもなく次の列に移る。

ASYOUCANSEEITSNOTVERYEASYTOREADTEXTWRITTENWITHOUTSPACESORPUNCTUATIONOFANYKINDOREVENHELPFULLYPOSITIONEDLINEBREAKSANDYETTHISWASEXACTLYTHEFORMOFINSCRIPTIONUSEDINANCIENTGREECE(7)

（訳：ご覧のとおり、スペースや句読点、改行するときのハイフンのない文書はとても読みにくい。でもこれが、古代ギリシャで使われていた書式である）

本書の文字はつながって言葉となり、その意味を伝えるが、「続け書き」で書かれた文字は音符に近い機能をもつ。これらの文字は口から出す音を表していた。それらの音を分割し、意味のある個々の単語へ戻すには、まず音を聞き取る必要があった。天才的な音楽家でもない限り、歌わずに楽譜を読むのは至難の業だが、それと同様に、「続け書き」で書かれた文章を声に出さずに読むこともとても難しかった。実際、中世の読書と言えば、たいていは声に出して読む一種のパフォーマンスで、聴衆を前にして行うことが多かった。

中世の文章には「耳を貸す」という言葉が繰り返し出てくる。(8) 4世紀、聖アウグスティヌスは師である聖アンブローズが本を読むときに口を動かさず声も出さないことに気づき、その異例の行動を『告白』の中に記録した。黙読でも内容が理解できる書物が普及していったのは、9世紀に単語の間にスペースを空けるのが一般的になり、句読点の種類も充実するようになってからだろう。

「続け書き」の文章を読むのは実に難しい。このことから、当時の読書と記憶との関係が、現代とはまったく異なるものであったことがうかがえる。このような文章は初見では読みにくいため、文章を声に出して流暢に朗読するには、読み手がその文章についてある程度の知識をもっていなければならない。つまり、文章をあらかじめ勉強して、頭の中で句読点を打ち、全部ではないにしてもある程度を憶えている必要があった。

音がつながっただけのものに意味をもたせることは、即席で簡単にできることではない。文章を読むためには文章を勉強しなければならなかった。何しろ、「続け書き」で書かれた文章は、句読点の打ち方1つで世界がまったく違ってくる。歴史家のジョスリン・ペニー・スモールの言うように「GODISNOWHEREを『GOD IS NOW HERE（神はここにいる）』としたときと、『GOD IS NOWHERE（神はどこにもいない）』としたときとでは、意味が大きく違ってくる」のだ。

さらに、「続け書き」で書かれている巻物は、何かを抜粋しようとしたら、初めから読む必要があった。巻物の入り口はただ1つの文字だけだ。読むためには巻きを解かなければならず、また文章を区切る句読点や段落はもちろん、ページ番号や目次、章分け、索引もないため、欲しい情報を見つけるには、最初から順を追って見ていくしかない。だから、文章を記憶しない限り簡単には調べることができない。古代の文書は「ざっと目を通す」ということが不可能だった。文書全体について基本的な知識をもっていない限り、本棚から巻物を引っ張り出してすぐに特定の文章を見つけ出すことはできなかった。巻物は内容を外部に保管するためのものではなく、読者を書かれている内容の中に案内するものだった。

このような暗唱の伝統は、『トーラー』（ユダヤ教の聖典）を読むという行為に今も残っている。『トーラー』は古代の手書きの巻物で、文字を記すのに1年はかかるほどの長さがある。母音も句読点もない（ただし、スペースはある。スペースの誕生はギリシャ語の前の古典ヘブライ語の時代の革新的な出来事だった）。つまり、初見で読むのがとてつもなく難しい(9)。ユダヤ教では、『トーラー』を暗唱せずに朗読せよ、と言われている。とはいえ、膨大な時間をつぎ込んで理解しない限り、この教典を読むことはできない。バル・ミツバ［訳注：ユダヤ人の少年が13歳で迎える成人式で、ここで『トーラー』の一節を朗読する］を経た少年は言うだろう。「これだけは言える。大人になったその日、僕はヤムルカを着た、ただのオウムだった」

今の言語体系に慣れているとなかなか気づかないことだが、「続け書き」は、このページに書かれている人為的に分けた単語に比べて、実際の話し方との共通点が多い。話し言葉は切れ目がなく、輪郭のはっきりしない長い1つの音のように聞こえる。話すときにはどこで区切りを入れるかは比較的自由に決められるが、単語と単語の間に空白を入れたりはしない。英語を話す人の声を可視化した超音波画像を見ると、確かにスペースがどこにあるのかわからない。コンピュータに会話を認識させることが非常に難しいのは、1つにはこういった理由がある。文脈を理解できる最先端の人工知能がなければ、コンピュータに「The stuffy nose may dim liquor.（鼻が詰まると酒の味がわからなくなる）」と「The stuff he knows made him lick her.（知り合いが彼に彼女を舐めるように仕向けた）[10]」との違いを指摘させることは無理だ。

ある時期、ラテン語の写本筆写者の中に、点で単語を区切って書き写そうという動きがあったが、2世紀を境に後戻りし――それはいささか不思議で、大きな逆行に思えるだろう[11]――ギリシャ人が使用していた昔の「続け書き」に戻った。そしてその後900年間、西欧の文書からは再びスペースが消えた。現代人からすると、単語を区切ることくらい誰でもできそうなものだと思うだろう。だが、その試みはなされたものの、受け入れられなかったという事実が、昔の人がいかに「続け書き」を読むのに慣れていたかを物語っている。

また、古代ギリシャ語で「読むこと」を表す一般的な単語は、「もう一度知ること」や「思い出すこと」を意味する「ánagignósko[12]」である。つまり読者と文書の間には、思い出すために読むという、現代人には理解しがたい関係があったようだ。

こんにちのように印刷物の海の中に生きていると――昨年1年でなんと100億冊も印刷された[13]という――グーテンベルク以前の、本が何カ月もかけて手書きで写すことにより出版される、非常に貴重で高価なものだった時代に、どのような読み方をされていたかを想像するのは難しい。15世紀になっても原本1冊につき写本が数十冊程度しかなく、その写本もだいたいはどこかの大学図書館の机か書見台に鎖でつながれていた。100冊を所蔵している図書館はかなり蔵書が多い部類に入っただろう[14]。中世の学者にとって、読んだ本にもう一度出会える可能性はかなり低かった。だから読んだものを記憶することが重視されたのである。

また、引用文を調べたいから棚から本を見つけてこよう、というわけにもいかなかった。というのは、1つには、現在の本棚は本の背が外向きに並べられるようになっているが、それは16世紀になってようやく実現したことで、当時はまだそんな工夫はなされていなかったからだ。[15] そのうえ、本はずっしりと重く、そうそう持ち運びできる代物ではなかった。13世紀になって編集技術が進歩し、聖書が全集としてではなく、1冊の本として編纂されるようになったが、1冊の重さは10ポンド（約4・5キロ）を超えていた。[16] 索引やページ番号、目次などはまだ一般的ではなく、必要な文書がたまたま身近にあったとしても、最初から最後まで全文を読まずに必要な箇所を見つけることができる可能性はごくわずかだった。

それでも、徐々に現在の状態に近づいていった。そして、本そのものが変化するにつれ、読むことにおいて記憶が果たす役割も変わっていった。400年頃には、読みにくい巻物はほぼ完全に、現代のハードカバーのような紙を閉じて背表紙をつけた皮紙冊子に変わった。目当ての文章を探すのに長い巻物を広げる必要はなくなり、該当するページをめくるだけでよくなった。

13世紀に初めて聖書コンコーダンス（パリの修道士500人によって作られた壮大な用語索引）が編纂され、同じ頃に章分けのシステムも導入された。[17] こうしてようやく読者は、前もって記憶しなくても聖書を参照できるようになった。暗記したり、最初から最後まで読んでいなくても、[18] 簡単にある一節を見つけることができるようになったのだ。コンコーダンスの登場後、間もなくアルファベット順の索引やページ番号、目次付きの本が生産されるようになり、それによって本というものの性質が変わっていった。

索引や目次がない本の問題点は、本の中の情報まで道案内をしてくれるシステムがないことである。脳が素晴らしいツールなのは、その内部に含まれる情報量が多いというだけでなく、簡単に、効率よく情報を見つけることができる点だ。脳は最高級のランダムアクセス検索システムを備えている。そのシステムは、どんなコンピュータ科学者をもってしても、類似品すら作れない巧みなものだ。本の後ろに載っている索引は、重要な項目に1個のアドレス、つまりページ番号をあてがうが、脳の中にある各項目には数千とは言わないまでも、何百ものアドレスがあてがわれている。

そして、人間の内部記憶装置は相互に、非線形に機能する。ある記憶を呼び起こすのに保存されている場所を知る必要はない。必要なときに浮かんでくる――あるいは浮かんでこない――というだけだ。記憶どうしが密につながってネットワークを作っているので、ある記憶から別の記憶、ある概念から別の概念へとすばやく移動できる。バリー・ホワイト〔訳注：アメリカのミュージシャン〕から白へ、白からミルクへ、ミルクからミルキーウェイ（銀河）へというのは、概念という観点から見ればかなりの飛躍だが、神経学的にはほんの少し移動しただけである。

索引の導入は大きな進歩である。これによって、内部記憶装置を使うように非線形に本を扱うことができるようになった。索引によって本は、聴きたい曲を直接呼び出せる現代のCDのようなものになった。これに対して、索引のない本は、わずかなフレーズを見つけるのに長いテープを延々と少しずつたどっていかなくてはならないカセットテープと言えよう。ページ番号や目次とともに、索引によっても本のもつ意味が変わり、本が学者のために果たす役割が変わったのである。

歴史家のイヴァン・イリイチは、索引は非常に大きな発明で、「中世について語るときは、索引の誕生前と誕生後に分けたほうがいい[19]」と言っている。本が調べやすいものになるにつれ、本の内容を記憶の中に保存するという意味が薄れていった。そして、博学であるということは、内部に情報を保有しているということから、外部記憶という迷宮[20]のどこで情報を手に入れられるかを知っているということへと変化した。

＊＊＊

記憶に縛られていた先人たちにとって、記憶力の訓練の目的は「生きている本」になることではなく、「生きているコンコーダンス[21]」、すなわち読んだ事柄や得た情報を読み出すことのできる〝歩く索引〟になることだった。つまり、単に事実や引用文や概念を頭の中に格納するだけでなく、その情報にアクセスするための組織的なシステムを作り上げようとしたのである。

例えば、15世紀を代表するイタリアの法学者——15世紀で最もセルフプロモーションに長けた男という見方もある——であるラヴェンナのペトゥルスについて考えてみよう。彼が執筆した『Phoenix（不死鳥）』は、その時代に最も売れた記憶力強化トレーニングについての本となり、数カ国語に翻訳され、ヨーロッパ各地で版を重ねた。13世紀以降に書かれた記憶に関する論文の中で最も有名なものと言ってよく、これによって、長らく学者や修道士だけのものだった記憶テクニックが、医師や法律家や商人、あるいはただ何かを憶えておきたい一般市民といった幅広い読者に伝わるところとなった。

そしてこれ以降、ギャンブルのための記憶術、借金の記録のための記憶術、船の積み荷を憶えておくための記憶術、知り合いの名前を憶えるための記憶術、カードゲームのための記憶術など、さまざまな記憶術の本が出版されるようになった。[22]ペトゥルス自身は法律の重要事項2万項目、オヴィディウスの1000の言葉、キケロの2000の弁論や格言、哲学者の300の言行、7000の聖句、その他あまたの古典を記憶していると吹聴していた。

彼は、暇があると数々の「記憶の宮殿」に格納しておいた本を読み返していた。「祖国を去り、巡礼者としてイタリアの諸都市を訪問するとき、私は所有物を残らず持っていった」と書いている。イメージを残らず格納するために10万の場所を用意し、さらにヨーロッパを旅する途中でも常に「記憶の宮殿」を増やしていた。そして、その脳内図書館に、重要なテーマについての情報や引用文をアルファベット順に分けて格納していった。

例えば、彼の頭の中ではAの文字の下に[23]「de alimentis, de alienatione, de absentia, de arbitris, de appellationibus, et de similibus quae jure nostro habentur incipientibus in dicta littera A（条文、外国の不動産、不出頭、判例、上告、Aで始まる法律上の問題）」についての情報が整理されていて、1つ1つの情報にアドレスが割り当てられている。何かの話題について解説するときには、しかるべき「記憶の宮殿」の中のしかるべき部屋に入って、目的の情報を抜き出せばいいのである。
ラヴェンナのペトゥルスのように記憶することを目的として読む場合は、現代の読み方とはまったく違う方法で文章に取り組むことになる。現代は、速く、広く読むことが最優先されるため、結果的に浅く読むことになり、本から得たいと思うこともある意味、表面的なものになる。1分につき1ページのペースで読んでいたら——おそらく本書はこの速さでは読めないだろう——読んだ内容を長い時間、記憶することは期待できない。記憶に残そうと思うなら、もっと内容に踏み込んで何度も考える必要がある。

書物史の世界的権威であるハーバード大学のロバート・ダーントンは、その論文「The First Steps Toward a History of Reading（読書の歴史への第一歩）」の中で、本が普及するにしたがって、「深く」読むことから「広く」読むことへと変わっていった[24]と述べている。比較的最近まで、人々は「深く」読んでいたとダーントンは言う。「人々は、聖書、暦、祈祷書といったごく少数の本しか持っていなかった。それを幾度も読み返していた。それもたいていは、集まって声を出して読む。そのようにして、ごく限られた数の伝統的な文献が、人々の意識の奥深くに刻み込まれていった」

ところが1440年頃に印刷機が登場すると、事態は少しずつ変わっていった。グーテンベルクの登場後100年の間に、本の数は14倍に増えた。それほどの富豪でなくても、自宅にささやかな図書館を備え、外部記憶のデータバンクに気軽にアクセスできるようになったのだ。

こんにちの読書といえば、たいていは「広く」読むことを指す。それほど集中して読まないし、たいていは繰り返し読むこともない。読書の質より量のほうが重視されているというわけだ。世界はどんどん広がっていくので、後《おく》れを取らないようにするためにはそうするより仕方がない。高度な専門分野でも、日々新しい情報がどんどん入ってくる。常に最先端の情報に通じているのは、並たいていなことではない。

本の内容を必死に憶えようとする人はそうはいない。本を読むときに、1年後に憶えていられる内容として、どのようなことを期待するだろうか。ノンフィクションの本ならばテーマ――その本にテーマというものがあるならばだが――と、ちょっとした情報をいくつか。フィクションであれば、ごく大雑把なあらすじと、主要な登場人物に関する情報――せめて名前くらいは――あとはその本に対する全体的な評価くらいだろう。しかし、この程度のことですら、往々にして忘れてしまう。

本棚を見上げ、私からたくさんの時間を奪った本を目にして、いつも気が滅入る――G・ガルシア＝マルケスの『百年の孤独』か……ああ、これは臨場感があって読んでいて楽しかったことは憶えている。でもそれ以上のことは憶えていないし、いつ読んだかも思い出せない。エミリー・ブロンテの『嵐が丘』は、高校の英語の授業で読んだことと、主役の名前がヒースクリフだったことの2つしか思い出せない。いいと思ったかどうかも憶えていない。

私は自分が特別、出来の悪い読者だとは思っていない。多くの人が、いやおそらくほとんどの人が私と同じではないだろうか。つまり読むそばから忘れていく。では、なぜわざわざ本を読むのだろうか。16世紀、フランスの哲学者ミシェル・ド・モンテーニュは、多読のジレンマについて次のように書いている。

「ページをめくってはいるが、熟読はしていない。憶えているのは、すでに自分の一部になっていること、自分が判断するときに参考となる情報、自分の中に浸透した思考や概念だけで、著者、舞台、言い回しなどの周辺情報は、すぐに忘れてしまう」。続けてモンテーニュは、「記憶力の裏切りと弱点を少々補う方法」についても説明している。彼は、読んだ本に流れる思想の少なくとも一部と、それに対する彼の感想がわかるように、読んだ本の後ろに短い批評を書くようにしていたという。

印刷技術が発明され、頭の中の記憶を紙に落とすのがいっそう簡単になったら、それまでの記憶術はすぐに不要になったのだろう、と思う人もいるかもしれない。だが、実際は違った。少なくともすぐにはそうならなかった。パラドクスのようだが、歴史的観点からいえば記憶術が衰退するはずだと思われるまさにそのときに、記憶術は最大のルネサンス期を迎えていたのである。シモニデス以降、記憶術とは頭の中に建築物を作り出すことを指していた。ところが16世紀、イタリアの哲学者であり錬金術師でもあるジュリオ・カミッロという人物――多くの信奉者からは「神のごときカミッロ」と呼ばれ、また多くの人からは「ペテン師」と呼ばれていた人物――が、それまで2000年にわたって頭の中で行っていたことを目に見えるようにする方法を思いついた。つまり、「記憶の宮殿」を現実の世界に作れば、そのシステムがもっとスムーズに機能するのではないかと考え、人類のあらゆる知識を蓄えた万能図書館、「記憶の劇場」を建てる構想を思い描いたのである。

まるでホルヘ・ルイス・ボルヘスの小説の世界だが、「記憶の劇場」の計画は現実に進行し、後援者もつき、カミッロはヨーロッパ全土で最も有名な人物になった。[25] フランスのフランシス1世はカミッロに、自分以外にはこの劇場の秘密を決して明かさないと誓わせ、その完成のために500ダカットを投入した。

カミッロの木造の「記憶の宮殿」はローマの円形劇場に似た形をしている。ただし、観客は客席に座って舞台を見下ろすのではなく、円形の劇場の中央に立って7段構造の建築物を見上げる。[26] 劇場の至るところにカバラ〔訳注：中世ユダヤ教の神秘思想〕や神話に出てくる数字が描かれ、延々と並ぶ引き出しや箱にカードが詰め込まれている。このカードには、偉大な作家からの引用をはじめとするあらゆる知識、知ることのできるあらゆる事柄が印刷されていて、テーマ別に分類されている。劇場のそこかしこに書かれている象徴的なイメージについてじっくり考えれば、劇場内の区画に保管された知識がすぐに頭に浮かび、「どんな主題についても、キケロはだしに流暢に論じることができるようになる」という。[27] カミッロは、「場所とイメージの原則を利用すれば、人間のあらゆる概念、全世界のあらゆる事物を記憶し、習得することができる」と断言した。

それははなはだしい誇張だったし、現代人の感覚からするといかにもいんちきくさい。しかし当のカミッロは、魔法のようなイメージ体系が存在し、それを使えば全宇宙を有機的に表すことができると確信していた。私が初めて作った「記憶の宮殿」にエドのToｰDoリストを格納したとき、シーメールのイメージでEメールを表現したように、カミッロは、宇宙に関するどんなことでも鮮やかに簡潔なイメージに置き換えることができて、そのイメージを記憶するだけで、それに関連することを残らず理解できると信じていた。

そうしてカミッロの劇場の木製の縮尺模型がベニスとパリで展示され、劇場の箱や引き出しに詰め込まれる数百枚、いや数千枚のカードの下絵が描かれることになった[28]。画家のティツィアーノとサルヴィアーティがその仕事に加わることになったが、その作業には終わりが見えなかった。結局、劇場が完成することはなく、壮大な計画のあとに残ったのは、カミッロの死後に出版された短編『劇場のイデア』だけであった。これは、彼の病床で1週間にわたり聞き書きした内容[29]をまとめたものだが、未来形で書かれ、イメージも図もなく、好意的に言っても「難解な本」というだけの代物だった。

その後、究極の記憶技術を約束した男——「神のごとき」男になり損ねて「ペテン師」と評されるようになった男——のことはほとんど忘れ去られていたが、20世紀になり、イギリスの歴史家フランセス・イエイツが、著書『記憶術』の中で劇場の設計図を再現したことにより、再び注目を集めるようになった。また、イタリアの文学者リナ・ボルツォーニは、カミッロの劇場が単なるマニアの作品ではなく、1つの時代を通して皆が思い描いていた記憶の理想形[30]であるという説を支持している。

ルネサンスは古代ギリシャの古典に新しい解釈をもたらし、「現実とは別の理想的な世界が存在し、私たちの世界はあくまでその理想世界の影にすぎない」というプラトンの世界観に新たな魅力をもたらした。カミッロの新プラトン的世界観では、頭の中のイメージは理想郷に赴くための1つの方法であり、記憶術は神秘的な世界構造を明らかにするための秘密の鍵だった。古代の人々にとってはレトリックの道具であり、中世のスコラ哲学者にとっては宗教的瞑想の手段だった記憶が、純粋に神秘的な世界に近づくための術へと形を変えたのである。

この不可思議で神秘的な記憶術をカミッロ以上のレベルで実践しようとした人物がいた。ドミニコ会の修道士ジョルダーノ・ブルーノだ。1582年に出版された著書『イデアの影』でブルーノは、彼の記憶術は「記憶のみならず、魂の力を得るうえでも役立つものだ」と断言した。ブルーノにとって記憶力強化トレーニングとは、精神を啓発する鍵だった。

ブルーノは、古い記憶術に文字どおりひねりを加えることを思いついた。13世紀のカタロニア地方出身の哲学者であり神秘主義者でもある、回文調〔訳注：上から読んでも下から読んでも同じ音になるように作ってある文句〕の名をもつライムンドゥス・ルル（Llull）からひらめきを得て、どんな単語も1つのイメージに変換する手法を考案した。まず同心軸の輪を思い浮かべる。それぞれの輪にはAA、AE、AI、AO、AU、BA、BE、BOといった2文字の文字列が150個——アルファベット30文字（古典ラテン語のアルファベット23文字と、ギリシャ語とヘブライ語のアルファベット7文字）と5つの母音の組み合わせ——が書かれている。

一番内側の輪では、その150個をさまざまな神話や超自然現象の図に対応させる。2番目の輪では、「出航する」「叱られる」「壊れる」などの行動に対応させる。3番目の輪では150個の形容詞、4番目の輪では150個の目的語、5番目の輪では「真珠をつけて」や「海獣にまたがって」[31]等の150通りの「状況」を表す言葉に対応させる。5つの輪によって、5音節までのあらゆる単語が1つの鮮明なイメージに翻訳できるというわけだ。

例えば、crocitusという「カラスの鳴き声」を意味するラテン語は、「ローマ神話の神ピルムヌスが腕に絆創膏《ばんそうこう》を貼り、頭にオウムを乗せてロバにまたがり、急いで前進している(32)」といったイメージに変換される。ブルーノはこの難解で現実離れした発明によって記憶術は大きく進歩すると考え、木に文字を刻んでいた時代から印刷機の時代への飛躍に匹敵する価値があると確信していた。

ブルーノの手法は魔術や超自然現象の影響を受けていたため、教会を困惑させることになった。彼の奇抜な思想には、コペルニクスの地動説を支持したり、聖母マリアが実は処女ではなかったと信じたりするなどの異端的な考えが含まれており、ついにブルーノは厳しい異端審問にかけられた。その結果、1600年にローマのカンポ・デ・フィオーリ広場で火刑に処せられ、遺灰はテヴェレ川にまかれた。だが、こんにちでは、その広場には彼の像が立ち、世界中の自由思想家と知的競技者を導く灯火《ともしび》となっている。

啓蒙運動によって超自然的な「記憶の劇場」や「ルルの輪」といったルネサンス式の妄想にようやくひと区切りつくと、記憶術は新たな、だが実に愚かな〝要領よく〟やる時代に入り、今なおそこから逃れられないでいる。19世紀になると、「American Mnemotechny（アメリカ人の記憶力向上法）」や「How to Remember（記憶の仕組み）」など、記憶法に関する100を超える論文が発表された。その中身は、現代の書店の自己啓発書コーナーに並んでいる記憶力向上のためのハウツー本と似たようなものである。

この19世紀の記憶法の手引きの中で最も有名なのは、アメリカの「記憶博士」アルフォンス・ルイゼット教授の著書である。ルイゼット教授は豊かな記憶力をもっているはずなのに、なぜか「本名がマーカス・ドゥワイト・ラロウであることも、本当は学位をもっていないことも忘れてしまっている」とある記事に書かれていたが、かつてどれほど人気があったかは、1886年に出版された著書『Physiological Memory: The Instantaneous Art of Never Forgetting（生理的記憶：今すぐできる絶対に忘れない方法）』の古本がインターネット上で136冊も販売されており、1冊1・25ドルの値をつけていたことからもうかがえる。

この本は、アメリカの歴代大統領、アイルランドの州、モールス符号、イギリスの地方連隊名、9対の脳神経[33]の名前や機能といった雑学を憶えるための方法を集めたものである。ルイゼットは、自分の記憶法は古典的記憶法——彼はこれを公然と侮辱《ぶじょく》している——とはまったく関係のないもので、紛れもなく自分自身で「自然な記憶の法則」を発見したと主張している。

彼は東海岸にあるほとんどすべての有名大学で授業を行ったほか、全米各地でセミナーを開催し、この知識を約25ドル（現在の金額で500ドル以上になる）で人々に伝授した。「ルイゼット・システム」に入門した人は秘密厳守を誓う契約書に署名し、彼の手法をもらした場合は500ドル（現在の金額で1万ドル以上）の罰金を科された。信じやすいアメリカの聴衆に記憶力向上の秘密を売り歩くのは、いい金儲けになっただろう。本人曰く、1887年の冬の14週間だけで、現在の金額にして約50万ドルを稼いだという[34]。

1887年、サミュエル・L・クレメンス——マーク・トウェインという名前のほうが有名だが——はルイゼットと偶然出会い、数週間にわたる記憶力強化コースに参加した[35]。トウェインは常々「自分の記憶には空の薬莢《やっきょう》しか入っていない」と嘆いていて、記憶力を向上させることに関心をもっていた。そしてそのコースで、すっかりルイゼットの信者になってしまった。あまりにも傾倒して、「ルイゼットの貴重な秘伝を1時間1万ドルで聞けるのはお買い得だ」という文を書いたくらいだ。そしてのちに、ルイゼットが作った印刷物のほぼ全部に自分の推薦文が使われているのを知って、後悔することになる。

1888年、G・S・フェローズは、「真のアメリカ人らしい強い正義感と自由を愛する心」から、『Loisette Exposed（ルイゼットの真実）』を出版し、「ルイゼット」あるいは「教授」と呼ばれている人物の正体（「ウソつきで詐欺師」）を白日のもとにさらした。224ページに及ぶこの本によって、ルイゼットの手法が古典や低俗なベストセラーから盗用し、包装し直したものだということが明らかになった。

本来、マーク・トウェインのように世慣れた人ならルイゼットが「ウソつきで詐欺師」であることに気づいてもよさそうなものだが、トウェインは流行《はや》りもの好きの浪費家で、大きな山を追いかけてばかりいた（ジェイムズ・ペイジの自動植字機には30万ドル〔現在の金額で700万ドル相当〕を個人投資した。これはトウェインが金をつぎ込んだいくつかの野心的なプロジェクトの中で最悪な結果に終わった）〔訳注：ペイジの植字機は自動的に手組みができる画期的な装置だったが、ペイジの完璧主義が災いして完成が遅れ、その間に活字を鋳造すると同時に並べて1行ごとに印字できるライノタイプが売り出されて発売の機会を逸し、トウェインは破産し、その後ヨーロッパを放浪することになった」。

トウェイン自身、講演で話す内容を忘れないようにと、新しい記憶術をしょっちゅう試していた。例えば駆け出しの頃、スピーチで取り上げようと考えていたいくつかのトピックの最初の1文字を指の爪にそれぞれ書いたこともある。だがそれは、彼が何度も爪に気を取られるので聴衆が怪しみ始め、結局うまくいかなかった。また1883年夏、『ハックルベリー・フィンの冒険』を執筆していたときには、執筆活動そっちのけで自分の子どもたちに英国君主を憶えさせるためのゲーム開発に没頭した。それは、近所の道路に並んでいる杭《くい》を利用して在位期間を憶えるというものだった。彼は基本的に「記憶の宮殿」式のものが得意だった。1885年には、「マーク・トウェインのメモリービルダー」（あらゆる事実と日付を学んで記憶するゲーム）の特許まで取っている。彼のノートにはびっしりと空間記憶ゲームの構想が書き込まれていた。

トウェインは、自分の開発した記憶力ゲームと新聞の連載コラム、本を連動させ、さらに賞金付きの国際的な競技会を統合した全国的な組織を作ることを考えていた。この独創的な発想によって、アメリカの学生が知っておくべき歴史的・科学的事実のすべてを教えることができると考えていた。「詩人、政治家、芸術家、英雄、戦い、疫病、大災害、革命などのデータ……対数、顕微鏡、蒸気機関、電報といった概念――世界中のありとあらゆる事物――を全部まとめて英国式ペグゲームに放り込んだ」と、1899年に書いたエッセイ「How to Make History Dates Stick（歴史上の日付を憶える方法）」の中で述べている。

しかし残念ながら、ペイジの植字機と同様、このゲームも財政的に破綻し、諦めざるをえなくなった。彼は友人の小説家、ウィリアム・ディーン・ハウエルズに手紙をしたためている。「今まで屋内用の歴史ゲームを発明しようとしたことがないのだったら、これからもやめておいたほうがいい」

多くの先人と同じく、トウェインは忘却を克服することに必死だった。カミッロやブルーノやラヴェンナのペトゥルスが中毒になった怪しい薬も飲んだ。記憶力強化トレーニングを始めようとする人は、彼の逸話を警告としてとらえるべきだろう。現代の記憶の教祖がルイゼット教授のような人物だったとしたら、私は逃げていたと思う。今のところ、似ているところは見つからないけれど。

トウェインが生きていた時代は、紙や本、そしてそれらのあとに登場した写真や蓄音機などがあったとはいえ、現代の記憶装置と比べれば、保存した外部記憶から読み出すための技術はまだまだ原始的だった。21世紀初頭にデジタル情報が普及したことによって、現代文化がどれほどのスピードで記憶を外在化できるようになるか、トウェインには想像することすらできなかっただろう。ブログやツイッター、デジタルカメラにギガバイト級のEメールアーカイブなどの登場により、オンラインネットワークに参加すれば常に情報を検索することができ、決して忘れることがない外部記憶につながることが可能になった。

この外部記憶は時を経るにしたがい、ただただ増えていく。生活の中にオンラインの要素が増えれば増えるほど、取り込まれて保存されるものが増え、その過程で内部記憶と外部記憶の関係も大きく変わっていく。このまま行けば、いつの日か、日常の行動の一切を記憶できる大容量の外部記憶をもつようになりそうな勢いだ。

私は、マイクロソフトの73歳のコンピュータ科学者ゴードン・ベルのことを知って、このことを確信した。ベルは自分のことを、記憶を論理的極限まで外部化するという新しい動き、あるいは憶えるという行為からの究極の逃避行動の先駆者だと称している。

彼は、「日々、忘れっぽくなり、記憶力が衰えていく」と著書『ライフログのすすめ――人生の「すべて」をデジタルに記録する！』の中で語っている。そして「この宿命を克服できたら」「一切忘れることがなく、何を憶えたか、いつ憶えたかを完全に管理できたら」と胸中を述べる。

この10年間、ベルはデジタルの「代理記憶」によって脳内の記憶を補完している。そうすることで、忘れる可能性のあるあらゆることを記録にして保存しているのだ。センスカムというミニカメラを首からぶら下げ、目の前を通り過ぎる景色を記録する。聞こえてきた音をデジタルレコーダーで取り込む。固定電話にかかってきた内容はすべてテープに記録し、読んだ書類はただちにスキャンして、コンピュータに取り込む。ベル――スキンヘッドで始終笑みを浮かべ、黒のタートルシャツを着て四角い眼鏡をかけている――は、この徹底した情報記録プロセスを「ライフログ」と呼んでいる。

ここまで徹底して記録するというのは奇怪な行動に見えるかもしれないが、デジタル記憶装置の価格が急落し、デジタルセンサーが普及して、集めた雑多なデータを分類できる人工知能も開発されたおかげで、世界中から情報を取り込んで記憶するということが、どんどん簡単になってきている。常に首からカメラをぶら下げて歩くというのは現実的ではないにしても、ベルが描く「身の回りの出来事をすべてコンピュータに憶えさせる」という未来像は、それほど荒唐無稽なものではない。

ベルは1960年代から70年代にかけて、ディジタル・イクイップメント・コーポレーションでコンピュータ界のパイオニアとして名をなし、財を築いた。「コンピュータ界のフランク・ロイド・ライト」〔訳注：アメリカの建築家。近代建築の巨匠の1人〕と呼ばれている。問題を見つけ、解決策を立案する、根っからのエンジニアだ。生きるのと同じ速さで忘れていくという人間の根源的な問題を、ベルはセンスカムで解決しようとしている。しかし果たして、記憶の保存を技術的に解決する方法があれば記憶は消えない、と言えるのだろうか。

1998年、アシスタントのヴィッキー・ロジキの手を借りて、ベルは自分のライフログのバックファイルを取り始めた。1950年代からためていた収納ボックス数十個分の書類を1つ1つスキャンする。古い写真、技術関連のノート、書類などは残らずデジタル化した。Tシャツのロゴもスキャナーにかけた。基本的には念のために物を取っておく主義のベルだが、それでもためていたものの約4分の3をスキャンして処分したという。現在、彼のライフログは170ギガバイトにのぼり、毎月およそ1ギガバイトのスピードで増えている。その中身は10万通以上のEメール、6万5000枚の写真、10万点の書類、2000件の着信記録などだ。これが100ドルのハードドライブにすっきり収まっている。

ベルは「代理記憶」を使って世間をあっと驚かすような離れ業をやってのける。カスタム・サーチ・エンジンを使えば、自分がいつ、どこで、誰といたか、そして理論上は、その人が何を言ったかまで瞬時にわかる。そのうえ、自分が行った場所や見たものを残らず写真で記録しているわけだから、抜け落ちていることはない。彼のデジタルメモリーは決して忘れない。

写真やビデオ、デジタル録音などは、本と同じく、人間の記憶のための道具である。エジプトの神テウトがエジプト王タモスの前に現れ、「憶えるため、英知を得るための方法」として筆記を授けたときから始まった外部記憶の長い旅は、今、ここまで来た。そして、次のステップがライフログだ。おそらくこれが、理論上の最終ステップとなるだろう。何千年もかけてゆっくりと展開されてきた文化の変容は、いよいよこのような形になって終焉を迎える。

私は仕事中のベルに会って、彼の外部記憶を見てみたいと思った。彼のプロジェクトは、私が内部記憶を鍛えるためにつぎ込んできた努力を真っ向から否定しているように思えた。絶対に忘れないコンピュータを手にすることが人間の運命だったのだとしたら、なぜわざわざ記憶するための脳があるのだろうか。

サンフランシスコ湾を一望できるマイクロソフトリサーチ社の一室、ベルの整然とした仕事場を訪れると、彼は、外部記憶を使って内部記憶から消えたものを探し出すやり方を説明してくれた。記憶は関連づけされているため、どこかに紛れてしまった事柄を見つけるには、離れた場所からアプローチすることが多い。「先日、オンラインで家を探していたんだ」と、ベルは椅子の背にもたれて話し出した。「私が憶えているのは、そのとき不動産業者と電話で話していたということだけだ」。ベルはコンピュータ上に自分のスケジュール表を開き、その電話での会話を探し出し、電話中に閲覧していたウェブサイトを残らず呼び出した。「私はこういったことを『情報のひっかかり』と呼んでいる。憶えておくのは釣り針だけでいい。デジタルメモリーに保存してあるひっかかりが増えるほど、探すのが簡単になる」

ベルは大量の外部記憶をいつでも使えるようにしている。ベルが直面している最大の問題は、どうやってフネスやSのようにならないようにするか、そしてどうやって意味のない情報の海で溺れないようにするか、ということだ。人間は意識を向けたことほど憶えている傾向があるので、記憶する作業の大半は意識を符号化する瞬間に行われる。だが、ベルのライフログはあらゆることに意識を向けている。「フィルターをかけない。何も逃さない」というのがモットーなのだ。

「ご自身が収集した大量の記憶を負担に思ったことはありませんか」とベルに聞いてみた。

ベルは軽く笑って「いいや、何の負担も感じないよ」と答えた。

センスカムはおしゃれとは言えない代物である。タバコの箱くらいの大きさの真っ黒な箱を首からぶら下げていれば、けっこう目立つ。しかし振り返ってみれば、黎明期のコンピュータは部屋中をふさいでいたし、初期の携帯電話はコンクリートブロックほどの大きさがあった。将来、センスカムが眼鏡に埋め込まれたり、服に縫いつけられたり、皮下や網膜に埋め込まれたりといった光景も想像にかたくない。

現時点では、ベルの内部記憶と外部記憶は継ぎ目なく動いているわけではない。蓄積された外部記憶のどれかにアクセスしようと思ったら、コンピュータ上で探し出し、目と耳を通して脳に「再入力」しなければならない。ライフログは彼のエクステンション（延長部分）と言えるかもしれないが、彼の一部にはまだなっていない。

しかし、いつかそう遠くない未来に、ベルのコンピュータの情報とベルの脳内の情報がつながると考えるのは、それほど突飛な発想ではないように思う。いずれ、脳はライフログと直接つながれ、外部記憶があたかも内部にあるかのように機能し、内部記憶のように感じるようになるかもしれない。もちろん、脳は外部記憶として最大の収納庫であるインターネットとも結びつく。代理記憶があらゆることを思い出すことができ、しかもニューロンに保存された記憶と同じように自然にアクセスできるとしたら、忘却との戦争での強力な武器となる。

まるでSF小説のような話だが、すでに人工内耳によって音波を電気インパルスに直接変換して脳幹へ流すことが可能になっている。これを利用すれば難聴の人の耳が聞こえるようになる。現在、このような装置が20万人以上の頭部に埋め込まれている。さらに、基本的な認知機能を体内に埋め込み、脳とコンピュータを直接接続するブレイン・コンピュータ・インターフェースを構築することで、下半身不随患者やALS（筋萎縮性側索硬化症《きんいしゅくせいそくさくこうかしょう》）患者が、念じるだけでコンピュータのカーソルや義肢やデジタルボイスまで操作できるようになった。このような神経補綴《ほてつ》によって――まだ実験段階であり、埋め込まれた患者はごくわずかであるが――脳で起きていることをすべて把握し、人間と機械が直接コミュニケーションをとることが可能になっている。

次に目指すのは、ブレイン・コンピュータ・インターフェースを利用して、脳がデジタルのメモリーバンクと直接やりとりできるようにすることだ。すでに、何人かの研究者がこのプロジェクトに取りかかっている。今後10年以内には、主要な研究分野になるに違いない。

脳をコンピュータにつないで内部記憶と外部記憶を継ぎ目なく機能させる動きが進めば、いつか大変なことになるのではないだろうか（反動主義者や原理主義者、技術革新反対派でなくとも、このような疑問をもつだろう）。こんにち、生命倫理学者は、遺伝子操作や脳へのステロイド投与などのやっかいな問題に奮闘している。しかし、この程度の科学の進展は、内部記憶と外部記憶を完全に融合することが意味するものに比べたら、ダイヤルを少し回す程度の意味しかない。スリムで背が高く、力持ちで病気に強い、150歳まで生きる人も、結局はただの人間だ。しかし、完璧な記憶力と人類の知識の集大成に直接アクセスできる脳を手にする人が現れたら、そのときこそ、それを果たして人間と呼べるのかという議論をしなければならないだろう。

だが、おそらくこういった記憶は、自分たちの外にあるもの、あるいは装着されたもの、脳に存在する記憶とは別のものと考えるのではなく、内部記憶の〝延長〟と考えたほうがいいのだろう。結局のところ、内部記憶にも少しずつしかアクセスできない。自分がいろいろな出来事や事実を知っているということはわかっていても、それを思い出す方法はわからない。7歳の誕生日を祝ってもらった場所やはとこの奥さんの名前をすぐには思い出せなくても、そうした事実は脳のどこかに潜んでいて、意識下に浮かび上げてくれるような適切なヒントを待っている。それはちょうど、あらゆる事実が「ウィキペディア」に潜んでいて、マウスでクリックされるのを待っているのに似ている。

私たち西洋人は「自己」、つまり自分という人間の核のようなものについて、あたかもそれがはっきりと区切られた実体であるかのように考える傾向がある。現代の認知神経科学によって、松果腺《しょうかせん》［訳注：脳にある小さな内分泌器］に小人《ホムンクルス》の魂が宿っていて身体をコントロールしているという古いデカルト派の概念が否定されても、私たちのほとんどは、相変わらず明確な「私」というものがどこかに存在し、そこで自分の意志で動いていると信じている。

実際には、私たちが「自己」と考えているものは、漠然とし、ぼんやりとしていて、それについて考えるのは容易なことではない。ほとんどの人は、自己というものは表皮の内側にしかなく、コンピュータやライフログとは切り離されたものだと思っている。

しかし、本当にそうなのだろうか。私たちの記憶、つまり自我の本質は、実際は脳内のニューロンだけでなく、あらゆることとつながっている。少なくとも、書くことをソクラテスが批判した頃から、記憶はいつも脳を超えて、外部の貯蔵庫まで拡大しているのだ。ベルのライフログ・プロジェクトはその真実をはっきりさせたにすぎない。

第8章

プラトー状態

2005年の秋、私の仕事場の壁――ちょうどパソコンの上の空間――には、1枚のポストイット（私の外部記憶の1つ）が貼ってあった。モニターから目を離すと、そこに書いてある「記憶することを忘れるな」という言葉が目に入る。これは全米記憶力選手権までの数カ月間、先延ばしにする癖をやめて精力的に記憶力を鍛えなくてはいけない、ということを思い出させてくれるメモだ。気分転換にネットサーフィンや散歩をするのをやめ、代わりにランダムな単語のリストを取り出して憶えた。地下鉄でも雑誌や本ではなく、ランダムな数字を印刷した紙を取り出す。当時は、自分が変わり者になりつつあるということに気づいていなかったと思う。

私は記憶力選手権の種目の練習をしていないときでも、日々の生活の中で記憶力を鍛えるようにした。散歩と称して出歩いては車のナンバープレートを憶える。名札をじっと見つめる。買物リストを頭に入れる。予定をカレンダーに記入するのと同時に頭の中にインプットする。電話番号を教えてもらったら、専用の「記憶の宮殿」に格納する……。

そうした中、数字の記憶に挑戦してみて、私がほぼ毎日使っている「記憶の宮殿」のテクニックを現実に応用できることがわかった。私は、1648年頃にヨハン・ウィンクルマンが考案した「数字変換法」(1)を使っている。これは、コードを使って数字を音に変換する方法だ。変換された音は単語に変換され、次にイメージに変換されて「記憶の宮殿」に格納される。コードは次のページのようになる。

例えば、数字の32はMN、33はMM、34はMRに変換される。必要に応じて母音を自由に入れて、意味のある単語にする。数字の32はman（人）、33はmom（ママ）、34はロシアの宇宙ステ

0	1	2	3	4
S	TまたはD	N	M	R

5	6	7	8	9
L	ShまたはCh	KまたはG	FまたはV	PまたはB

ーションMir（ミール）のイメージに変換できる。同様に、数字の86はfish（魚）、40はrose（バラ）、92はpen（ペン）になる。3219は男性（man：32）がテューバ（tuba：19）を吹いている様子、またはマニトバ（manitoba：3219）州出身の人になる。同様に、7879はKFKPに変換され、コーヒーカップ（coffee cup）か、子牛（calf）と幼獣（cub）が並んだイメージになる。

数字変換法のメリットは、単純明快であることと、すぐに使えるようになることにある（私はこのテクニックを学んだあと、すぐにクレジット番号と銀行の口座番号を憶えることができた）。でも、この方法を使って国際的な記憶力選手権で勝った人はいない。

大半の知的競技者は、10万桁の円周率とか、殿堂入りしたニューヨーク・ヤンキースの選手全員の生涯打率といった長い数字の羅列を記憶するときには、数字変換法より複雑なテクニックを使っている。「Worldwide Brain Club」（記憶中毒者、ルービックキューブ愛好家、暗算マニアたちのオンラインフォーラム）では、このシステムを「Person－Action－Object」、略してPAOと呼んでいる。ジョルダーノ・ブルーノとライムンドゥス・ルルのいくつかの要素を組み合わせて記憶するという、現実離れした記憶術の直系子孫と言えよう。

PAOシステムでは、00~99の2桁の数字がそれぞれ、あるオブジェクト（O）とあるアクション（A）をするあるパーソン（P）という1つのイメージで示される。数字の34は、マイク（O）に向かって低い声で歌う（A）フランク・シナトラ（P）。14はサッカーボールを蹴っているデイヴィッド・ベッカム、79はマントを着て飛んでいるスーパーマン、となる。そして6桁の数字は、最初の2桁の数字の表すP、次の2桁の数字の表すA、最後の2桁の数字の表すOの3つを組み合わせた1つのイメージに変換される。例えば34-13-79は、マントを蹴っているフランク・シナトラ、79-34-13は、サッカーボールに向かって低い声で歌っているスーパーマン、という奇怪なイメージになる。

なお、初めから34がシナトラ、13がベッカムと決まっているわけではない。数字変換法と違って、どの数字をどのイメージに結びつけるかは自由に決めることができる。そしてそれを前もって記憶しておく必要がある。つまり、記憶するために多くのことを記憶するのである。記憶力選手権で優勝するためには、時間面、労力面ともにかなりの固定費がかかる。PAOの人気の理由は、0~99万9999までの数字のそれぞれのイメージを効率よく作れるという点だ。また、この方法なら必然的に突拍子もないイメージができあがるので、憶えやすいことも利点として挙げられる。

記憶力競争に拍車をかけるのが〝新兵器〟の登場だ。毎年誰か——たいていは一時的に失業状態にあるか、特に予定もなく夏休みを過ごしている学生である——が今よりも多くの事柄を、今より速く記憶するための、今より手の込んだテクニックを携えて登場し、ほかの競技者もそれに追いつこうと必死になる。

エドは選手権前の6カ月をかけて、彼曰く「記憶力選手権史上最高に緻密な記憶術」の開発に取り組んでいた。彼の新しいシステムである「ミレニアムPAO」は、ヨーロッパ出身の競技者のほとんどが使っている2桁の数字を使ったPAOシステムを、3桁の数字を使った1000種類のPAOイメージ体系に発展させたものだ。そのシステムができれば、0〜9億9999万9999までのすべての数字を固有のイメージ（なるべくほかのイメージと混乱しないもの）に変換できる。「前使っていた2桁のシステムは、言ってみれば1人乗りのレースヨットだ。それを使って眠らないマグロのように数字の海の中を進んでいたんだ。今度の3桁のシステムは、64砲門を備えた軍艦だね。とてつもなく強力だけどコントロールするのが難しい」と、エドは自慢げに語った。彼は、このシステムの開発がうまくいけば、記憶競技のレベルは格段に上がると考えていた。(2)

知的競技者のトランプの憶え方は、だいたい同じだ。52種類のカードのそれぞれに、PAOを結びつける。3枚のカードの組み合わせが1つのイメージになるので、1組のトランプがちょうど18個のイメージに凝縮される（52÷3＝17、あまり1枚）。

エドに手伝ってもらって、私は苦労しながら52種類のPAOのイメージをひねり出し、独自のPAOシステムを作った。できるだけ記憶しやすくするには、自分が鮮明に思い描くことができ、面白いと感じるイメージを作らなくてはならない。つまり、どんなPAOを作ったかを見れば、その人の嗜好が垣間見えるというわけだ。

私の場合は、1980年代と90年代初期のTVスター、ベン・プリドモアの場合は漫画のキャラクター、エドの場合はランジェリーモデルと大恐慌時代のイギリスのクリケット選手といった具合だ。私のハートのキングは白い手袋をはめてムーンウォークするマイケル・ジャクソン。クラブのキングはハンバーガーを食べるジョン・グッドマン。ダイヤのキングはタバコをふかすビル・クリントンだ。ハートのキング、クラブのキング、ダイヤのキングの順番で出てきたら、タバコを食べるマイケル・ジャクソンのイメージとなる。何組ものトランプを記憶する前に、まずこのような52のイメージを憶える必要がある。だが、これがなかなか大変なのだ。

しかし、私のPAOシステムは、ベン・プリドモアのシステムと比べると見劣りしてしまう。2002年秋、ベンは6年半続けたイギリス・リンカンシャー州の精肉工場での経理補佐の仕事を辞め、ラスベガスでトランプを数えて1週間過ごし、イギリスに戻ってからの6カ月間はアニメ鑑賞と、英語を教える資格を取るための勉強をするほかは、記憶するための新しい〝核兵器〟の開発に費やした。

ベンは1枚のトランプに1つのPAOを割り当てるのではなく、2枚のカードの組み合わせに1つのPAOを割り当てた。これには何十時間もかかったという。ハートのクイーンのあとにダイヤのエースが来ると、その2枚を合わせた1つのPAOが思い浮かぶようにする。ダイヤのエースのあとにハートのクイーンが来れば、それがまた別の1つのPAOになる。つまり、52×52

＝２７０４通りのイメージを憶えたわけだ。そして、エドと同じように１つの場所にイメージを３個ずつ置く。この方法なら、１組のトランプは９つ（52÷６＝８、あまり１）の場所に格納できる。27組のトランプ、つまり１４０４枚のトランプ――ベンが１時間で記憶できる最高記録――が、２３４個の場所に格納できるのだ。

　この離れ業がベンの脳の器用さによるものか、手先の器用さによるものかを判断するのは難しい。ベンは、トランプの山を上から２枚ごとに両角のマークと数字だけが見える程度に親指でめくる、というテクニックを身につけていた。それをフルスピードでやると、２枚のカードを見るのに１秒もかかっていないように見えた。

　ベンはさらに２進数を記憶するために、１と０からなる10桁の数字を１つのイメージに変換するという複雑なシステムを開発した。つまり、2^{10}＝１０２４個のイメージを記憶しておくわけだ。1101001001を見るとあるカードゲームのイメージが、0111011010を見るとある映画のイメージが瞬時に浮かぶ。国際的な大会では、知的競技者に、１ページに１２００桁（１行30桁で１ページに40行）が並んだ紙が配られる。ベンは30桁、つまり１行を１つのイメージに変換する。例えば、110110100000111011010001011010という数字は、缶に魚を入れているボディーガード、となる。当時、ベンは30分でランダムに並んだ１と０を３７０５個憶え、世界記録を樹立した。

　しかし、どんな知的競技者にも弱点はある。ベンの場合は「名前と顔」だ。この競技での彼のスコアはいつも最下位に近い。「しゃべるとき、あまり相手の顔を見ないんだ。そもそも知り合いの外見だって、それほど憶えていない」と言う。この問題を克服するため、彼はこの種目用の新しい記憶システムを考案した。瞳の色、皮膚の色、髪の色、髪の長さ、鼻と口の形に数字のコードを割り当てるというものだ。人の顔を一連の数字に変換すれば簡単に思い出せると考えたのである。

私が記憶力を鍛えようと思い立ったときには、そのような精緻なテクニックを習得できるとはとても思えなかった。私はアンダース・エリクソンとある取引をした。まず、私はトレーニングの記録をエリクソンに報告する。これは、彼の専門分野の研究に有益なデータとなる。その代わり、彼の研究室の学生、トレスとケイティがそのデータを解析して、パフォーマンスを上げるための方法を考えて私に知らせてくれる。そして記憶力選手権のあとには、追跡調査のために数日間タラハシーに滞在する約束をしていたので、彼らはこのプロジェクトの全容を論文に仕立てることができる。

エリクソンはさまざまな分野の達人について、さまざまな角度から、それぞれの高度な技術を獲得するプロセスについて研究している。一流のプロになるための普遍的な秘密があるとしたら、彼は誰よりもその秘密を解明できそうな人物であった。彼にいろいろと話を聞いたり、彼が執筆した本や論文に目を通してみて、彼がさまざまな分野を研究していく中で、達人がその道を極める過程で取り入れる共通のテクニック——技術を獲得するための一般的原則——を見出していったことがわかった。そして、この原則は私の秘密の武器になると考えた。

それから数カ月間、私は実家で必死にＰＡＯシステムの体得に取り組み、エリクソンは私の成長を記録し続けた。私は、迫りくる選手権に対する気持ちの変化、つまり、ただの好奇心が徐々に熱い競争心へと変わっていったこともエリクソンに報告していた。私が行きづまって電話でアドバイスを求めると、彼はいつも、どんな資料を読んだら自分の欠点が見えてくるか教えてくれた。トレーニングに入ってから数カ月たったある時点で、私の記憶力が伸びなくなった。どんなに練習しても、1組のトランプの順番をそれ以上速く憶えることができなくなったのだ。完全な閉塞状態だった。だが、その理由はわからなかった。「トランプのタイムが伸びない。プラトー状態になってしまった」と、私はエリクソンに泣きついた［訳注：プラトー状態とは、一時的な停滞状態になること。高原状態とも呼ばれる］。

「スピードタイピングに関する文献を調べたらいいんじゃないかな」と彼は言った。

初めてキーボードの使い方を習うとき、指1本でとつとつと打つ段階から、なんとか両手でタイピングできるレベル、続いて指がキーの上をすらすら動くようになるレベル、そして指が自分の意志を持っているかのように全プロセスが無意識のうちに進むレベルまでは急速に上達する。しかし、たいていの人はそれ以上速くはならない。プラトーに達したわけだ。考えてみれば、これは不思議な現象だ。練習すればするほど上達すると言われ、1日に何時間もキーボードを前にして練習しているのに、なぜそれ以上上達しないのだろう。

1960年代、心理学者のポール・フィッツとマイケル・ポスナーが、この問いに答えるべく、新しい技術を獲得するときに誰もが通る3つの段階について言及した。第1段階の「認知段階」では、課題を分析し、もっと上達するための新しい戦略を発見する。第2段階の「連合段階」では、それほど集中力を要しなくなり、大きなミスが減り、全体的に効率よくできるようになる。それを超えると、その課題を十分にこなすことができ、基本的に自動操縦で走っているように感じる。この段階をフィッツは、「自律的段階」と名づけた。

自律的段階になると、自分がコントロールしているという意識がなくなる。ほとんどの場合、これは悪いことではない。意識を向けるべきことが1つ減るからだ。実際、自律的段階に入るということは、進歩することによって便利さを手に入れるということのように思う。それほど注力しなくても作業できるようになると、その分、本当に重要なこと、それまで見えなかったことに集中できるようになる。

例えば、そこそこタイピングができるようになったら、タイピング技術に関することは脳の書棚にしまって意識をしなくなる。こうした変化の様子は、ｆＭＲＩで実際に見ることができる。自動的にこなせるようになってくると、脳内の意識的な論理思考に関与している部分の活性が低下し、別の部分が代わりに活性化する。これが「プラトー状態」である。ここまで上達すれば大丈夫だと自ら判断し、自動操縦に切り替え、上達が止まるのだ。

たいていのことはプラトー状態に達する。10代の頃に車の運転の仕方を習い、交通違反や事故を起こさないくらい運転がうまくなると、それ以上の上達は微々たるものだ。父は40年間ゴルフをしているが、今も——本人がこれを読んだら傷つくかもしれないけれど——下手なままだ。40年間、ハンディキャップはほとんど減っていない。なぜか？　それはプラトー状態に達したからである。

かつて心理学者たちは、プラトー状態のことを本来もっている能力の上限を示すものと考えていた。1869年、フランシス・ゴールトン卿は、著書『天才と遺伝』の中で、人間の身体的・精神的活動は、ある程度までしか上達させることができず、その壁は「教育や努力では超えることができない」と言及した。彼の見解によれば、人ができることには限界がある、ということになる。

しかし、エリクソンと彼の仲間のパフォーマンス心理学の専門家は、しかるべき努力をすれば超えられない壁はほとんどない、ということを何度となく見てきた。彼らは、ゴールトンの壁は生まれもった能力の限界というよりも、自分が許容できるレベルのことを言っている、と考えている。

達人は方向性を定めた訓練を集中して徹底的に行う（これが素人との違いである）。こういった訓練のことをエリクソンは「集中的訓練」と呼んでいる。さまざまな分野のトップ中のトップの人々について調べた結果、エリクソンは、トップに立つ人は、ある共通した成長パターンをたどるということを発見した。彼らは訓練するとき、自分の技術に集中する、目的を持ち続ける、パフォーマンスについて常にすみやかにフィードバックを得るという3つを実践し、自律的段階を意識的に排除している。つまり、自ら「認知段階」にとどまるようにしているのだ。

例えば、アマチュアの演奏家は曲の練習に時間を割くのに対し、プロは反復練習や特定の難しいパートの練習に時間を割く傾向が強い。トップレベルのフィギュアスケート選手は、着地に失敗しやすいジャンプに練習時間を割くが、経験の浅いスケート選手はすでにマスターしたジャンプに時間を割く(3)。集中的訓練を続けるのはもともと難しいものなのだ。

何かを上達させるためには、練習の量よりも質のほうがはるかに重要である。実のところ、チェスからヴァイオリン、バスケットボールまで、徹底的に研究されたいずれの分野でも、経験年数と技量との相関は弱いことがわかっている。父は地下室のブリキ缶にゴルフボールを入れる練習をすれば上達すると考えていたのかもしれないが、意識して自分に課題を与え、自分のパフォーマンスを監視——見直し、対処し、再考し、再調整を行う——しない限り、目に見えるほどの上達は望めない。ただ決まった練習をするだけでは十分とは言えないのだ。上達するには、自分の失敗に注目すること、そして間違いから学ぶことが必要だ。

エリクソンは自律的段階を逃れてプラトー状態にならないための最善の策を発見した。それは実際に失敗してみることである。そのためには、習得したい課題について、自分よりはるかにレベルの高い誰か特定の人物になったつもりになり、その人ならどうやって問題を克服するだろうかと想像するのも1つの方法である。その昔、ベンジャミン・フランクリン〔訳注：18世紀アメリカの政治家・科学者。独立宣言起草委員となり、憲法制定会議にも出席〕もこのテクニックを実践していた。彼の自伝には、偉大な哲学者の書いた論文を読み、フランクリン自身の論理で著者の主張を再構成し、それを元の文章と比較して自分の一連の思考が大家のものと合っているかどうかを確認したということが書かれている。

トップクラスのチェス選手も同じような方法をとっている。彼らは1日のうちの数時間をグランドマスターの試合を一手一手再現することに費やし、達人の思考を理解することに努めている(4)。

実は、チェスの腕前を予測する最も確実な判断材料は、対戦相手とのゲーム数ではなく、過去の優れたゲームの再現に取り組んだ時間なのだ。(5)

技術を上達させる秘訣は、練習中に意識的に技術をコントロールし続ける、つまり自動操縦にならないようにすることだ。タイピングの場合、プラトー状態を脱するのは比較的容易である。心理学者によれば、一番効果的な方法は、タイピングのスピードを上げ、間違いをさせることだという。1つ注目すべき実験がある。あるタイピストが単語を目で追う速さは、指でキーボードに打ち込む速さより10～15%速く、(6)最初はその速さに指が追いついていなかった。しかし、その原因を見つけ出して克服すると、数日間で速くタイピングすることができるようになったという。自律的段階に入らないように意識的にコントロールすることで、タイピストはプラトー状態を克服したのである。

エリクソンは、私もトランプで同じことをすればいいと言って、メトロノームを見て、1回音が鳴るごとにカードを1枚憶えることを提案した。それができるようになったと感じたらメトロノームを10～20%速くし、間違えなくなるまでそのペースで練習する。そして、特に憶えにくいカードを見つけたら必ずメモして、なぜそのカードが憶えにくいのかを確認することにした。この方法が功を奏して、私は2～3日でプラトー状態を脱し、トランプのタイムがまた順調に伸び始めた。

熱心に練習しなかったら、プロでも技術は落ちる。エリクソンは驚くような例を教えてくれた。私たちは医大を出たばかりの医師よりも、ベテランの医師の言葉を信頼しがちだが、医学には、経験の長さと技術が比例しない分野もあるというのだ。例えば、マンモグラフィー専門医の診断は、年々精度が下がる傾向がある。(7) それはなぜか？

エリクソンは、ほとんどのマンモグラフィー専門医にとって、日々の診断は集中的訓練にはならないからだと言う。コーチと二人三脚で行うわけではなく、言ってみればブリキ缶にゴルフボールを入れる練習に近い。自分が下した診断が正しかったかどうかがわかるのは、通常は数週間後から数カ月後であり、その時点では自分が診断したときのことは詳しく思い出せない可能性が高く、成功からも失敗からも学ぶことができなくなっているのだ。

この例が当てはまらない医療分野は外科だ。マンモグラフィー専門医と違い、外科医は時間とともに腕を上げる傾向がある。エリクソンによると、外科医とマンモグラフィー専門医との違いは、ほとんどの手術は結果――患者が回復しているか、していないか――がすぐにわかること、つまり、常に自分のパフォーマンスのフィードバックが得られることだという。外科医は何がうまくいって、何がうまくいっていないかを常に把握していて、常に上達している。エリクソンはこの研究結果を受け、マンモグラフィー専門医に診断結果の正誤が出ている過去の症例を定期的に評価することを提案した。熟達化の理論の実践である。そうすれば、自分の行為に対してすぐにフィードバックを受けられるようになる。

こうしたすみやかなフィードバックによって、達人は現状よりもっといい結果を出すための新しい方法を発見し、プラトーの底上げをしていく。人類は、水に入ったときからずっと泳ぐという行為をしてきた。種としては、これ以上速く泳げないレベルに達しているという意見もあるかもしれない。しかし、水泳競技では毎年新記録が出ている。人間はどんどん速く泳ぐようになっているのだ。「今世紀初期の水泳のオリンピック選手は、いずれ強豪の高校の水泳チームにも入れなくなるだろう」とエリクソンは言う。「第1回オリンピックのマラソンの金メダリストの記録を、今ではボストンマラソンに参加するアマチュアがたびたび達成している」

これは運動競技に限らず、あらゆる分野で言えることだ。13世紀の哲学者ロジャー・ベーコンは、「現在知られている方法では、30〜40年間勉強に没頭しない限り、数学に精通することはできない」と主張している。しかし今では、ベーコンが知っている数学の知識を平均的な学力の高校2年生が修得している。(8)

現代のスポーツ選手が過去の選手より天賦の才に恵まれている、と考えるのは妥当ではないだろう。シューズやスイミングウェアが改良された影響は確かにあるだろうが、それだけでこれほど劇的に記録が向上するとも思えない。変わったのは、選手が世界レベルに到達するために耐えなければならないトレーニングの量と質だ。マラソンや水泳だけでなく、槍投げでもアイススケートでも、他のどの運動競技でも同じことが言える。どんなスポーツでも、伸び悩むときがある。しかしプラトーなるものがあるとしても、人類全体としてはまだプラトーには達していない。

どうすればずっと自分の能力を高め続けることができるのだろうか。エリクソンは、私たちの壁は生来のものというより心理的なものだと言う。ある目標が達成不可能なものではないと判断されると、ほどなくしてその記録を破る選手が現れる。長い間、1マイルを4分以内に走るのは不可能だと思われていた。光速のように、揺るぎない壁だと考えられていた。1954年に20歳のイギリスの医学生ロジャー・バニスターが、ついに1マイル4分以内というプラトー状態を打ち破ったとき、彼の偉業は世界中の新聞の一面を飾り、運動競技において古今東西で最高の業績だと言われたほどだ。

だが、その壁は実は水門だった。わずか6週間後に、オーストラリア人のジョン・ランディがバニスターのタイムを1・5秒短縮し、その後数年で1マイル4分は平凡な記録となってしまった。こんにちでは、プロの中距離ランナーなら1マイル4分で走るのは当然と思われていて、世界記録は3分43・13秒まで短縮されている。世界記憶力選手権では、既存の世界記録の少なくとも半数以上が毎年更新されている。

エリクソンは記憶力を強化することを、身長を伸ばしたり、視力を回復したりといったような身体を根本から変えることと考えるのではなく、むしろ技術を上達させることと考えてみようと励ましてくれた。楽器の演奏を習得するのと同じだと考えればいいんだ、と。

通常、記憶とは単一の、一枚岩的なものと考えられている。しかし、それは違う。むしろ独立したモジュールとシステムの集合体であり、それぞれのモジュールやシステムが独自のニューロンのネットワークに依存している。数字を記憶するのは得意だが単語はいつも忘れるという人もいるし、名前は憶えられるがTo-Doリストは頭に入らないという人もいる。エリクソンの研究実習生であるSFは、記憶できる数字の桁数を10倍まで伸ばすことができたものの、一般的な記憶についてはそれほど伸ばすことはできなかった。数字の記憶の達人になることはできたが、ランダムな子音リストに関しては7個程度しか憶えられなかった。

トップレベルの知的競技者とそれ以下の人との何よりの違いは、トップレベルの人は記憶に対し、科学に取り組むのと同じアプローチをすることである。自らの限界について仮説を立て、実験し、データを追跡する。「技術を開発したり、科学的理論について研究するようなものだ」と、二度にわたって世界チャンピオンに輝いたアンディ・ベルは言っている。「自分の行動を分析しなければいけない」

記憶競技のトップに立とうと思うなら、集中的訓練を避けて通ることはできない。データを集め、分析してフィードバックを得る必要がある。これによって、全工程がレベルアップしていく。

私はラップトップに表計算シートを作成し、練習時間や途中でぶつかった問題を記録していった。そうしてデータをグラフ化して、スコアが伸びていく様子を日誌につけた。

8月19日：カード28枚：2分57秒
8月20日：カード28枚：2分39秒。いいタイムだ。
8月24日：カード38枚：4分40秒。不調。
9月8日：締め切りを過ぎた原稿に取り組みもせず、スターバックスで時間をつぶす。5分で46桁記憶……情けない。そのあと、カード48枚を3分32秒で記憶。結局、4のイメージを変更することにした。女優たちはやめて、知的競技者のイメージにする。クラブはエド・クック、ダイヤはグンター・カールステイン、ハートはベン・プリドモア、スペードは私だ。

10月2日：ランダムな単語70個を15分で記憶。上々だ！　間違えた原因は「grow」と「growth」、「bicycle」と「bike」を混同してしまったこと。これからは、似た単語が複数ある単語を憶えるときは、宮殿にイメージを置く際に、注意書きを添えておくことにしよう！

10月16日：ランダムな単語を87個記憶。時計を見たり、周りに気を取られることが多すぎる。時間がない。集中しろ、集中！

言うまでもないが、記憶するためには「意識を向ける」必要がある。一般的に、初めて会った人の名前が憶えられないのは、名前に意識を向けるよりも、次に何を言おうかということで頭がいっぱいだからである。視覚的イメージや「記憶の宮殿」が記憶に効果的なのは、1つには、通常ではできないほど注力して集中することになるからだ。言葉や数字、人の名前などのイメージを作るには、そのことについてよく知ることが必要だ。そして、そのことについてよく知るためには、そのイメージを記憶しやすいものに変換することが必要である。

私の問題は、トレーニング中に飽きて、気が散ってしまうということだった。「記憶の宮殿」に描くイメージがどれほど生々しく、鮮やかで、はっきりとしたものだったとしても、何ページにも及ぶランダムな数字を長時間眺めていられるものではない。もっと楽しいことがないかと思い始めたり、ゴルフのパッティングの音などに気を取られてしまうものだ。

私のことを「若いの」とか「君」「フォア君」などと呼ぶようになっていたエドは、注意力が散漫になるのを治すには、装備を強化したらいいと言った。真剣に記憶競技に挑む人たちは皆、耳あてをつけて競技に挑む。なかには目隠しをつけて視野を狭くして、気が散らないようにしている人もいる。「バカバカしいと思うけど、君の場合、まっとうな投資だと思うね」と、週2回の電話でのコーチングのときにアドバイスしてくれた。

その日の午後、私は買い物に出かけ、業務用の耳あてとプラスチック製の実験室用ゴーグルを購入した。それに黒いスプレーをかけ、両レンズにドリルで小さなのぞき穴を開けた。これからは練習するときにこれをつけよう。

ライターとして一人前になるまでは実家に住んで節約するのだ、と人に説明するのには抵抗がなかった。だが、実家の地下室で、ランダムな数字を書いた紙を何枚も壁にテープで貼りつけ、ノミの市で買った高校の年鑑を破いて床に広げているというのは、恥だとは言わないまでも、知られたくないことだった。

父がゴルフのパッティングでも一緒にしないかと誘いにくると、憶えようとしていた数字が書かれている紙をすばやく隠し、別のこと――対価として小切手（いずれ家主の手に渡るであろうもの）が得られるような記事を書くこと――に一生懸命になっているふりをした。時には、耳あてと記憶用ゴーグルを外して振り返ると、父が戸口に立っていて、まじまじと私を見ているということもあった。

エリクソンが師匠だとしたら、エドはヨガの行者《ぎょうじゃ》であり、マネージャーだった。私のために、次の4カ月のスケジュール、途中の目標、毎朝1時間半の厳しい特訓と午後の25分間の強化練習を設定してくれた。さらにあとから分析できるよう、コンピュータ・プログラムで私のパフォーマンスをテストし、間違いを細かく記録してくれた。数日おきにタイムをEメールで報告すると、こうしたらもっとよくなるという提案をしてくれた。

最終的に、私はエドに会う必要があると判断し、彼の25歳の誕生日パーティに合わせてイギリスへの旅を計画した。このパーティは、私が世界記憶力選手権の見学のために初めてイギリスを訪れて以来、エドがずっと言っていた壮大な計画だった。

エドのパーティは、古い石造りのミルファームの納屋で行われた。エドが週の半分以上を過ごすこの場所が、パーティに対する彼の哲学を実験する現場となった。「会話、空間、動作、気分、期待をコントロールするための枠組みを見つけて、それらが互いにどう影響し合っているかを調べてみたいんだ」とエドは言った。「こういったパラメータを残らず追跡するため、僕は人間を意志をもった物体としてではなく、パーティで飛びまわっているロボット、粒子として見ているんだ。パーティのホストとして、責任をもって最高のおもてなしをするよ」

きらびやかな長い布が屋根の垂木から吊るされ、空間をいくつかのスペースに分けている。出入りするにはネットワーク状につながったトンネルをくぐるしかなく、そのためには腹這いになってズルズル進むことになる。グランドピアノの下の空間は要塞になっていて、暖炉の周りにはテーブルの上にぼろぼろのソファを積み上げたサークルが作られていた。

「トンネルのネットワークを通り抜けるのは、ちょっとした冒険なんだ。簡単ではないから、ゴールに着くとありがたみとか、安堵の気持ち、達成感が得られる。エネルギーと想像力を限界まで使うという、なかなか素敵なプロジェクトに取り組んでいるわけだ。記憶力強化トレーニングは、これによく似ていると思う。『痛みなくして得るものなし』という格言はナンセンスに聞こえるかもしれないけれど、真実を突いてるよ。人間は苦しみ、ストレスや自信喪失、混乱の時期を経験しなければならない。そのような状況から抜け出すことによって、これ以上ないほど豪華なタペストリーを垂らすことができるんだ」

エドについて10フィート（約3メートル）ほどの真っ暗なトンネルを這って通り抜けると、首の高さまで風船が詰め込まれている部屋に出た。彼の説明では、どの部屋も「記憶の宮殿」の小部屋のような機能をもつようにしているとのことだった。パーティは、絶対に忘れられないものになるように計画されていた。

「パーティから帰るとき、どんな催しだったのかあまり憶えていないことがよくあるだろう。それは、パーティがたった1つの特徴のない空間で行われているからだ。でも、このような会場を設定すれば、ある部屋での経験がほかの部屋での経験とは別物として記憶される。僕のパーティでは、年を取っても思い出せるような、いろいろな思い出を作ることができるよ」

エドはパーティで社交を深めてもらうためには、客どうしが互いを認識しにくい状況を作ることが重要だと考えていた。列車で4時間かけてダービーからやってきたベン・プリドモアは黒のケープをまとい、モヒカン刈りの人食い人種（彼は「グランチ」と呼んでいた）の白粉《おしろい》をつけていた。このパーティのためにウィーンから飛行機でやってきたルーカス・アムスス（火を吸い込むスタント芸で負った傷は回復したようだ）は、飾り帯と勲章がついた19世紀オーストリア軍の軍服を着ていた。エドのオックスフォードの旧友の1人は全身トラ柄のスーツ、もう1人は顔を黒く塗ってドレッドヘアで現れた。エドはカーリーヘアのかつらをかぶり、ドレスとパンティストッキングと豊胸ブラをつけていた。私はパーティでただ1人のアメリカ人だったので、顔に「キャプテン・アメリカ」〔訳注：アメリカのコミックに登場する、星条旗をモチーフにしたボディスーツに身を包んだヒーロー〕を模したペインティングをした。

その晩のハイライトは、カードオフだった。そろそろ真夜中になるという頃、エドは50人ほどのゲストを集め、古今東西で最も偉大なトランプ記憶の達人2人が、自分の生誕25年を祝して今から戦いをすると告知した。サングリアを飲んだあとのプラスチックのカップと裏庭のたき火で串焼きにしたラム肉の骨が散らばる細長いテーブルの一方の端には、ベンがビーンバッグチェアに座っていた。グランチのマスクは外していたが、黒いケープはつけたままだった。反対側の端にはオーストリア軍の軍服を着たルーカスがいた。

「まず、ここにいる皆さんに、この2人のトランプの順番を憶える能力について、若干ご説明したいと思います」とエドが言った。「ルーカスは、トランプ1組を40秒で憶えるという壁を世界で初めて破った人物です。11名で構成されているある記憶に関するコミュニティがあるのですが、そこでは、1組40秒というのはずいぶん長い間、1マイルを4分で走るのに匹敵する記録とみなされていました。ルーカスはその壁を破ったのです。しかも二度も。スピードカードで世界チャンピオンになったこともあります。KL7という知的競技者たちによる一流クラブの設立メンバーでもあります。大酒飲酒の癖を慎めば、この驚異的な記憶力をもっと発揮できるでしょう」と、エドが芝居気を交えて語ると、ルーカスはプラスチック製のカップを上げ、エドに向かってうなずいた。

「彼は、ウィーンのエンジニア仲間と一緒に作った楽しくて便利な道具を見せてくれました。その道具があると、3秒もかけずにグラス4杯のビールを飲むことが可能になるのです。それには、ある航空宇宙関係の企業から買った特殊なアタッチメントがついているんです。残念ながら、彼は最近ちょっとそれを使いすぎていて、1年近くトランプを憶えることをしていません。でも、最後にやったときのタイムは35・1秒でした」

続いてエドはベンのほうを向いた。「ここにいるプリドモアは、カード種目における現世界記録保持者です。記録は31・03秒。イギリス人です」。ゲストから歓声が飛んできた。「ベンは1時間で27組のトランプを記憶することができます。はっきり言って、そんなことは何の役にも立たないと思いますが」

ベンが組んでいた腕をほどいて言った。「ルーカスと話していたんだけど、エドは世界ランキング17位だから――」

「おいおい、それは違うよ」とエドが抗議した。彼は最近、国際ランキングで何人かのドイツの若者に追い抜かれたことを知らなかった。

「彼がこの部屋にいる人の名前を1人残らず挙げることができるまで、試合を始めないことにしようと思います」とプリドモアが言うと、さらに大きな喝采が起き、エドは挑戦を始めた。

しかし、ゲストの間を歩きまわって4分の1ほど進み、エドの友人の友人で、エド自身は一度も会ったことがないと主張する客人に会ったところで頓挫した。エドは場を鎮め、2人の客人にトランプをシャッフルするように頼んで、それをルーカスとベンに渡した。ストップウォッチをセットする。持ち時間は1分だ。

トランプを何枚かひっくり返した時点ですでに、ルーカスがなんとか集中しようと姿勢を正してはいるものの、能力を出せる状態ではないことが見てとれた。彼はトランプをテーブルに戻し、小さな声で言った。「少なくとも国際ランキングではまだエドより上位なんだが……」

エドはルーカスを押しのけて、席に着いた。「私の25歳の誕生日に、目玉イベントで競技者の1人が飲み過ぎのため競技不能となり、私が引き継ぐことになったことをお知らせできることを大変喜ばしく思います！」

トランプを再びシャッフルし、ストップウォッチをセットし直す。「プリドモア、準備はいいかい？」

1分間の沈黙のあと、ベンとエドは代わるがわる憶えたカードを読み上げ、審判に立候補した客人が判定した。

エド：「クラブのジャック」歓声
ベン：「ダイヤの2」ブーイング
エド：「クラブの9」歓声
ベン：「スペードの4」ブーイング

エド：「スペードの5」歓声

ベン：「スペードのエース」ブーイング

40枚ほどのトランプが積まれた頃、ベンは頭を振って、両手をテーブルについた。「もういい」エドは席から飛び上がった。豊胸ブラがあごに当たる。「あわてすぎなんだよ。わかっていたよ、自滅するって！」

「君は何回世界チャンピオンになってるんだ？」と、ベンは私がこれまで聞いたことがないような鋭い口調で言った。

「1対1で決着をつけるか？」

「負けたのは君へのバースデープレゼントに決まってるだろ」

エドは客人とハイタッチしながら部屋中を回り、女性客には抱擁していった。ベンはそそくさとビーンバッグチェアに戻り、ケープのしわを伸ばした。酔っぱらったエドのオックスフォード仲間の1人が、ベンの負けはしたものの素晴らしいパフォーマンスにいたく感動し、彼に近づいて数枚のクレジットカードを渡し、その番号を記憶することができたら、ぜひ使ってくれと申し出た。

カードオフのあとは、皆で部屋を出て、空き地でたき火をたいた。そして酔っぱらって朝まで踊った。日の出直前になって私が寝室に行こうとすると、エドとベンはまだキッチンテーブルに座って、自分たちが思いつく一番奇怪な2進数列を読み上げていた。

翌日の午後、眠って酔いをさましたエドと私は、キッチンテーブルをはさんでトレーニングをして過ごした。私はエドの助けを必要とする3つの問題を抱えてここへ来た。一番の問題は、イメージを混同してしまうことだった。トランプを憶えようとするとき、『ヘレンニウスへ』の勧める具体的で豊かなイメージを作り上げようとすると、時間が足りない。1枚1枚のトランプをじっくり見ている時間はない。突きつめていけば、記憶術とはいかに少ないイメージで憶えるかということに行き着く。データを分析してみて、私はいつもダイヤの7（自転車に乗っているランス・アームストロング）とスペードの7（競走馬に乗っているジョッキー）を混同していることに気づいた。背景は違うのに、「乗っている」という同じ動詞があるので、2つの区別をつけにくくなっていたのだ。

どうしたらいいかとエドに聞くと、「イメージ全体を見ようとしないこと。全部を見る必要はない。視覚化しようとするものが何であれ、1つ目立つ要素に注目するだけでいい。ガールフレンドだったら、何よりも彼女の笑顔を思い浮かべる。歯の白さや唇のひだの感じをじっくりと見てみよう。具体的に思い描けば何でも印象に残るものだけれど、大事なのは笑顔なんだ。何かのイメージから牡蠣《かき》のにおいのする青色の光だけしか思い出せなかったとしても、自分のシステムをよく理解していれば、そのイメージを逆翻訳して元のものにすることができるよ。集中していれば、すばやくトランプをめくったときに残るのはたいていは印象だけで、視覚的なものではないんだ。もう1つのやり方は、イメージを変えてしまうこと。類似したもののない、ありふれていないものにね」。

私は目を閉じて、自転車をこいで急勾配の丘を上っているランス・アームストロングをイメージしようとした。特に、彼のサングラスが太陽に反射して青や緑に変わる様子に着目した。ジョッキーについては、ソンブレロ〔訳注：南米のカウボーイや農民が愛用しているつばの広い麦わら帽子〕をかぶってポニーに乗っている小人という、前よりありふれていないイメージにした。こうしたちょっとした調整が功を奏したのだろう。タイムが2秒縮まった。

エドに日誌を見せると、「トランプはいけそうだね」というコメントが返ってきた。「あと5時間くらい練習したら、イメージが無意識に出てくるようになるよ。スピードカードで全米記録を更新するのは楽勝だろう。うれしくて涙が出るよ」

分析と調整を繰り返すことで集中的訓練はもっと濃密になっていくのは確かだが、記憶競技では、検討を重ねることはリスクを伴うとエドは言った。記憶システムを変更すると痕跡が残り、それが競技中によみがえってくる恐れがあるというのだ。それをどうしても避けたいなら、競技の日には1枚のカード、1つの数から複数のイメージを呼び出せるようにしておくしかない。

練習中に発見したもう1つの問題は、カードのイメージがあまりにも早く消えてしまうことだった。最後のトランプ、最後の数字に来る頃には、最初のイメージがぼんやりとしている。そのことをエドに告げた。

「じゃあ、イメージをもっと深く知る必要があるね」。それが彼の返事だった。「今夜から、同じマークのトランプ13枚を使って、それぞれのキャラクターを想像しよう。キャラクターの外見、雰囲気、におい、味、音、歩き方、服装、社会的スタンス、性的嗜好、いわれのない暴力への立ち向かい方などを、突きつめて考えていく。そうやって1つ1つのキャラクターを深く研究してから、それを全部のキャラクターについて一度にやってみる。頭の中のブロードバンドで、全キャラクターの際立った身体的・社会的特徴を感じ取り、キャラクターが自分の家の周囲で日常生活を送っている様子を想像して、いつも彼らの濃密なイメージが描けるようにしておくんだ。そうすれば、カードからそのキャラクターを思い出すときに、そのキャラクターが背景に密着した目立つ特徴を提供してくれるよ」

もう1つ、エドに教えてほしいことが残っていた。ラヴェンナのペトゥルスや『ヘレンニウスへ』の勧めにしたがって、私は、自分のPAOのイメージに、南部の一部の州ではまだ違法であるスキャンダラスな行為、違法にすべきだと思われる行為をいくつか採用していた。PAOを使ってトランプを憶えるときには、あらかじめ記憶していたイメージを組み合わせて、新たに記憶すべきイメージを作るので、どうしても家族を下品な光景に組み入れることになる。そんな申し訳ないことをしてまで記憶力を伸ばそうとすることに抵抗を感じていた。ハートの8を憶えるときに祖母にさせる行為は、とても人に話せるものではない(いや、話せるものであったとしても、そもそも想像できないのだ——きっとこうなるのではないか、と思ってはいたが)。

私はエドに自分の苦しい状況を説明した。彼はよくわかってくれ、「僕は最終的に母親のイメージを外さなくちゃならなかった。君もそうしたほうがいいよ」と言った。

だが、エドは鬼コーチだった。私のトレーニングを「甘い」と言ってよく非難した。2〜3日タイムを報告しなかったり、彼が指示した1日30分の練習をしなかったと言うと、叱責《しっせき》のEメールが送られてくるのだった。
「トレーニングを強化しなくちゃ。君の成績だと決勝トーナメントに進むことすらできないよ」とエドは言った。「君は完璧な競技魂をもっているし、スコアもちゃんと上がっている。だけど本番では、練習のときの成績は出せないものだと思っておかないと」

言わせてもらえば、「甘い」という言葉は適切ではないと思った。すでにプラトー状態を脱し、スコアは日に日に上がっていた。完璧に憶えたランダムな数字のシートが机の引き出しに増えていく。私の『Norton Anthology of Modern Poetry（ノートンアンソロジー現代詩）』には、憶えた目印に端を折ったページが増えていった。この調子で上達していけば、選手権でもそこそこいけるのではないかと思うようになっていた。

エドが偉大な武道家ブルース・リーの言葉を送ってくれた。「限界はない。プラトーはある。でもそこにとどまってはならない。乗り越えなければ。負けたらそれで終わり」。私はその言葉をポストイットに書いて壁に貼った。その後、それを記憶して外した。

第9章

才能ある10分の1

イギリスから戻って間もなくのことだった。午前6時45分。私は実家の地下室で、下着姿で耳あてと記憶用ゴーグルをつけて折り畳み椅子に座っていた。ひざの上には800桁の数字がプリントアウトされた紙、頭の中には、祖母のキッチンテーブルの上に下着姿の妖精ノームの置物（52632）のイメージが置かれている光景が浮かんでいる。ふと顔を上げ、自分は何をやっているんだろうと思った。そんなことを思ったのは初めてだった。

私は、ライバルを気にかけるようにもなっていた。記憶競技の統計データがまとめられているサーバーを見れば、彼らの強みと弱点を詳しく知ることができる。事あるごとに自分のスコアをライバルのものと比べた。一番注目していた相手は、前回の優勝者であるバージニア州リッチモンド出身の25歳のビジネスコンサルタント、ラム・コッリではなく、テキサス州フォートワースのスピードナンバーズの達人、モーリス・ストールだった。ドイツ育ちで美容製品の輸入業をしている30歳の男性だ。

私は前年の選手権で彼と会っていた。髪の毛を剃り、あごの下に長いひげを生やし、威圧的なドイツなまりでしゃべる（記憶競技では、ドイツ的なものは何でも威圧的だった）。彼は、大西洋を渡ってヨーロッパの記憶力コンテストで戦った唯一のアメリカ人だ（2004年の世界記憶力選手権では15位、同年の記憶力ワールドカップでは7位に入っている）。スピードナンバーズとスピードカードの全米記録をもっている（スピードナンバーズは5分で144桁、スピードカードはトランプ1組を1分56秒）。弱点は詩（世界99位）。それと不眠症だった。彼が前年の大会で優勝してもおかしくなかったことは誰しも認めるところだったが、前夜に3時間しか眠れなかったため空回りしてしまい、4位に終わった。今年、きちんと眠りにつくことができたら優勝の最有力候補だ、と私は予想していた。そしてそれを阻止すべく、1日30分ぶっ通しで今も練習しているのだ。

記憶力トレーニングにはまっていくうちに、知的競技者が訓練している記憶力はクジャクの尾のようなもの——その実用性ゆえに印象的なのではなく、著しく実用性がないから印象的なもの——ではないだろうか、と思うようになった。このような古いテクニックは、イタリアの哲学者パオロ・ロッシがかつて言っていたように「知の化石」以上のものではなく、過ぎ去った時代の考え方を教えてくれるという意味では魅力的だが、羽根付きペンやパピルスの巻物と同じように、現代社会にはそぐわないものなのではないだろうか、と思い始めたのだ。

記憶テクニックは「印象的ではあるが、結局は役に立たないもの」と、常に非難されてきた。17世紀のイギリスの哲学者フランシス・ベーコンは、「一度聞いただけで大勢の名前や大量の単語を復唱することを……曲芸師や綱渡り芸人や旅回りの喜劇役者がやっている技術程度以上には評価しない。片方は脳で、片方は身体で、面白くはあるが価値がないことをやっている」と述べている。彼は記憶術をまったく「不毛」なものだと考えていた。

16世紀、イエズス会修道士マテオ・リッチは、官吏登用の資格を目指している中国人に記憶術を紹介しようとしたが、拒否された。リッチはヨーロッパの宗教を広めるにあたって、まずはヨーロッパの勉強法で中国の人々の心をつかもうとしたのだが、彼らは繰り返しによる丸暗記よりも作業がずっと多い「場所法」に抵抗を感じ、自分たちの記憶法のほうが簡単だし速い、と主張した。その気持ちもわかる気がする。

平均的な記憶力選手権の挑戦者の層は、ウィアード・アル・ヤンコヴィック（スペードの５）のコンサートの客層と似ている［訳注：アル・ヤンコヴィックはパロディソングで有名なミュージシャン］。若者、白人、ジャグリングマニアが圧倒的多数を占める。そんな中で、礼拝用の服を着た10人程度の学生が、毎年欠かさず全米選手権に出場している。サウスブロンクスにあるサミュエル・ゴンパーズ実業高校の生徒で、彼らにアメリカ史を教えているのは、トニー・ブザンの信奉者であるレイモン・マシューズだった。

私は記憶術を頭脳の曲芸だと思う気持ちを消せないでいたが、マシューズはそれと反対のことを示そうとしていた。「アフリカ系アメリカ人の精粋《せいすい》が同胞を貧困から救う」というＷ・Ｅ・Ｂ・デュボイス［訳注：アメリカの歴史家、黒人解放運動家］の思想にちなんで、彼は記憶力選手権に向けて指導している学生グループのことを「才能ある10分の１」と呼んでいた。

２００５年の全米記憶力選手権で初めてマシューズに会ったとき、彼は会場の後ろで心配そうに歩きながら、ランダムワードの種目で生徒のスコアが出るのを待っていた。数名の生徒がトップ10入りを狙っていたが、マシューズにとって、学生たちの記憶力を測る真のテストは、２カ月半後に学生たちが受けるニューヨーク州リージェンツ試験［訳注：ニューヨーク州で公立高校を卒業するために必要な資格試験］だった。マシューズは学年末までに、全米記憶力選手権と同じテクニックを用いて、アメリカ史の教科書に載っているすべての重要な事実、日付、概念を記憶させようとしていれた。

た。彼は、記憶術が教室という〝現実の世界〟で使われている様子を見たらどうか、と言ってくれた。

私は彼の申し出に応じて、金属探知機を通り、警官に鞄の中身をチェックされてから、ゴンパーズ高校の校舎に入った。マシューズは、記憶術が、学生たちがその地区――学生の10人中9人が読み書きと計算で全国平均を下回り、5人中4人が貧しい暮らしをし、約半数が高校を卒業していない――から出るためのチケットになる、と考えていた。教室の後方に座っている私の前で、彼は生徒たちに「引用文を記憶することによって、もっと説得力をもった人間になれる」と語った。「君たちが感銘を受けるのは、自分の意見を長々と話す人と、先人の思想を引き合いに出して語る歴史家のどっちだ？」

その後、1人の学生が19世紀の世界貿易に関する質問に、ジョゼフ・コンラッドの代表作『闇の奥』のあるパラグラフを引用して答えるのを聞いた。「APテストで、彼はあのように引用文を使って解答するでしょう」とマシューズは説明した［訳注：APテストはカレッジボードが主催するテストで、これにパスすれば大学における単位などの特典が得られる］。彼はあごひげを生やし、髪を短く刈り込み、スタイリッシュな服を着て、強いブロンクスなまりで話す。彼の論述試験では、記憶した引用文を必ず2つ以上入れなくてはならない。でも、これは彼が生徒たちに求めることのほんの一部にすぎない。放課後も学生たちは、記憶テクニックの課外授業を受けに教室にやってくる。

「子どもに掛け算だけを教えることと計算機を与えることの違いなんです」と、マシューズは生徒に伝授している記憶術について話した。驚くことではないが、「才能ある10分の1」の生徒全員が過去4年間のリージェンツ試験に合格している。そのうちの85％は90以上のスコアを取っていた。マシューズは全市最優秀教師賞を2回受賞している。

「才能ある10分の1」の生徒はシャツを着てネクタイを締めることが義務づけられ、学校の集会では白手袋をはめることもある。教室にはマーカス・ガーベイとマルコムXのポスターが貼られている。卒業時には、金色のエンボス加工で「Talented Tenth（才能ある10分の1）」と書かれたケンテ布［訳注：ジャマイカの伝統織物。もともとは王侯貴族など、身分の高い人物だけが身にまとった儀式用の布］が与えられる。

毎回、授業の始めには、全員起立して通路をはさんで向かい合い、3分間の宣言書を一斉に暗唱する。「われわれは、社会が輩出すべき最高の集団である。歴史の試験では常に95％以上を正解する。同胞の先頭に立って歩む。われわれの栄光とともに歩み、ともに頂点に立とう。それ以外に道はない。われわれが頂点に立ったのちには、あとに続くあなたたちも引っ張り上げよう」

マシューズのクラスの43名は、「才能ある10分の1」に選ばれるという難関をくぐり抜けた優秀な生徒だ。そしてマシューズに厳しく鍛えられる。「旅行に行けないんです」と、1人が私にこぼした。近くでそれを聞いていたマシューズは、「あとで休むために、今勉強するんだ」と、その生徒に言った。「今、本を読んでおけば、そのうち誰かが君の本を読むようになる」

マシューズの成功は、教育の目的とは何かという問題を提起した。教育が始まったときから続く、永遠に答えが出そうにない問題である。知性とは何か？　学校は何を教えるものなのか？　記憶することの意義が消えつつある今、現代教育における記憶の位置づけはどうあるべきなのか？　記憶の外部装置があるというのに、なぜわざわざ子どもたちの頭の中に事実を詰め込まなくてはならないのか？

私は、初等教育と中等教育の過程で、公立学校と私立学校の両方で「ゲティスバーグ演説」（3年生）、マーチン・ルーサー・キング・ジュニアの演説「私には夢がある」（4年生）、マクベスの「トゥモロー・スピーチ」（10年生）の3つの文章を暗記させられた。うんざりだった。現代教育の理想から「暗記」より遠くにあるのは体罰くらいだろう。

授業から暗記が徐々に消えていく、そのルーツとなった思想を、18世紀スイスの哲学者ジャン＝ジャック・ルソーの『エミール』に見ることができる。これは「自然の教育」によって育てられ、自己体験を通じてのみ学ぶ架空の子どもを描いた作品である。ルソーは暗記に代表される学校制度のもたらす拘束を嫌い、「読書は子どもにとっては災難だ」とも書いている。伝統的な学校教育のカリキュラムでは、中身のない「紋章学、地理学、年代学、言語学」程度を学ぶことしかできない、と考えていた。

ルソーが反発した教育的イデオロギーは確かに退屈でつまらないものであり、大幅な修正が必要だった。『エミール』が出版されてから100年以上たって、ジョゼフ・マイヤー・ライス博士が36都市の公立学校を視察した際、そこで目にした光景に唖然とし、ニューヨーク市のある学校については、「これまで見た中で最も人間らしさを欠いた学校で、子どもたちは『憶えることや話すことはできるが、個性や感性、魂をもっていないもの』のように扱われていた」と評した。[1]

20世紀に入っても、情報、特に歴史や地理の知識を子どもたちの頭に叩き込む方法として丸暗記が推奨されていた。生徒は、詩、有名なスピーチ、歴史上の日付、スケジュール、ラテン語、州都、アメリカの歴代大統領などを暗記させられていた。

暗記訓練は、ただ教師から生徒へ情報を伝達するだけのものではなく、子どもたちの脳に建設的な影響を及ぼし、その後の人生に役立つものだと考えられていた。それによって記憶力が増強すると考えられていたのだ。憶える〝内容〟が大事なのに、記憶力を訓練するという事実だけが重視されていたのである。

20世紀の初めにアメリカの高校生の約半数が習っていたラテン語も同様である。教育者は、この古い言語の数え切れないほどの細かい規則や難解な語形変化を暗記することで、脳の論理的思考能力が鍛えられ、「精神の鍛錬」[2]になると信じていた。退屈は美徳とされた。この教育者たちの拠りどころとなっていたのが「能力心理学」――精神はいくつかの「能力」が集まってできていて、それぞれの能力は筋肉のように厳しい練習によって個別に鍛えることができる――という、当時流行していた科学理論である。

19世紀の終わり、ある先導的立場の心理学者グループが「能力心理学」の経験的根拠に疑問を抱き始めた。ウィリアム・ジェームズは1890年、著書『心理学の諸原理』の中で、「毎日一定量、詩を暗記するトレーニングを行うことで、まったく別種の詩を暗記する時間が短縮されるかどうか」を検証している。彼は連続8日間、1日2時間以上をかけて、ヴィクトル・ユゴーの詩『サテュロス』の最初の158行を暗記した。1行を暗記するのに平均50秒かかった。これを初期値とし、初見の『失楽園』の第1巻を暗記した。そして再びユゴーの作品に戻ると、暗記のペースが1行57秒まで落ちていた。暗記の訓練は彼の能力を向上させるどころか、悪化させていたのである。

その後、アメリカの心理学者エドワード・ソーンダイクと同僚のロバート・S・ウッドワースも、暗記の訓練によって「記憶力全般が影響を受けるかどうか」を検証し、それほどの影響がないということを示している。彼らは、「精神鍛錬」に副次的な利益がついてくるというのは「おとぎ話」であり、記憶のような基本的なスキルは、かつて考えられていたような、ある対象に対してできたからといって別の対象にもできるようなものではないとの結論を出した。「ソーンダイクの実験によって従来のカリキュラムの拠りどころが崩れてしまったことを、教育者はすぐに思い知った」と、教育史家のダイアン・ラヴィッツは語っている。

それを受け、ジョン・デューイに代表される進歩的な教育者グループが、それまでの窮屈なカリキュラムやメソッドを根本から否定する新しいタイプの教育を主張し始めた。彼らによって、ルソーが理想とする「子ども中心」の教育が再び提唱されて丸暗記が撤廃され、「経験による学習」が導入された。生徒は教科書に載っている植物の解剖図を暗記するのではなく、種を植え、庭の手入れをして生物学を学ぶ。九九《くく》の表からではなく、ケーキのレシピから算数を学ぶ。デューイは、「子どもが『知っています』ではなく、『やったことがあります』と言えるようにしたい」と述べている。

前世紀は記憶にとって特に災難の時代だった。進歩的な教育改革によって、記憶力を鍛えるのは過酷で、しかも人を無能にし、時間の無駄になるだけでなく脳の発達にも有害であるという考えが刷り込まれた。学校は生《なま》の知識を重視しなくなり――どちらにしても大部分は忘れてしまう――論理的思考能力や創造力、自立的思考を育むことに重きを置くようになった。

しかし、それが大きな過ちだった可能性はないだろうか。１９８７年、アメリカの著名な教育学者Ｅ・Ｄ・ハーシュは、「現代の若者は、かつての教養人なら誰でも知っていたことを知らない」と述べている。彼は、学生たちが良き市民に求められる最低限の教養を身につけないまま社会に送り出される――50年足らずでアメリカの17歳の3分の2が、南北戦争が勃発した年を言えなくなってしまった――ことを憂い、一種の反改革を行って、もう一度「事実」に目を向けることが必要だと主張した。批評家たちは、ハーシュは「Dead White Males 101」［訳注：「Dead White Males（死んでいる白人男性）」は、歴史的偉人とされてきた人物（主に白人男性）を偏重する思想のこと。「101」は初級コースの意］のカリキュラムを支持するつもりなのか、と批判した。

その意見に反論できる人間がいるとすれば、それはマシューズだ。彼は、確かに教育の内容はヨーロッパ中心になるが、大切なのは「事実」を学ぶことの重要性だと主張している。教育の目的の1つが知識欲のある聡明な人間を育てることなら、学ぶときに生徒を導いてくれる基本的な道標《みちしるべ》を与える必要がある。12世紀の教職者、サン・ヴィクトルのフーゴーの言う「教育の効用とは、教育の記憶にほかならない」ということが真実だとすれば、教わったことを記憶にとどめるための最高の道具を生徒に与えたほうがいいだろう。

「授業では、『暗記』という言葉は使っていません。教育上、ふさわしくない言葉ですから」と、マシューズは言う。「暗記ならサルにでもさせることができます。知識とは情報を自由自在に検索し、分析する能力のことです。情報を検索できなければ、それ以上のことを学ぶことはできないし、分析もできません」。そして、そもそも情報が頭に入っていなければ、検索もできない。「学ぶこと」と「記憶すること」を分けて考えるのは間違っている、とマシューズは力説する。記憶しないで学ぶことはできないし、本来、学ばないことには記憶することもできないのである。「心身の健康のために柔軟性を高め、筋力、持久力を鍛える。それと同じように、記憶も1つの技術として鍛える必要がある」とブザンは言う。彼の話は、昔の能力心理学を擁護しているように聞こえることが多い。「学生は学び方を学ぶ必要がある。だから、まず学び方を教え、それから学ぶべきことを教えるのだ」

ブザンはこうも言っている。「正式な学校教育のルーツは軍隊にある。軍隊は、最低限の教育しか受けていない、最も教育環境に恵まれていない者が送り込まれるところだった。兵隊は、考えないようにすることを求められ、そのために命令に従わなくてはならなかった。軍隊式トレーニングは厳しく統制された線形の仕組みのもとに行われた。情報を兵隊の脳に注ぎ込み、考えさせずにパブロフの原理で応答させる。それが成功だったかと言えば、答えはイエスだ。そして兵隊にとって楽しいものだったかと言えば、そうではなかった。産業革命によって兵隊に機械を扱うことが求められるようになると、軍隊式の教育はその舞台を学校へと移した。これも成功した。だが、それも長くは続かない」

ブザンはいかにも教祖らしい言動をよくするが、彼の言動をよく見ると、実はプロパガンダという覆いの下に真実が隠されている場合がある。この言葉もその1つだ。機械的繰り返しによる丸暗記――前世紀の教育改革者たちが否定した「繰り返しによって意欲が失われる」方法――は、教育が始まった頃から行われ、今も続いている。しかし、その昔、古典教育の中心だった記憶術は19世紀までにほとんど消えてしまった。その点では、ブザンは正しい。

学校は記憶というものをことごとく誤った方法で教えているというブザンの主張は、教育界を否定するものである。また、革命を思わせる表現もよく使う。だが、ブザンは自覚してはいないだろうが、実際には、彼の考え方はそれほど革命的ではなく、かなり保守的である。ブザンの目的は、優れた記憶力がまだ何らかの価値をもっていた時代まで時計の針を巻き戻すことなのだ。

トニー・ブザンにインタビューの約束を取りつけるのは簡単なことではない。1年のうち約9カ月は講演のため飛びまわっていて、月まで8往復できるくらいマイレージが貯まったと自慢している。さらに、自尊心の強い教祖《グル》につきものの、人を寄せつけない雰囲気を醸し出している。最終的に私は、世界記憶力選手権でブザンを机の後ろに囲い込み、2時間ほど取材させてもらえないかと交渉した。彼は大判の3穴バインダーを開き、90センチはありそうな、カラフルなパノラマ式の表を広げた。それは前年から続くカレンダーで、スペイン、中国、メキシコは3回、そしてオーストラリア、アメリカと、出張予定が隙間なくぎっしり書き込まれていた。ひと月の3分の1は、イギリスを不在にしている。

彼は、時間が取れるのは早くて3～4週間後になるが――その頃には私はアメリカに戻っている――なんならオックスフォードへ行く途中のテムズ川沿いにある彼の邸宅に（彼は留守だけれども）行って、写真を撮ったらどうかと言った。誰もいない家から何をどうやって吸収したらいいのか聞くと、「学ぶことはたくさんあるよ」という答えが返ってきた。

結局、ブザンのアシスタントのはからいで、彼がロンドンのＢＢＣスタジオでテレビのインタビューを受けたあと、自宅まで戻るリムジンの中で、１時間ほど話をさせてもらえることになった。ホワイトホールの通りの角に行って待つように指示された。「ブザン氏の車はすぐわかりますから」とのことだった。

それは本当だった。約30分遅れて止まったその車は、１９３０年代のタクシーに使われていた明るいアイボリーの車種で、まるでＢＢＣのセットから抜け出して走ってきたみたいだった。ドアが開くと、「中に入って」とブザンが手招きした。「ようこそ、私のささやかな移動式ラウンジへ」

最初の話題は——私が質問したからだが——彼の独特の服装についてだった。

「自分でデザインしたんだ」。彼は、数カ月前に全米選手権で会ったときと同じ、大きな金ボタンのついた風変わりな濃紺のスーツを着ていた。「前は既成品のスーツを着て講義していたんだけど、身体を使って話そうとするときつくてね。そこで15世紀、16世紀、17世紀、18世紀、19世紀の剣士を研究して、どうして彼らは服に締めつけられずに腕を動かすことができるのかを考えた。ああいうひだ飾りや大きな袖は、ただ見せびらかすためについているのではない。丁々発止とやり合うためなんだ。私も自由に動けるようにシャツをデザインしているんだ」

ブザンを見ていると、この人は他人に常に注目されていたい人間なのだと思わずにはいられない。決して言葉に詰まることはない。背筋はいつもピンと伸びている。指の爪も、イタリア製の靴も、よく手入れされていた。胸のポケットには、きれいに折られたポケットチーフをいつも差している。サインを求められれば「Floreant Dendritae!（脳細胞に栄えあれ！）」と書き、留守電のメッセージは「トニー・ブザン、通信終了！」で締めくくる。

その途方もない自信はどこから来るのかと尋ねると、いろいろな武道のトレーニングをしているからだ、という答えが返ってきた。合気道では黒帯をもっていて、空手の黒帯獲得までの道のりは全体の4分の3まで来ているという。リムジンの後部座席に座ったまま、空手の型とシャドーパンチを見せてくれた。「こういう技術を使うコツ、それは使わないことだ」とブザンは言った。「自分が人を殺すことができるとわかっていたら、あるいは相手の目をくり抜いたり、舌を引き抜くことができるとわかっていたら、闘うときに大切なのは何だと思う？」

ブザンを見ているとよく思う。彼は現代のルネサンス的教養人だ。あるときはダンス教室の生徒（社交ダンスにモダンダンスにジャズダンス）、あるときは作曲家（フィリップ・グラス、ベートーヴェン、エルガーの影響を受けている）、あるときは動物の短編小説家（ペンネームは『ジャングル・ブック』の主人公にちなんだ「マウグリ」）、あるときは詩人（最新の詩集『Concordea（コンコルド）』は、彼の38回にわたる超音速コンコルドでの大西洋横断飛行の間に、そのときの様子について書いた詩を集めたものである）、そしてまたあるときはデザイナー（自分の衣装だけでなく、自宅や家具の多くもデザインする）になる。

ロンドンを出て約40分で、アイボリーの四輪車はテムズ川沿いのブザンの地所に入った。彼は、場所は伏せておいてくれと言い、『たのしい川べ』とでも呼んでくれないか」と続けた。「夜明けの門」と名づけられた家の中に入り、靴を脱いで、床のあちこちに散らばっている絵と、挿絵入りの児童書――ブザンはその本の「学校の成績はいまいちだが、想像力は飛びきり優れている少年」を研究していた――を踏まないようにつま先立ちで歩いた。大型のテレビセットがあり、その周囲にはVHSテープが散乱していた。少なくとも100本はある。大広間の本棚には『ブリタニカ大百科事典 グレート・ブックス・オブ・ザ・ウェスタン・ワールド』完全版と、SF小説『砂の惑星』数冊、コーラン3冊、ブザンの大量の著作などが並んでいたが、それ以外には大したものはなかった。

「これがあなたの図書室ですか」と質問すると、「ここには1年のうち3カ月しかいない。ほかにも世界各地にいくつか図書室があるよ」と言った。彼は旅を、そして世俗人としての人生を大いに楽しんでいる。そして年に2〜3冊の本を出版している。以前、そんな集中力を要する仕事をどこでしているのかと聞いたとき、彼は、ほとんどすべての大陸に落ち着いて仕事ができる場所を見つけていると言っていた。「オーストラリアのグレート・バリア・リーフ、ヨーロッパだったら海があるところならどこでも。メキシコでも中国の西湖《せいこ》でも書く」

ブザンは子どもの頃から旅をしていた。1942年にロンドンで生まれたが、11歳のときに両親、兄弟と一緒に――母親は法律速記者、父親は電気エンジニア――バンクーバーに移住した。

「基本的に普通の子どもだったし、普通の学校で、普通の問題を抱えていた」

「一番仲がよかったのは、バリーという子でね」。ブザンは中庭に座って話し始めた。ピンク色のシャツのボタンを外し、目を保護するための大きな老眼用サングラスをかけている。「バリーはいつも1-Dクラスで、私は1-Aクラスだった。1-Aは優等生のクラスで、Dは劣等生のクラス。ところが、自然の中に行くと、バリーは遠くに見える生物を、その動きだけで見分けることができるんだ。例えば、アカタテハと真っ赤なツグミとクロウタドリ。どれもそっくりなのに違いがわかるんだ。天才なんだよ。私は自然科学のテストでトップの成績だった。『イギリスの小川に生息している魚の名前を2つ挙げなさい』というような質問が103問あって、私は満点だったんだ。でも、そのテストが返却されたとき、ふと、その科目で私は1番になったけれども、劣等生のクラスにいるバリーのほうが私よりずっと多くのことを知っているんだ、ということを思い出した。1番はバリーで私ではない、と思ったんだ」

さらにブザンは続けた。「そのときに、突然わかったんだ。私が所属していたシステムは、知性の本質を、頭の良し悪しを見分ける方法をわかっていない、ということがね。私はトップでないのにトップと呼ばれた。バリーはトップなのにビリと呼ばれた。バリーはトップと正反対の評価を受けていたんだ。そこで私は疑問に思い始めた。知性とは何だろう。誰が決めるのだろうか。この人は頭がいいということを、あるいはこの人は頭が悪いということを、誰が決めるのか。決めることにどんな意味があるのだろうか、と」。ブザンがざっと語った自分の生い立ちによると、彼は大学に入るまで、そういった疑問に悩まされたという。

ブザンと記憶術との出会いは、ブリティッシュ・コロンビア大学に入学した最初の日の、1限目の英語の授業の最初の数分間にあったそうだ。その瞬間、彼の人生が決まって現在に至っているわけだ。その英語の教授は「赤毛をひとふさだけ伸ばしていて、それ以外はスキンヘッドの、小柄のレスラーみたいな」気難しい男性だった。手を後ろに組んで生徒の間を歩きながら、学生名簿を完璧にそらで読み上げた。「欠席している生徒がいて、その学生の名前、父親の名前、母親の名前、誕生日、電話番号、住所まで言うんだ」とブザンは語った。「そして私たちを見て、挑発的な笑みを浮かべた。それが記憶力というものに魅せられたきっかけだよ」

授業が終わると、ブザンは教授を追いかけた。「『教授、さっきのは、どうやって憶えたのですか』と聞くと、教授は振り返ってこう言った。『君、私は天才なんだよ』。そこでまた私は言った。『はい、それはわかっています。でも、私は教授がどうやって憶えたかを知りたいんです』。だが、教授から返ってきたのはただ『断る』という言葉だけ。それから3カ月間、私は毎日英語の授業で彼を観察した。彼は聖杯を持っているのに、分け与えるつもりはないんだと思ったよ。学生を見下していて、時間の無駄だと考えているんだろう、とね。そんなある日、彼は『私は君たちとの貧相な関係を始めるにあたり、人間の記憶の素晴らしい力を披露したけれど、誰も気づいていなかった。だから、私がその驚くべき偉業をなしうるのに使った暗号を教えてあげよう。でも、君たちは1人として自分の前に宝があることに気づかないだろうね。豚に真珠というやつだ』と言って私にウインクし、その暗号を示してくれた。それが数字変換法だ。そのとき、自分が何だって記憶できるようになることがわかったんだ」

その後、ブザンは夢見心地で教室を出た。脳という複雑な機械がどのように動いているのか自分はほとんど知らない、ということに生まれて初めて気づいた。おかしな話だと思った。ごく単純な記憶術によって憶えることのできる情報の量が劇的に増えるというのに、20歳になるまでその術を誰も教えてくれなかったのだ。それなら、まだ教わっていないことがほかにもあるかもしれない。

「私は図書館に行って、『脳の使い方についての本を探しているのですが』と聞いてみた。図書館員が案内してくれたのは医学書コーナーだった。そこで私は戻ってまた聞いた。『脳を手術する方法の本ではなくて、脳の使い方の本なんです。ちょっと違うんです』と。すると『そういう本はありませんね』という答えが返ってきた。車やラジオやテレビの操作マニュアルはあるのに、自分の脳の操作マニュアルはなかったんだ」

英語の教授が披露した妙義を解明する本を探しているうちに、気がつくと古代史コーナーに来ていた。教授が、記憶力を向上させる方法の原典が見つかるかもしれないと言っていた場所だ。そして、ギリシャとローマの記憶術について勉強を始め、時間があればテクニックを練習した。『ヘレンニウスへ』の助言どおり場所とイメージを使って試験勉強をし、どの授業のノートも残らず憶えられるようになるまで、そう時間はかからなかったという。

カレッジを卒業してからは、カナダでいくつかアルバイトをした。最初は農業――ブザン曰く「履歴書の一番上に『シャベル作業員』と書くためだけに、その仕事につこうと思ったんだ」――次は建設業。そして1966年、フランセス・イエイツが、記憶術の歴史を扱った現代初の重要な学術書、『記憶術』を出版した年にロンドンに戻り、メンサの国際誌『インテリジェンス』の編集者になった。メンサとは、ブザン自身もカレッジ在学中に所属していたIQの高い人の団体だ。また、同時期に市の職員として、イースト・ロンドン都市部にある問題のある学校で代理教師もしていた。「この脳さえあればどこでも仕事ができたから、どこかの先生がぼこぼこにされたら、そこに行って教えていたんだ」

しかし、どのクラスも、たいていはすぐに担当から外れることになった。もって数日間だった。彼のような熱心な教師であっても、自分ならなんとかできると思える状況ではなかった。問題児たちを救う方法を模索する中で、ブザンはカレッジで最初に学んだ古い記憶術を利用して、自分のあり余る自信の一部でも彼らがもてるようになったら……と考えた。

「私は教室に入り、学生たちに、君らはバカかバカでないのかと聞いた。なぜなら誰もが彼らをバカと呼び、残念なことに、彼らも自分はバカだと思い込んでいたからだ。生徒たちは自分が無能であると刷り込まれていた。私は『では、調べてみよう』と言って、記憶力テストを行った。確かに惨たんたる成績だった。そこで私は『君たちがバカだということは確かなようだ』と言って、記憶テクニックを教えた。それから再テストをすると、生徒たちは皆、20問全問正解した。『君たちは自分はバカだと私に言い、バカだということを証明してみせた。ところが、今度はテストで満点を取った』というようなことを言ってから、彼らに何が起こったのかを考えさせた。試験で満点を取ったことのなかった生徒にとって、これは新しい発見だった」

記憶術を練習するだけでなく、それを教える機会も得て、ブザンは古いテクニックを新たな方向に向けて発展させ始めた。特にノートの取り方を研究し、数年間かけて『ヘレンニウスへ』を利用してノートを取る、まったく新しいシステムを作った。

「私は、究極のノートテイキングの開発を目指していた」とブザンは言う。「そして暗号やシンボル、イメージ、矢印、下線や色を使う方法に行き着いた」。ブザンはこのシステムを「マインドマップ」と名づけ、のちに商標登録した。マインドマップは、中心となる事柄からそれに関連する事柄へ、そこからさらにまた関連する事柄へ……と枝を延ばしていく。概念をできるだけ短いフレーズにまとめ、できればイメージで表現する。いろいろな色を使って、1枚の用紙の中心から外側へ広がるように関連事項を結んでいく。棘《とげ》のたくさん出ている低木やニューロンの樹状突起のような形になる。紙の上にカラフルなイメージが整然と並ぶので、「記憶の宮殿」のペーパー版として機能するものだ。

「記憶は基本的には丸暗記によって行われると思われていた。完全な誤解なんだがね。別の言い方をするなら、頭の中がいっぱいになるまで詰め込んでいたんだ。記憶が実は創造的なプロセスであるということは理解されていなかった。実際、学習や記憶と創造は、方向性は異なっているものの、基本的には同じプロセスだ」とブザンは言う。

「記憶の本質を知り、それを育てるというのは、異なる概念どうしを結びつけるためのイメージを瞬時に創造する能力を開発すること。創造は、異なるイメージどうしを結びつけて何か新しいものを作り、未来に向けて発信すること。それが詩となり、建築物となり、ダンスとなり、小説となる。ある意味、創造は未来の記憶だ」。創造の本質が事実や考え方を結びつけることにあるなら、結びつける能力が高いほど、そして自由に利用できる事実や考え方が多いほど、新しいアイデアが湧きやすくなるだろう。ブザンが好きなフレーズにも、「記憶の女神ムネモシュネは智の女神ミューズの母である」という言葉がある。

記憶と創造は同じコインの裏と表であるという考え方は、なかなかピンとこないかもしれない。一見、記憶と創造は補完的なものではなく、正反対のプロセスのように思える。しかし、それらが同じ1つのものであるという考え方は実は古くからあり、かつては当然のことと思われていた。ラテン語の「inventio」という語幹は、現代英語の目録（inventory）と発明（invention）の語源となっている。[3] 記憶術を訓練した人なら、この「目録」と「発明」の2つの概念が密接に関連していることはすぐにわかるだろう。目録は発明の産物である。新しいアイデアを生み出そうと思ったら、一種の錬金術を使って既存のアイデアを混ぜ合わせるしかない。発明するためには、まず目録、つまり引き出すことのできる既存のアイデアがたくさん必要だ。単なる目録ではなく、索引付きの目録だ。しかるべきときに、しかるべき情報を見つける方法が必要なのだ。

記憶術が最も役に立つのは、実はそういった側面である。記憶術は、記録するための道具というだけでなく、発明と構成の方法でもあったのだ。「十分な記憶がいつでも使える状態になっていて初めて創造することが可能になる、という認識から古代の修辞学教育の基盤が作られた」とメアリー・カラザースは書いている。

脳は最新式の書類棚のように組織化されていて、重要な事実、引用文、考え方が憶えやすいように整頓された引き出しに詰め込まれている。そこでは行方不明になるものは一切なく、また、その場で組み換えや連結もなされる。記憶力の訓練の目的は、論題と別の論題を結びつけ、既存のアイデアの間に新しい関係を築く能力を開発することだった。「古代では、記憶は保持する技術としてより、創造する技術としての側面が重要だった」とカラザースは述べる。「記憶術の訓練をした人は――どんな技術もそうだが――訓練によって得たものを使って、新しいもの――祈り、瞑想、説教、絵画、賛美歌、物語、詩――を創造していった」

1973年、マインドマップや記憶術でのブザンの仕事に注目したBBCの教育部門の主任と彼との会談が実現した。そして、BBCの10回シリーズの番組『頭を使おう』と、その参考図書の『頭が良くなる本』が誕生した。ブザンは一躍、有名人となった。彼は自分が宣伝していた記憶テクニックに莫大な商業的可能性があることに気づき、自分の思想を広め始めた。自分の思想といっても、その多くは古代や中世の記憶に関する論文から拝借したものだが、それを再包装して自己啓発本に詰め直したのだ。

これまでに『Use Your Perfect Memory（記憶力を使いこなそう）』『頭が良くなる本』『人生に奇跡を起こすノート術』『記憶の法則』『Master Your Memory（記憶術をきわめる）』など、約120冊の著作が出版されている。あるとき、ブザンのお抱え運転手と2人きりになったときに、ボスの仕事ぶりについて聞いてみた。「同じ食材に、違ったソースをかけて出す」というのが、彼の個人的な評価だった。

その評価は正しい。ブザンは紛れもなくマーケティングの天才だ。彼は、世界中に自分が認可したインストラクターによるフランチャイズ組織を作った。彼らは記憶力強化、速読、マインドマップのコースを指導するための訓練を受ける。現在、ブザン公認のインストラクターは60カ国以上で300人を超え、世界中でおよそ1000人の教師がブザンの認可した記憶システムを教えている。これまでに発売された著書、テープ、DVD、トレーニングコース、脳ゲーム、講義などの売上を合計すれば3億ドルを超えるだろう、とブザンは見積もっている。

記憶競技のコミュニティは、トニー・ブザンをイエス・キリストの再来だと考えるグループと、誇大広告と脳についての似非科学により金持ちに成り上がった人間と考えるグループに、はっきりと分かれている。後者は、ブザンは「世界規模の教育改革」を謳ってはいるが、自分のメソッドを教育に導入するよりも、世界規模の商業帝国を築くことに成功していると指摘している。これはあながち不当な指摘とは言えない。

エドのような人間——記憶術に真剣に取り組み、現代の教室にまだ記憶術の居場所はある、というトニー・ブザンの根源思想を信じている人間——が特にいらだたしく思うのは、記憶術を伝道しているブザン本人がうさんくささを漂わせていることだ。

ブザンには困った癖がある。記憶力強化トレーニングがどれだけ素晴らしいか、彼がどうやって「何百万人もの人生を変えたか」を語るときに、似非科学や誇大表現を使うのだ。また、「幼児は思考ツールの98%を使っている。それが12歳までに約75%。ティーンエイジャーになる頃には50%まで落ちる。さらに大学生になる頃には25%未満に、社会人になる頃には15%未満になる」といったような突拍子もない発言をしたりもする。

ブザンの脳についての主張がとんでもないものであるにもかかわらず、彼が大勢の人に信頼され、称賛されているという事実は、脳科学がまだ未開の分野であること、そして、多くの人が自分の記憶力は向上すると信じたがっていることの証拠である。ブザンがカレッジで探しまわった脳の操作マニュアルはまだ作成されていないのだ。

しかし、ブザンが似非科学や誇大広告を使っているのが事実であっても、彼の作ったシステムが有効であることを示す科学的証拠はある。ロンドン大学の研究者が最近、ある学生グループに600語からなる文章を与え、半数にはマインドマップを使ってノートを取るように指示し、残りの半数にはいつもどおりノートを取るように指示した。そうして1週間後にテストしたところ、マインドマップを使用した学生のほうが、従来どおりノートを取った学生よりも、その文章の中の事実に基づく知識を10％多く憶えていたのだ。わずかな差かもしれないが、その価値は大きい。

本書の執筆にあたって、私自身もマインドマップを試してみた。その結果、このテクニックはマップを作るときに集中力を必要とし、その集中力が記憶に有効に作用しているのだろうと感じた。一般的なノートテイキングと違って、マインドマップは自動操縦では作れない。情報を洗い出したりまとめたりできる合理的な方法として理にかなっているとは思うが、ブザンが言うような「究極のマインドパワー」や「革命的システム」とは言いがたい、というのが私の感想である。

レイモン・マシューズは、マインドマップや記憶力強化トレーニングの有効性になんら疑いを抱いていない。年度末に、彼の生徒は全米史の教科書の内容について細かく複雑なマインドマップを作る。科学フェアで使うよう3面パネル式のボードを使い、パネルいっぱいに、プリマスロックからモニカ・ルインスキーまで、すべての言葉とイメージを矢印でつないでいく。「APテストのエッセイで、第一次世界大戦の原因について問題が出た場合、生徒はマップの該当部分を頭に思い浮かべるだけでいい。そこに原因が書いてあるんです」とマシューズは言う。

そこにはアーキデューク・フランツ・フェルディナンド皇太子の暗殺者が属していたセルビアの民族主義組織を示すブラックハンドのイメージがあり、その隣にはランニングシューズをはいたマシンガンがある。これは20世紀初めにヨーロッパに広がった軍備拡大競争を表している。その付近に描かれている2つの三角形は、三国同盟と三国協商のイメージだ。

マシューズは、機会さえあれば事実をイメージに変換した。「レーニンの経済システムとスターリンの経済システムの違いを理解するのに四苦八苦している生徒たちに、こう言うんです。『いいかい、レーニンがトイレに座っている。混合経済のせいで便秘のようだ。スターリンがそこに駆け込んできて、何をしているのかと聞く。するとレーニンはもよおして、土地と平和とパンを差し出した』。これなら忘れようもないだろう」

このような記憶方法では断片的な知識しか得られないという批判もある。確かにトイレにいるレーニンとスターリンのイメージが、本当に共産主義者の経済を伝えているとは言いがたい。表面だけなぞって流れを無視したパワーポイントか、もっと言うならクリフスノーツ［訳注：文芸作品のあらすじだけをまとめたもの］式の教育だ。しかし、とマシューズは言う。「ともかく始めることが重要なんです。出発点はどこでもいい。忘れにくいさまざまな記憶を生徒の頭に植えつけることから出発したっていいんです」

情報を聞き流してしまうのは、その情報を取り込むことができないから、という場合が多い。少し前に、私もそのような体験をした。上海を3日間訪問して記事を書くことになったときのことだ。私は20年間にわたる学校生活をどうにか切り抜けてはきたが、中国史についてはごく基本的な事実すら憶えていなかった。明《みん》と清《しん》との違いやフビライ・ハーンが実在の人物であることすら忘れていた。上海での空き時間には、旅行者たちのように街を歩き、博物館を訪れて中国の歴史と文化を理解しようとした。でも、ほとんど何も吸収できずに帰ってきた。新しい事実に結びつけられるような基本的事実を知らなかったので、理解できないことが多くて、何も得ることができなかったのだ。それは〝知らなかった〟ということだけでなく、〝学習する〟能力がなかったということでもある。

このパラドクス——知識を得るために知識を得なくてはならない——について取り上げた研究がある。野球のあるイニングの様子について詳細に書かれた文章を、熱烈な野球ファンのグループ(4)——エリクソンなら「プロ」と表現するだろう——と、野球にそれほど興味のないグループに読ませた。その後、被験者が文章の内容についてどれくらい思い出せるかテストを行ったところ、熱烈な野球ファンは、ランナーが塁に進んだ、得点が入った、というような試合に関する重要な出来事を記憶していて、試合の様子をあたかもスコアブックを読んでいるかのように詳しく再現した。

一方、もう1つのグループは、試合に関する重要な出来事はそれほど記憶しておらず、天気などの背景的なことをよく憶えていた。その試合の様子を詳しく頭に描くことができなかったので、入ってきた情報を処理できなかったのだ。また何が重要で、何が重要でないかがわからず、学習したことを埋め込む概念的フレームワークがなかったため、実質的に健忘症状態になっていたのである。

先に述べたように、アメリカの17歳の３分の2が南北戦争が勃発した年を答えられないと言われている。また、第二次世界大戦でアメリカが戦った国を知らない人は20%、ナサニエル・ホーソーンの小説『緋文字《ひもんじ》（The Scarlet Letter）』のテーマが魔女裁判か手紙《letter》かどちらかわからない[5]人は44%にのぼると言われている〔訳注：『緋文字』は魔女裁判で約２００名の女性が告発され、25名が処刑された１６９２年のアメリカのセーラムでの出来事を題材にしている〕。進歩主義の教育改革は、多くのことを成し遂げ、学校をより楽しく、より興味のもてるものにした。だが、それによって私たちは、個人としても社会の一員としても、犠牲を払うことになった。記憶は美徳を、そして価値あるものを伝える術であり、文化を共有するための方法でもあるのだ。

もちろん、教育の目的は事実の束を学生の頭に詰め込むことではなく、その事実を理解させることにある。マシューズは、誰よりもこのことに賛同している。「言われたことを繰り返すだけの人間ではなく、考える人になってほしい」と彼は言う。しかし、事実を知っているだけでは理解したことにはならないとしても、事実を知ることなしには理解することはできない。知れば知るほど、知ることが楽になっていく。記憶は、クモの巣のように新しい情報をとらえる。たくさんとらえるほど、クモの巣は大きくなる。そしてクモの巣が大きくなるほど、新しい情報をたくさんとらえられるようになる。

私は、その場にふさわしい逸話や事実をいつでも引き出せる人々の知性にいたく感動する。そういった人たちは、多くを学ぶことで広い世界に触れ、遠く離れた場所からも情報を引っ張ってくることができる。知性には、単なる記憶力よりもはるかに大きな価値があることは言うまでもない（年老いた教授が、ほとんど憶えていないのに多くのことを理解しているのと同じように、多くのことを憶えていても、ほとんど理解できていない人もいる）。

しかし、記憶力と知性は、筋肉と運動選手の素質のように密接に関連していて、フィードバックループを通してつながっている。新しい情報の断片は、すでにある情報のネットワークの中に深く埋め込まれるほど記憶に残りやすくなる。また、記憶を埋め込むためのひっかかりとなる関連知識が多ければ多いほど、新しい情報は忘れにくくなる。つまり、どんどん知識が増え、どんどん学ぶことができるということになる。そして憶えていることが多ければ多いほど、世の中を知ることができる。世の中を知ることができるようになれば、もっと記憶できるようになる。

第10章

私たちの中の小さなレインマン

2006年2月、全米記憶力選手権まであと1カ月と迫った頃には、ひょっとしたら選手権でそこそこ戦えるのではないかという気持ちが、確信に変わっていた。練習時のスコアを見ると、詩とスピードナンバーズ以外のすべての種目で、最高スコアが過去の全米選手権の最高点に迫っていた。エドはそのことを過大評価するなと言い、「本番では、誰でも20%以上スコアが落ちるものなんだ」と、何度も同じアドバイスを繰り返した。

それでも私は、自分の進歩にかなり気をよくしていた。トランプ1組を全米記録より1秒速い1分55秒というタイムで憶えることだってできた。その日のトレーニング日誌には、「この種目で本当に優勝してしまうかもしれない」という感想が、「デビトの残っている髪の毛に注目!!」という意味不明のメモとともに書かれていた。

参加型ジャーナリズムを実践すべく始めたことだが、いつの間にか私はのめり込んでいた。記憶競技の世界がどういうものか知りたい、記憶力が実際に向上するかどうか確かめてみたいという思いはいまだにあったが……。私は日に日に自信を深めていったとはいえ、自分が本当に全米選手権で勝つなどというのは、ジョージ・プリントンがアーチー・ムーアをノックアウトしてしまうのと同じくらいありえないことだということはわかっていた［訳注：前者はアメリカのジャーナリスト、後者は同国のプロボクサー］。

エドやトニー・ブザン、アンダース・エリクソンらの話を聞く限り、記憶力を向上させるには、私がやっているような単調なトレーニングをし続けるしかないように思えた。無作為に並んだ膨大な数字や詩を初見で憶える能力や、頭の中に即座にイメージを描ける力を生まれながらに備えている人などいないだろう、と思っていた。

けれどもさまざまな文献をひも解くと、それに当てはまらない並外れた記憶力をもった「サヴァン」と呼ばれる人たちがいることがわかる。ごくまれな存在で、おそらく20世紀に存在したサヴァンは100人に満たない。サヴァンが何より印象的なのは、その特殊な記憶力だ。彼らは無意識のうちに記憶する。そして重度の障害があることが多い。

例えば、レスリー・レムクは盲目で脳に障害があり、15歳まで歩くことができなかった。それでも、たった一度聞いただけで複雑なピアノ演奏を弾くことができる音楽の天才だ。アロンゾ・クレモンスはＩＱは40だが、動物をひと目見ただけでその姿を記憶し、本物そっくりの彫像を作ることができる。19世紀には、耳が聞こえず、口もほとんどきけないが、驚くほど複雑な模型船を作ることができ、「アールズウッド保護所の天才」と呼ばれたジェームス・ヘンリー・プーレンなる人物もいた。

ある日のこと、私は5分間トレーニングで138桁の数字を記憶したあと、テレビの前に座って、いつものようにトランプをパラパラめくっていた。クラブのクイーンを見ながらロザンヌ・バーのことを考え、おどろおどろしいイメージを作ろうとしていたとき、『ブレインマン』という新しいドキュメンタリー番組の予告編が目に入った。サイエンスチャンネルで放送されていたその番組は、ダニエル・タメットという名の26歳のイギリスのサヴァンを取り上げていた。

ダニエルは幼児期にてんかん発作を起こして、それから脳に変化が起きた。彼は複雑な掛け算・割り算を暗算で、見たところ何の苦もなくやってのけたり、1万までの数を素数かどうか判定したりできる。ほとんどのサヴァンは、特殊能力が1種類しかない〝才能の孤島〟だが、ダニエルはまさに〝列島〟だった。瞬時に計算できるだけでなく、「ハイパーポリグロット」（6カ国語以上を話すことができる人）でもあった。彼は10カ国語を話すことができ、スペイン語は1回の週末だけで習得したそうだ。

また、自身でマンティ（Mänti）と名づけた言語も創っている。ダニエルの言語能力を試すため、番組のプロデューサーは彼をアイスランドに連れていき、世界一難解な言語とされているアイスランド語を1週間勉強させた。その週末、番組で彼をテストしたトークショーのホストは「驚いた」と声をあげ、彼の指導を担当した教師は「天才」「人間離れしている」と評価した。

この番組では、2人の世界的な脳科学者――カリフォルニア大学サンディエゴ校のV・S・ラマチャンドランとケンブリッジ大学のサイモン・バロン・コーエン――も、それぞれ1日をかけてダニエルをテストした。2人とも、ダニエルは文字どおり唯一無二の存在だと結論づけた。これまで研究されてきたサヴァンと違い、ダニエルは頭の中で何が起きているかを説明することができた。それも、たいていは詳しく鮮明に話すことができる。ラマチャンドランの研究室の大学院生シャイ・アズレイは、ダニエルが「新しい研究分野を生み出す要《かなめ》になる可能性もある」と語っている。サヴァン症候群の専門家ダロルド・トレッファート博士は、ダニエルは世界でわずか50人しかいない「奇才のサヴァン」だと断言した。

サヴァンは「症候群」と表現されるが、実際には疾患としては認識されておらず、診断基準もない。それでもトレッファートは、サヴァンを3つのカテゴリーに分類している。1つ目は、何か1つの雑学的分野を非常に細かいことまで記憶する「断片的技能」をもつサヴァン。モーター音から掃除機の製造年と型を当てるトレッファートの若い患者がこのグループに属する。2つ目は、絵や音楽といったもう少し一般的な分野で優れた能力を発揮する「天分《てんぶん》のあるサヴァン」。このグループのサヴァンの能力は、その障害を考えれば素晴らしいという程度のものである。3つ目のグループである「奇才のサヴァン」は、障害がなかったとしても文句なしに驚異的と言える能力をもっている。このようなサヴァンは世界にごくわずかしか存在しないので、主観的尺度によって分類されたものではあるが重要な存在である、とトレッファートは考えている。ダニエルのような新しいタイプの驚異的なサヴァンが発見されるのは一大事なのだ。

メディアはダニエルに食いついた。イギリスやアメリカの新聞は、「驚異の脳をもつ少年」として、彼の経歴を詳しく報道した。彼はテレビ番組『レイト・ショー・ウィズ・デイヴィッド・レターマン』に登場し、番組のホストが生まれた曜日を計算して「土曜日」と当てた。『リチャード&ジュリー』という、アメリカで言う『オプラ・ウィンフリー・ショー』〔訳注：アメリカの国民的トーク番組〕のような番組にも出演した。自叙伝『ぼくには数字が風景に見える』はアメリカの『ニューヨーク・タイムズ』紙のベストセラー・ランキングに入り、アマゾンUKのランキングではトップになった。おそらく、世界で最も有名な生きているサヴァンだ。

私が一番興味をもったのは、その並外れた記憶力である。2003年、彼は円周率πを2万2514桁暗唱し、ヨーロッパ記録を更新した。オックスフォード大学科学博物館の地下室に座り、5時間9分かけて暗唱したのだ。彼は、記憶テクニックは一切使わず、生来の記憶力だけでやり遂げたと言っている。知的競技者と同じような能力をもっているように見えるが、彼はその能力をまったく努力せずに手に入れたことになる。とても信じがたい話だ。

一方、私ときたら、何時間も大変な思いをして、これまでに訪問したすべての家、通っていた学校、行ったことのある図書館を思い描き、「記憶の宮殿」を作っている。でも、どうしてダニエルのようなサヴァンが記憶力選手権に出場したことがないのだろうか。きっと訓練を積んだ知的競技者に圧勝するのに……という疑問が湧いた。

ダニエルについて調べれば調べるほど彼と、私が知っている、そして私の近い目標である知的競技者との違いに興味を引かれるようになった。知的競技者の記憶方法はわかっている。彼らは古代のテクニックを使い、厳しいトレーニングによって記憶力を向上させている。私自身もそうしている。だが、ダニエルの想起力がどこから来るものかはわからなかった。彼は、前述のジャーナリストSのように、生来の記憶力を備えているように見えた。彼の脳と私の脳の違いはどこにあるのだろう。そこから私が全米選手権で使えるような秘策が見出せないだろうか。

私はダニエルに面会を求めた。[1]彼は、イギリスのケント州にある景色のよい海辺の町の、葉の生い茂った袋小路の突き当たりにある家に招いてくれた。彼はこの家に、ニールというパートナーと住んでいる。私たちは2日間、午後の間ずっとリビングルームで紅茶を飲み、フィッシュ・アンド・チップスを食べながら話をして過ごした。

ダニエルは短いブロンドヘアの細身の青年で、眼鏡をかけ、その顔つきは鳥を思わせた。礼儀正しく、腰が低くて人当たりがよく、異様なほど雄弁だった。自分の桁外れの記憶力についても、『ザ・ホワイトハウス』がアメリカで最もよく練られたテレビ番組だと考える理由について話すのと同じように、すらすらと説明してくれた。私は多少なりとも変わった人物を予想していたので、彼がごく普通に見えることに驚いた。私の知っている何人かの知的競技者より普通なくらいだ。実際、彼が話してくれなかったら、変わったところがあるとは思わなかっただろう。しかし、見かけと違って普通ではないんだ、とダニエルは言った。「15年前に僕に会っていたら、『あの子は自閉症だ』と思ったはずだよ」

ダニエルは9人兄弟の長子だった。イースト・ロンドンの公営住宅で育ち、「ディケンズの小説に出てくるようなとても苦しい」幼少期を過ごした。『ぼくには数字が風景に見える』の中には、彼が4歳のとき、てんかんの大きな発作を起こしたことが書かれている。「なにかいつもとは違っている感じがした。部屋の四方がぐぐっと離れていくような気がし、部屋の明かりが外に漏れていき、時間の流れが滞り、それからためらうように動きだした瞬間のことだった」。父親がタクシーをつかまえてダニエルを緊急治療室に運んでいなかったら、その発作は彼の命を奪っていた。命は取りとめた。ダニエルはそのとき、自分がサヴァンになったと思っている。

ケンブリッジ大学のバロン・コーエンによると、まれな2つの疾患が合わさってダニエルのサヴァンとしての能力を生み出している可能性があるという。1つは共感覚。ジャーナリストSを苦しめたのと同じ、複数の感覚が結びついてしまう疾患である。ある推論によると、共感覚には100種類以上のタイプがあるという。Sの場合は、音を聞くと視覚心像が浮かぶ。ダニエルの場合は、それぞれの数字に独自の形、色、質感、感情の〝トーン〟を感じる。

例えば、9は背が高く、濃紺で、不気味な感じ。37は「オートミールのようなどろどろした感じ」、89は降ってくる雪に見えるのだという。彼が言うには、1万までのすべての数字に対してこのようなイメージを描けるので、鉛筆と紙がなくてもすばやく暗算ができるのだそうだ。2つの数字を掛け合わせるには、頭に浮かんだ2つの数字のイメージを見る。すると直観的に、何もしなくても、2つのイメージの間に答えの数字のイメージが浮かぶのだという。

「結晶ができるような感じ。写真を現像するのに似ているかな」とダニエルは言った。「割り算は掛け算と逆になる。数字のイメージを思い浮かべて、それを分けるんだ。木から落ちる葉のように」。ダニエルは、共感覚によって描いたイメージが、無意識のうちに数字の性格を符号化したものになっていると考えている。例えば、素数は「小石のような感じ」で、「なめらかで丸い。因数に分解できる数字のようなとがったところがない」。

ダニエルのもう1つのまれな疾患は、「アスペルガー症候群」という高機能自閉症［訳注：自閉症スペクトラムのうち、知的障害がないもの］の一種である。自閉症は1943年にアメリカの小児精神科医、レオ・カナーによって初めて言及された疾患である。彼は自閉症を一種の社会的障害とみなし、患者は「人をあたかも物であるかのように扱う」と説明している。感情移入能力の欠如に加え、言語能力の遅れ、細部に集中してこだわる、同一性を保つことに執着する、などの特徴がある。

カナーが自閉症についての初めての論文を書いてから1年後、オーストリアの小児科医ハンス・アスペルガーが、自閉症とよく似ているが高い言語能力をもち、知的障害が少ない若い患者についての論文を発表した。彼はその若い患者たちのことを、ごくごく専門的なテーマについて驚くほど豊富な知識があることから「小さな教授」と呼んだ。そして1981年になって、ようやくアスペルガーは1つの症候群として認識されるようになった[2]。

ダニエルをアスペルガーと診断したのはコーエンである。彼はケンブリッジ自閉症研究センターを運営していて、偶然にも共感覚の世界的権威だった。「今の彼を見たら、ある種の自閉症だとは思わないかもしれないね」と、ある日の午後、コーエンはケンブリッジの研究室で紅茶を飲みながら話してくれた。「彼の発達の経過を聞いて診断を下したんだ。私は彼にこう言った。『君の育ってきた様子を聞くと、以前はアスペルガー症候群があったと思う。でも、今の君はうまく適応していて、診断の必要がないくらいよくなった。診断を下すかどうかは、君次第だよ』と。彼は『診断してください』と答えた。そして診断によってダニエルの自分に対する見方が変わった。よかったよ。彼の経歴に合った診断だった」

自叙伝でダニエルは、アスペルガーと診断されないまま成長したことの影響について、かなりの量を割いて言及している。「ほかの子どもたちはぼくのことをどう思っていたのだろう。ほかの子たちのことをまったく覚えていないので、よくわからない。子どもたちはぼくの視覚と感触の世界の向こう側にいた」。少年時代のダニエルには些細なことに執着する癖があった。パンフレットを集め、何でも数をかぞえ、1970年代の人気デュオ、カーペンターズにまつわる膨大な知識を憶えた。

また、物事を文字どおりにしか受け取ることができないせいで、トラブルになることも多かった。例えば同級生に向かって中指を立てるジェスチャーをして叱られたが、なぜだかわからなかった。「どうしたら、指が人を侮辱することができるんだろう」。人の気持ちもなかなかわからなかった。「嘘じゃない。僕は頑張ってここまで来た。ごく普通の人間になり、人と話すことができるようになるまで、話を終わらせるタイミングを察することができるようになるまで、目を見て話すことができるようになるまで、必死に頑張ったんだ」

ダニエルは回復が難しいと言われている症状を克服したように見えるけれども、まだひげを剃ることも、車を運転することもできない。歯ブラシが歯をこする音で気が狂いそうになる。人が集まる場所は苦手で、小さなことにこだわりすぎる。朝食のときは、デジタル式のキッチンスケールでオートミールをきっかり500グラム計る。

私は『ブレインマン』のことをベン・プリドモアに話した。彼がその番組を見たかどうかが知りたかった。ダニエルのように、ベンが自分で獲得した技術に匹敵する才能を生まれもった人間が、いつの日か記憶競技に出場するかもしれない。そのことが怖くないか気になったのだ。「確かその男は少し前に選手権に出場していたよ」と、ベンは淡々と答えた。「だけど、名前は違っていたような気がする。当時は確かダニエル・コーニーと言っていた。僕の記憶では、彼はかなりいい成績だったよ」

ほかにも何人かの知的競技者に、ダニエルについて聞いてみた。ほぼ全員が『ブレインマン』を見ていて、何かしらの意見をもっていた。ダニエルがサヴァンだというのはきっと嘘で、基本的な記憶術を使って憶えているのだろう、という見方が大半だった。「彼のしていることは、僕らにもできる」と、8回にわたって世界チャンピオンに輝いたドミニク・オブライエンは言った。『ブレインマン』の撮影の際、カメラを向けられたオブライエンは、「彼は知的競技者としてはナンバーワンにはなれないと思う。僕の感想はそれだけだ」と言ったが、そのインタビューはプロデューサーの判断で最終編集版からカットされた。

知的競技者がダニエルをうらやましく思う理由はいくつかある。ダニエルの記憶力は彼らとほとんど変わらないのに、世間での位置づけは大きく異なる。知的競技者が人知れずせっせと練習に励む一方で、ダニエルの疾患は大衆の関心を集めているのだ。

記憶競技の統計がまとめられているサーバーを調べてみると、確かにダニエル・コーニーなる人物が世界記憶力選手権に2回出場し、2000年には4位に入っている。私が会ったダニエルと名前は同じだが、姓が違っていた。実は、彼は2001年に合法的に姓を変えていた(3)。私は、ダニエルが自叙伝で、自分の特異な記憶力について述べていながら、世界記憶力選手権で4位だったことに触れていないことにひっかかりを覚えた。

私は知的競技者が集まるオンラインフォーラム「Worldwide Brain Club」(WWBC)で、ダニエルの名前を探した。なんとダニエルは、世界記憶力選手権に出場していただけでなく、記憶競技をもっと本格的に、もっと大衆受けするものにして、メディアの関心を集めるための提案までしていた。さらに私が驚いたのは、2001年にこのフォーラムに彼が投稿したメッセージだった。それは彼独自の「マインドパワーの秘密」を伝授する「マインドパワーと記憶力向上のためのトレーニング」の広告のようなものだった。秘密とは何だろう？　なぜ私と会ったときにその秘密を教えてくれなかったのだろうか。

サヴァンが私たちを惹きつける——ダニエルが科学者からも大衆からも注目される——理由、それはその異質さと、不可能に思えることを簡単そうにやってのける能力だ。言ってみれば、彼らは異星人のような存在であり、万物の自然法の歩く例外である。知的競技者の記憶力にも驚きはするが、それはトリックでしかない。手品のトリックと同じように、方法がわかり、自分にもできることがわかれば、それほどのインパクトはなくなる。だが、サヴァンにはタネも仕掛けもない。彼らにとって、記憶はトリックではなく才能なのだ。

しかし今、私は、自分とダニエルの差——私たちとダニエルの差——は、思ったほど大きくはないのではないか、と考え始めていた。ドミニク・オブライエンが言っていたように、ダニエルは超人的な才能を持って生まれたまれな存在なのではなく、きちんとした訓練を経てサヴァンのようなトリックを使えるようになった人間なのだとしたら？　そうだとしたら、彼と私の違いは何なのだろうか。

サヴァンの記憶力といえば、ダニエルに匹敵する人物がもう1人いる。キム・ピーク、別名レインマンだ。ハリウッド映画でダスティン・ホフマンが演じた主人公のモデルになった1951年生まれの「奇才のサヴァン」である。彼の記憶力は世界一と言っていいだろう。ダニエルに会ってから、今度は故郷のユタ州で暮らしているキムに会って、2人を比較し、この名高き天才たちに共通する点を見つけ、サヴァン症候群の本質に迫ってみようと考えた。

キムは彼の父であり介護者であるフランに付き添われ、無償で講演会ツアーのようなことを行っている。私が訪ねた日は、ユタ州のソルトレイクシティにある高齢者施設のレクリエーションルームにいた。30人ほどの高齢の女性たちが、キムに雑学クイズを出そうとやってきていた（論理的に考える問題や推理問題は避けてください、とフランがお願いしていた）。

酸素タンクをつけている女性が、南米で一番高い山について尋ねた。「アコンカグア山」。正解だ。ちょっとした雑学マニアなら知っている知識だろう。高さは2万2320フィート（約6803メートル）と答えた（あとでわかったのだが、正解には500フィートちょっと足りなかった）。脚を切断して車椅子に乗っている女性が、1930年代で3月に復活祭があった年は何回あるかと質問した。彼が即座に答える。「1932年3月27日、1937年3月28日」。最後のほうは早口になり、今にも笑い出しそうだった。

さらに施設のプログラムディレクターが彼に、1964年以降の『Reader's Digest Condensed Books（リーダーズ・ダイジェスト要約集）』第4巻に収録されている書名を質問した。キムは5つとも答えた。ハリー・トルーマンの娘の名は？——マーガレット。ピッツバーグ・スティーラーズがスーパーボウルで勝利した回数は？——4回。『コリオレーナス』の最後の台詞は？——「いまに至るもその痛手を嘆き悲しませているとはいえ、ねんごろな追悼を営んでやろう。手をかせ」

「彼は忘れるということがありません」とフランは言った。9000冊以上の本を1ページ約10

秒のスピードで読み(4)（左目が左のページを、右目が右のページを読む）、その内容をすべて憶えている。シェイクスピア大全集も、クラシック音楽の有名な曲のスコア（総譜）も憶えている。最近観た『十二夜』の舞台では、ある役者が台詞の順を入れ替えてしゃべったためキムが大きな発作を起こし、劇場は照明をつけて舞台を中断せざるをえなくなったという。彼はもう生の舞台を観ることはできない。

ダニエルと違い、キムは見るからに異質さを感じさせた。銀髪で、熊のような体つきをしていて、プラスチック製の分厚い茶色の眼鏡をかけている。頭はだいたいいつも45度の角度で横に傾いている。そして片方の手でこぶしを作り、それをもう片方の手で覆っていて、興奮すると手を開いたり閉じたりする。世界で彼ほど会話の中に故事やことわざ、誰かの名言などを差しはさむ人はいないだろう。彼の頭の中は事実と数字であふれていて、そういった情報が脈絡なく――彼の中ではつながっているのだが――次から次へと出てくる。

先の施設で、あるアルゼンチン人女性がキムにコルドラ生まれであることを話すと、キムは瞬時に彼女の故郷に通じる主要道路の名前を言い、「アルゼンチンよ、泣かないで」と歌い始めた。私はなんとも言えない不快な思いを抱いた。続いて、唐突に「君はクビだ！」と叫んだ。フランが説明してくれた。アルゼンチンのファーストレディ、エバ・ペロンの生涯を描いたミュージカル映画『エビータ』の中でその歌を歌っていたのが主役のマドンナ。そのマドンナとかつて恋仲だったのが、バスケットボールのスター選手デニス・ロッドマン。そのロッドマンは、１９９９年のにロサンゼルス・レイカーズから解雇された――そういった一連の情報をキムは瞬時に思い出したのだという。

キムは、彼の尋常ではない博識さと観客の笑い声の間に、パブロフの犬のような関係を発見したようだ。最近、ゲティスバーグの住所を聞かれたときに、「ノースウェスト表通り227。でも、リンカーンはそこにひと晩しかいなかった。あの演説は次の日に行ったものだ」と答え、聴衆の笑いを誘った［訳注：ゲティスバーグは南北戦争の激戦地で、リンカーンが「人民の、人民による、人民のための政治」の演説をした地］。その後キムは、その話をしょっちゅうしている。

キムは「キムピューータ」と呼ばれるのを気に入っているが、フルネームはローレンス・キム・ピークと言う。「ローレンス・オリヴィエとラドヤード・キプリングの『少年キム』からとったんです」とフランが説明した。難産の末にキムが生まれたとき、すぐにただならぬ異常があることが見てとれた。頭は普通の幼児より3分の1ほど大きく、臀部にはこぶし大の水ぶくれがあったが、医師たちはリスクを恐れて切除しなかった。生後3年間は頭に重しがのっているかのように頭を床につけて這って移動し、4歳になってようやく歩くことができるようになった。両親は、ロボトミー［訳注：統合失調症などの治療のために前頭葉白質を切り離して神経経路を切断する手術。現在は行われていない］を勧められたが、結局、キムに大量の鎮静剤を投与することを選んだ。そして14歳になって鎮静剤から解放されたとき、初めて本への興味を示したという。それ以来、彼はずっと本を記憶し続けている。

おそらくキムは世界の誰よりも膨大な知識を手に入れることができるが、知識を何かの目的のために使うことは、世界中の誰よりも苦手だろう。IQは87。礼儀作法の本をどんなにたくさん記憶しても、社会的な作法は――好意的に言っても――彼にとって難解なものだった。こんなこともあった。ソルトレイクシティの公立図書館のロビーの人混みの中、彼は立ったまま私の肩に太い腕を回して私の身体を自分の腹部に密着させ、腰をくねらせると、「ジョシュア・フォア、君は最高、最高だよ」と、通行人がギョッとするような大声で私に話しかけた。そして「君はカッコいいよ。今どきの男の中でナンバーワンだね」と言うと、低いうめき声を発した。

キムの行動のメカニズムは、科学ではまだ解明できていない。『レインマン』でダスティン・ホフマンが演じている人物とは違って、おそらく自閉症ではない。自閉症と診断するには社交的すぎ、まったく別の疾患だと思われる。1989年1月、『レインマン』が公開されたのと同じ週にキムの脳をスキャンしたところ、小脳（知覚認知と運動機能に関連する部分）が著しく膨張していた。以前スキャンしたときには、脳梁《のうりょう》（脳の左半球と右半球をつないで相互連絡を可能にするニューロンの太い束）の欠損が認められた。非常に珍しい疾患であることは確かだが、それが彼のサヴァンらしさにどう影響しているかはまったくわかっていない。

キムと私は、午後の大半をソルトレイクシティの公立図書館4階奥にあるテーブルに並んで座って過ごした。キムはこの10年間、平日のほぼ毎日を、ここで電話帳を憶えて過ごしている。その日も眼鏡を外してテーブルに置き、「さあ、始めるか」と言うと、ワシントン州ベリングハムの電話帳をめくり始めた。私も負けまいと「記憶の宮殿」を準備し、電話番号を1つのイメージに変換し、姓と名についても同じ作業をして、2つのイメージを結びつけようとした。エドがこの場にいたら、そうしろと言うだろう。だが、簡単にはいかなかった。

そのことをキムに説明したが、理解できないようだった。私が1列目の4番目か5番目の名前に取りかかったときには、彼はもう次のページにかかろうとしていた。私はどうやったらそんなに速くできるのか聞いてみた。すると彼は顔を上げ、テーブルの上の眼鏡をじっと見つめた。私の言葉で作業を中断させられて、動揺しているようだった。そして、「憶えるだけだよ！」と叫ぶと、再び電話帳に顔を埋《うず》めるようにして、その後30分間は私を無視していた。

サヴァン症候群を説明する理論を構築するのが難しい理由に、この症候群の表れ方が人によって違うということがある。しかしサヴァンには、ある神経学的異常——脳の左半球の損傷——が見られることが非常に多い。キムもそうだった。サヴァンが卓越した能力を発揮する視覚や空間認知などの分野のほとんどが右脳によってコントロールされており、言語など、主に左脳がコントロールする分野についてはほぼ例外なく障害がある。この事実は実に興味深い。サヴァンには言語障害を伴うことがきわめて多い。ダニエルに違和感を覚えた理由の1つには、彼が非常に雄弁だったことがある。

左脳活動が遮断されることで、ずっと潜伏していた右脳の能力が解放されるのではないか、という説を唱える研究者もいる。実際、左脳に外傷を受けてから突然、サヴァンのような能力を獲得した人たちがいる。

例えば、1979年にオーランド・セレルという10歳の少年が左側頭部に野球のボールを受け、それからカレンダー計算や毎日の天気を憶えるといったことに、並外れた能力を発揮するようになった。また、カリフォルニア大学サンフランシスコ校の脳神経学者ブルース・ミラーが、前頭側頭型認知症（ＦＴＤ）という比較的多い脳疾患の高齢患者について研究を行ったところ、ＦＴＤが左脳に局在している場合、それまで絵筆や楽器をもったことがなかった人が、人生の幕を閉じようとする寸前で驚くほどの芸術的・音楽的才能を発揮するケースがあることを発見した。ほかの認知能力が衰えるのに伴って、狭義のサヴァンになっていくのだ。

このように自然発症的にサヴァンになる人がいるという事実は、私たちの誰の中にも、サヴァンの驚異的な能力がある程度は眠っているということを示唆している。ダロルド・トレッファートが言うように、誰の脳の中にも「小さなレインマン」が隠れているのかもしれない。小さなレインマンは、「左半球という専制君主」の圧政のもとで外に出られないだけなのだ。

さらにトレッファートは、並外れた記憶力をもつサヴァンは、事実や数字などの陳述記憶を保持する仕事を、もっと基本的な非陳述記憶を処理するシステムにゆだねているのではないか、と考えている。非陳述記憶を処理するシステムとは、自転車の乗り方や打ち上げられたボールのキャッチの仕方を無意識に思い出すときに機能するシステムのことだ（このシステムのおかげで、健忘症のＨＭが鏡を見ながら絵を描いたり、自宅の住所を知らないＥＰが近所を散歩することができる）。ボールをキャッチしようと手を構えるとき、脳は瞬時に距離、軌道、速度を計算するといった大変な処理をしている。犬と猫を区別するときも同じだ。私たちの脳は、驚くほど複雑で高速な処理を無意識のうちにしているのである。その処理が行われていることすら自覚できないことがほとんどなので、このプロセスを説明するのは難しい。

しかし、そうした下位の認知処理にアクセスする方法もないわけではない。例えば、絵画の基本的なトレーニングとして、ネガティブスペース・ドローイング［訳注：影を見てその輪郭だけを描く］とコントゥール・ドローイング［訳注：紙を見ずに被写体だけを見て描く］という2つの練習方法がある。この練習の目的は、上位の意識処理（椅子を椅子として認識する）を遮断し、その下にある認知処理を活性化させる（椅子を抽象的な形や線の集合体として見る）訓練をすることにある。上位の処理を遮断するには相当な訓練が必要になる。トレッファートは、サヴァンは生まれつきそのようなことができるのではないかと考えている。

上位の処理を遮断できれば、サヴァン以外の人間でもサヴァンになれるのだろうか。実際に、選択的かつ一時的に脳の一部の機能を止める技術がある。経頭蓋《けいとうがい》磁気刺激法（ＴＭＳ）というもので、収束磁場を利用して標的となるニューロンの電気的発火を消す。この効果は1時間以上続く。比較的新しい方法だが、うつ病、心的外傷後ストレス症候群（ＰＴＳＤ）、片頭痛など多様な問題の非侵襲《ひしんしゅう》的な治療法として利用されている。

だが、特筆すべきなのは、治療の手段としてよりも、むしろ実験の手段としての可能性である。人間の脳を実験台にすることについては、解決しがたい倫理的問題がつきまとう。生きている人の脳であれこれ実験することはできないので――ＨＭが教えてくれたとおりだ――これまで脳神経科学者は、基本的には、ＥＰのような非常に珍しい脳損傷による〝自然による実験〟の結果から学ぶしかなかった。しかし、ＴＭＳによって脳の特定の領域のスイッチを自由に入れたり切ったりすることができるようになってからは、自分が研究したい脳の特定の部位に病変がある患者が来るのを待たなくても、繰り返し実験を行うことができるようになった。

ＴＭＳを実験ツールとして広めたオーストラリアの神経科学者アラン・スナイダーは、この技術を用いて左前頭側頭葉（サヴァンではこの部位に損傷が見られることが多い）の機能を停止させ、サヴァンではない人に一時的にサヴァンのような芸術的能力を誘発させることに成功している。被験者の左側頭葉の機能を止めると、記憶から正確な絵を再現する能力が向上し、スクリーンに点滅する点の数を瞬時に数えることができるようになる。スナイダーはこの装置を「創造性増幅機」と呼んでいるが、「サヴァンになる帽子」と言ったほうがふさわしいかもしれない。

『ブレインマン』でダニエルは13÷7を暗算していた。小数点以下の数をつらつらと答え、計算機で表示できる桁数を超えてしまったので、コンピュータを持ち込んで答え合わせをしなくてはならなかった。また、3桁の数字の掛け算を数秒で暗算し、37の4乗は１８７万４１６１と即答した。私にとっては、ダニエルの暗算力は彼の記憶力よりもはるかに印象的だった。

暗算という複雑なテーマを調べるうちに、記憶術と同様に、この分野にも膨大な数の文献が存在し、世界選手権もあることがわかった。実際のところ、Ｇｏｏｇｌｅで暗算方法を検索して練習を積めば、誰でも3桁の数字の暗算ができるようになる。決して簡単とは言えないが（実は私も試してみた）、習得不可能な技術ではない。(5)

私はダニエルに暗算をしてみせてほしいと何回か頼んでみたが、彼は1回も承諾しなかった。「僕の両親が恐れていたことの1つは、僕が見世物になることだった」と彼は言った。「僕は頼まれても計算はやらないと両親に約束しなくてはならなかった。科学者は例外だけれど」。テレビカメラの前ではやっていたのだが……。

私は、ダニエルが計算しているときに指で何かをしていることに気がついた。彼は、答えが形になるのが見えると言っていたが、カメラは彼の人差し指が机の表面を滑る様子をとらえていた。頭の中で数のイメージが離れたりくっついたりするという彼の主張を考えると、指を動かすのは奇妙だった。

何人かの専門家と話をしたところ、暗算で掛け算をしたことのある人なら、彼の指の動きに心当たりがあるということがわかった。2つの大きな数字の積を計算するときに一番よく使われているのは、斜めの線を引いて掛け算する方法だ。この方法では、1桁ずつ計算していって最後にそれを合わせる。私の目には、ダニエルがこれをテーブルの上でやっているように見えた。でも、彼はただ集中するためにやっているだけだ、と言い張った。

「こういった暗算をできる人は世界中にたくさんいるけど、まだけっこうインパクトはある」と、ベン・プリドモアは言う。記憶競技に参加する以外に、ベンは2年ごとに行われる暗算ワールドカップにも出場し、鉛筆も紙も使わずに8桁の数字を掛け算するなど、ダニエルよりもはるかに高度な暗算をやってのけている。このようなトップレベルの暗算競技者の中に、数字の形が融合したり分かれたりするのが頭の中に浮かぶなどと言う者はいない。皆、本やウェブサイトに載っているテクニックを使っていることを隠しはしない。

その手の本『Dead Reckoning: Calculating Without Instruments（推測航法：道具を使わずに計算する）』の著者であるロナルド・デルフラーに『ブレインマン』を見てもらい、感想を聞いた。ダニエルの数学的能力について「どれにもそれほど驚かないですね」と評し、「暗算について世間で言われていることには誤解が多いのです」と付け加えた。

ダニエルが1万未満の素数をすべて言えることについても、ベンは驚かない。「基本的な記憶でしかないよ」。1万未満の素数は1229個しかない。たくさんの数字を憶えなければならないが、πを2万2000桁記憶するのとは比較にならない。

ダニエルが唯一自ら披露してくれたサヴァン的技術であるカレンダー計算も、調べてみるとあまりにも単純で驚くほどのものではないことがわかった。過去1000年間のイースターの日を全部憶えているキムのようなサヴァンは、カレンダーの規則を理解するのではなく、自分の一部にしているように見えた。しかし、誰でもそのようなことはできるようになる。いたってシンプルな曜日の計算方法がいくつかあって、インターネット上で公開されている。1時間ほど練習すれば、誰でもすらすら計算できるようになる。

ダニエルと話せば話すほど、彼の話に疑いを抱くようになった。例えば数字の9412がどんなふうに見えるか、間隔を空けて二度、ダニエルに質問したところ、まったく違う答えが返ってきた。最初は「9から始まっていて、そこは青くなっている。滑るような動きをしている。坂のようなものもある」と言った。だが、2週間後に聞いてみると、長い沈黙のあとに「数字は飛び飛びになっている。それから、点と曲線がある。本当はとても複雑な数字だ」と答えた。「数字が大きくなるほど、言葉にするのが難しくなる。だから、インタビューでは小さな数字についてしか話さないようにしている」とも語った。確かに、共感覚者も時として一貫性を欠くことはあるだろうし、ダニエルは私と会話しているとき、終始、比較的小さな数字についてしか言及しなかった。その点では、見事に一貫していたとも言える。

それでは、ダニエルが「ＷＷＢＣ」に投稿していた「マインドパワーと記憶力向上のためのトレーニング」の広告は何なのだろう。私はケント州の彼の自宅を再び訪れ、２００１年に彼が投稿した広告のプリントを渡し、どういうことかと聞いてみた。彼の驚異的な記憶力が何の苦労もなく獲得したもので、テクニックを使う必要がないのであれば、なぜ彼はテクニックを教える商売をしようとしていたのだろうか。ダニエルは床の上に脚をまっすぐ伸ばし、また元に戻した。

「あれは22歳のときだった。僕には金がなかった。経歴といったら、世界記憶力選手権に出場したことくらいだ。だから、記憶力を向上させるトレーニングを教えようと思ったんだ。世界選手権に行ってみて、ここに来ている人たちが、もともと記憶力がいいわけではなくて、努力して記憶力を鍛えているということを知った。そのときはみんなが嘘をついているんだと思った。だけど、記憶法なら教えられるんじゃないかと思ったんだ。僕は自分を売り込まなきゃいけない状況だった。売れるのは自分の脳しかないと思ったんだよ。それで、トニー・ブザンみたいな奴を利用した。『脳を広げよう』なんて言っていたけれど、本当はそんなことしたくなかった」

「記憶テクニックは使っていないんですか」と私は聞いた。

「使ってない」と、ダニエルはきっぱりと言った。

生まれつきのサヴァンであるというダニエルの話がでっちあげだとしたら、相当な虚言癖があると思われる。でも、彼がサヴァンらしくふるまって本当の自分を隠そうとしている、訓練を積んだただの知的競技者だとしたら、どうして自ら科学的な検査を受けようとしたのだろう。

ダニエルが彼の言っているとおりの人間かどうか誰にわかるだろう。長い間、科学者は共感覚の存在すら疑っていた。この現象をまがいものだとか、子どもの頃の数と色の関係が続いているにすぎないなどとして片づけていた。文献で症例が報告されても、その人の脳の中で不思議なことが起きているということを証明する手段はなかった。

そうした中、1987年にバロン・コーエンが、この状態を綿密に評価する初めての方法である「真の共感覚検査」を開発した。この検査では、ある言葉を聞いたときに浮かんでくる色を答えてもらい、それを一定期間続けて一貫性を見る。コーエンがこの検査をダニエルに行ったとき、彼は難なく合格した。それでも私は、訓練を積んだ記憶の達人なら同じようにうまくやれるのではないか、と考えずにはいられなかった。(6)

もう1つ、ダニエルが受けた別の検査の結果にも、私は違和感を覚えた。顔についての記憶力の検査で、彼は惨たんたる成績だったため、コーエンは「顔を憶える能力が損傷している」という結論を出した。これを聞く限り、彼は顔を憶えるのが得意ではないように思える。それでもダニエルは、世界記憶力選手権の「顔と名前」の種目で金メダルを取っているのだ。おかしくはないだろうか。

ダニエルの共感覚をもっとはっきりと見る検査は、fMRIだろう。数から色を思い浮かべる共感覚者の多くは、数字を読むように指示されると、脳の中の色を処理する部位が明るくなる。その様子をfMRIで実際に見ることができるのだ。コーエンがfMRIの専門医と共同でダニエルの脳を調べたときは、この現象は見られなかった。[7]「通常は共感覚で活性化するはずの線条体外領域が活性化しなかった」という。つまり、彼の共感覚は、もっと難解で概念的なものだと思われる、とコーエンらは結論づけた。しかし、以前に「真の共感覚検査」に合格していたという実績がなかったら、このfMRIの検査結果から、ダニエルは共感覚者ではないというまったく別の結論が導き出されていた可能性もある。

「ときどき、研究者たちの実験対象になるのは苦痛ではないか、と尋ねる人がいるが、ぼくにはまったく気にならない。研究者に協力することで人間の脳の仕組みがわかるようになれば、あらゆる人に利益をもたらすことになるとぼくは思う。それにぼくにしても、自分のこと、自分の頭の中の動きが詳しくわかれば、こんなにうれしいことはない」と、ダニエルは自叙伝に綴っている。だが、アンダース・エリクソンが、ダニエルに独自の厳密な基準による検査を受けてもらおうと彼の研究室に招待したとき、彼は多忙を理由に断った。

ダニエルの受けたいずれの検査にも見られる問題点は、ダニエルがサヴァンであるかどうかを検査し、サヴァンであるなら普通の人間ではないと考えていることである。彼の経歴を考えれば、検討すべきは、世界一有名なサヴァンが実は訓練を積んだ知的競技者である、という可能性についてであろう。

ダニエルと初めて会ってから約1年後、彼の広報担当者から、もしよければもう一度彼と会わないかというEメールが届いた。今度は彼が滞在しているニューヨークのミッドタウンのおしゃれなホテルで朝食をとりながら、ということだった。彼は、『グッド・モーニング・アメリカ』の出演と、著書『ぼくには数字が風景に見える』の宣伝のためにニューヨークに来ていた。この本は最初アメリカで出版され、『ニューヨーク・タイムズ』紙のベストセラー・ランキングでノンフィクション部門の第3位に入っていた。

コーヒーを1杯飲み、スポットライトを浴びる彼の生活について他愛ないおしゃべりをしたあと、私は再び――いや三度目になるが――数字の9412がどんなふうに見えるか質問した。彼はハッとしたような顔をして、それから目を閉じた。私が何の意図もなくその数字を出してきたのではないことがわかったようだ。そして手で耳をふさいだ。2人の間に長くて重い沈黙が続いた。「頭の中にはあるんだ。でも、説明できない」。ついに彼はそう言った。

「この前私が質問したときは、ほぼ即答でしたよ」

ダニエルはもう少し考えて言った。「群青色で、先がとがっていて、ピカピカ光って漂流している感じだったかな。あるいは94と12として見えていて、その場合は三角形とか、その類の形に見える」。そう言って、肘をついて手を組んだ。顔は真っ赤になっていた。「いろんなことによって変わってくるんだ。その数字がちゃんと聞こえたかどうかとか、数字の分割の仕方とか。それと疲労度も影響する。時には間違えることもある。間違った数字が見えるんだ。似ている数字と勘違いする。だから実際に科学者に検査をしてもらいたかった。それならそういったストレスはないから」

私はこれまで2回の彼の9412についての描写を読んで聞かせた。まったく違う2つの描写を。そして、私の立てた仮説――証明するのが難しいことはわかっているが――を話した。彼が他の知的競技者と同じ基本的なテクニックを使っているということ、そして00～99の数それぞれに簡単なイメージを結びつけて憶えている、つまり知的競技者が使う最も基本的なテクニックを使っているという事実を隠すために、数字についての途方もない共感覚的描写を身につけているというものだ。誰かに対して、こんなに言いづらいことを言ったのは初めてだった気がする。

ここしばらくの間、ダニエルのことを本書に書くか書くまいか、悩んでいた。ある晩遅く、本章の下書きをそろそろ提出しなければと思って、彼の名前をもう1回だけインターネットで検索してみることにした、見逃していることがないか調べたり、1年間私の書類棚に入っていた彼の資料をざっと復習する程度の軽い気持ちで始めたことだった。するとどういうわけか――なぜ今まで見落としていたのかわからないのだが――「danieltammet.com」というウェブサイトのキャッシュを見つけた。2000年に作成され、少なくとも3～4年前にはオンラインから消えたサイトである。製作されてから7年目のダニエルの自己紹介のページに、『ぼくには数字が風景に見える』には書かれていない過去が驚くほど率直に書かれていた。

15歳のとき、試験の成績を上げたくて、記憶の概念について書かれた子ども向けの本をなんとなく見てみたのがきっかけで、記憶、そして記憶競技に興味をもつようになった。翌年、いくつかの科目でその年の最高点を取ってGCSE〔訳注：中等教育修了試験〕に合格。その後もこの確実な記憶方法のおかげで成績はA。フランス語とドイツ語を修得……記憶競技に惹かれるようになり、数カ月間の徹底的なトレーニングと勉強のあと、知的競技者として世界トップ5の位置にたどり着いた。

数年前にダニエル・コーニーが使っていたのと同じEメールアドレスから投稿されたいくつかのメッセージも見つかった。投稿者名はダニエル・アンダーソンとなっていた。彼は自分のことを「人望と才能のある霊能者で、20年にわたり他者を救い、力を授けてきた」と書いていた。投稿メッセージには、彼が幼少期に経験したてんかん発作によって霊能力を得たと書かれていて、「人間関係、健康、お金、失恋、亡くなった人との交信など、どんなことについても相談にのることができる」彼の電話相談室の予約用のリンクが張られていた。

この投稿メッセージのことをダニエルに聞いてみた。6年前、ダニエルはてんかん発作によって霊能力を使えるようになったと言っていた。そして今、発作によってサヴァンになったと言っている。「なぜ疑われているかわかっていますか」

彼はなかなか口を開かなかった。考えをまとめているようだった。そして、「困ったな」と言った。「記憶力のトレーナーとして自分を売り込むのに失敗してから、霊媒師の広告を見つけた。これなら自宅で、電話を使ってできる。僕には理想的だった。霊能力があったわけじゃないんだ。1年ほどその仕事をしたかな。ほかに収入がなかったからね。僕がアドバイスしてくれないって、よく叱られたよ。実際、ほとんど話を聞いているだけだった。これは人の話に耳を傾ける機会なんだと思って割り切っていたんだ。今は、そんな仕事はしなければよかったと思う。だけど僕は必死だった。人生は複雑だ。自分が公衆の前に出ることになるなんて思ってもみなかった。僕が検査を受けたのは、科学者のお墨付きが欲しかったからなんだ。僕が偽物なのかどうかを判断するのにふさわしい人たちだから。そして彼らは――いい？　1人だけじゃないよ――僕が本物のサヴァンだ、と言ったんだ」

最後の面談の時間も終わりに近づいたところで、私はダニエルに「世界一有名なサヴァンと言われているけれど、あなたが本当にサヴァンであるとは、どうしても信じられないんです」と言った。「信じたいと思っていますよ。だけど、信じられないんです」

「君をだますつもりだったら、君を欺《あざむ》くつもりだったら、必死で練習しただろう」と、ダニエルは素直に言った。「そう思ったなら、銃の連射だって、サーカスの輪くぐりだって、なんだってやるよ。だけど、君が僕をどう思おうと、本当に気にしていないんだ。君だから、というわけじゃない。誰が僕をどう思おうと気にしない。自分のことはわかっている。僕が目を閉じたとき、頭の中で何が起きているかわかっている。そして、数が僕にとってどんな意味をもっているのかわかっている。そういうのを説明するのは難しい。君が簡単に分析できるような言葉に置き換えられないんだ。僕が何かを守ることが得意な人間だったら、じっくり考えて、君たちみんなをびっくりさせるようなことをするだろうな」

「あなたはすでに、みんなを驚かせていますよ」

「人は科学者を信じ、科学者は僕を調べた。そして僕は科学者を信じている。彼らは中立だ。メディアとは違って、特別な切り口で物事を描くことには関心がない。彼らが興味をもっているのは真実だけだ。メディアに対しては、僕はありのままの僕でいる。たまたまとても調子のいいときもあるし、緊張してしまうときもある。あまりいい印象は与えられないと思う。僕は人間だ。人間だから矛盾もある。君は僕にインタビューしたほかの誰よりも、僕を普通の人間として扱ってくれた。僕を偶像化しなかった。君の目線で僕を見てくれた。そのことを大切にしたい。僕は天使でいるより人間でいるほうが楽なんだ」

「それは、私があなたのことをただの人間だと思っているからかもしれません」と私は言った。その言葉を発したときに、自分は本当はそう思っていないということに気づいた。ダニエルのことでもどかしいのは、彼が普通ではないことを私が知っているという点だ。実際、ダニエルが桁外れに頭がいいということは断言できる。記憶力を鍛えるのにどの程度の労力が必要か、私は知っている。やるのは誰でもできる。けれども、ダニエルのレベルでやれる人はそうはいない。私はダニエルが特別だと確信している。ただ、彼が主張しているような意味では特別だとは思っていない。

私はダニエルに、あるがままの心で鏡に映る自分を見たとき、本当に自分のことをサヴァンだと思うかと聞いてみた。

「僕がサヴァンかって?」。彼はコーヒーカップを置き、身体をぐっと近づけてきた。「それは、君がサヴァンをどう定義するかによって違ってくるだろう。君は、僕がその定義から外れるようにサヴァンを定義することもできる。キム・ピークを除外するように定義することもできる。そして、世界に1人もサヴァンがいないように定義することもできる」

結局、定義の問題になる。著書『なぜかれらは天才的能力を示すのか——サヴァン症候群の驚異』の中で、トレッファートは、サヴァン症候群を「きわめてまれな症状で、重度の精神障害をもつ人間が……その障害とはあまりにも対照的に、驚異的な能力・異才の孤島を有する場合を言う」と定義している。この定義によると、ダニエルが記憶テクニックを使っているかどうかという問題は、彼がサヴァンかどうかということとは関係ないように思われる。重要なのは、ダニエルに発達障害の病歴があることと、頭脳の面で驚異的な偉業を成し遂げている点だ。トレッファートの定義によると、障害という面はあいまいではあるものの、ダニエルは紛れもない、驚異的なサヴァンである。一方で、トレッファートの定義では、キム・ピークのような途方もない能力をおそらく無意識に、自動的に発揮する者と、それと同じような能力を単調な体系的トレーニングを通じて獲得した者とを分けることができない。

19世紀ではまだ、「サヴァン」という用語は現在とはまったく異なる意味合いをもっていた。当時は、サヴァンというのは学識のある者に与えられる最も栄誉ある呼び名だった。1927年のシャルル・リシェ〔訳注：1913年にノーベル生理学・医学賞を受賞したフランスの生理学者〕の著書『Natural History of a Savant（サヴァンの自然史）』でも、サヴァンとは、いくつかの分野に精通し、抽象的な思想を扱うことができ、「真実の探求に精力を傾ける」人を指す言葉とされていて、珍しい能力とか、驚異的な記憶力といったこととは関係なく使われていた。

しかし、「サヴァン」という言葉の意味に変化を起こすきっかけは19世紀末にすでに起こっていた。1887年、イギリスの眼科医ジョン・ラングドン・ダウンが「白痴のサヴァン」という用語を作った（彼については、ダウン症候群研究のパイオニアとしての功績のほうが有名だろう）。だが、この「白痴の」の部分はやがて、道徳的に適切ではないとみなされるようになって消失する。

そして日々使われる記憶力が退行し、記憶力を鍛えるという考え方から離れてしまった現代では、「サヴァン」は知的な偉業を達成したことを示す学術用語から、普通ではないこと、症候群の名称へと変わってしまった。オリヴァー・サックス〔訳注：脳神経学者であり作家。映画『レナードの朝』の原作者としても有名〕は誰よりも旧来のサヴァンの定義に合致した人間であるが、現在では彼のような人をサヴァンと呼ぶことはない。こんにち、サヴァンと言ってまず思い浮かぶのは、サックスの有名な著書に登場する人間――床にこぼれた111本のマッチを瞬時に数えることのできる自閉症の双子――のほうである。

では、ダニエルのような人のことをどう考えたらいいのだろうか。サヴァンにまつわる最古の神話に、彼らはこの世に天才として生まれることになっていたが、運命のねじれによって、才能を1つだけ残して、あとの能力は残らず奪われてしまった、というものがある。ダニエルはどうだろう。彼が訓練によってπを2万2000桁記憶したり、3桁の数字を暗算したりすることができるようになったのだとしたら、彼はどう評価されるのだろう。彼がそういったことを過酷な修行と努力だけで実現していたとしたら……。だとしたら、彼はキム・ピークより驚異的だということになるのだろうか。それとも逆なのだろうか。

私たちは、世の中にダニエル・タメットがいる、と信じたいのだ。困難な障害と、そして並外れた才能をもってこの世に生まれてきた人々がいるのだ、と。そう信じられたら、自分たちの脳についてのちょっとした夢が広がる。しかしダニエルは、それよりもっと素晴らしいことを教えてくれた。誰の中にも素晴らしい能力が眠っていて、それを目覚めさせればいいのだということを、彼は身をもって伝えてくれたのだ。

＊訳注：ダニエル・タメットの自叙伝の訳は『ぼくには数字が風景に見える』（古谷美登里訳、講談社）より、シェイクスピアの『コリオレーナス』の訳は『世界文学全集第5巻 シェイクスピア』の『コリオレーナス』（工藤昭雄訳、集英社）より、トレッファートの著書の訳は『なぜかれらは天才的能力を示すのか――サヴァン症候群の驚異』（高橋健次訳、草思社）より引用させていただいた。

第11章

全米記憶力選手権

２００６年の全米記憶力選手権では、記憶競技史上初の種目が行われることになった。「お茶会でスリーストライクアウト」という冴えない名前のこの種目は、史上初めてこの競技を全国ネットで放送するケーブルテレビ・ネットワーク、ＨＤＮｅｔのプロデューサーを喜ばせるために考案されたものである。「お茶会」のゲストとして呼ばれた5名がステージに上がって住所、電話番号、趣味、誕生日、好きな食べ物、ペットの名前、車の種類といった自分の情報を10個発表する。

今までの記憶力選手権の方針どおり、実生活の需要に即した種目だった。私は何を準備したらいいのか見当がつかず、ずっとこの種目の練習を棚上げにしていた。そして、大会の1カ月半前になってようやく、2晩にわたりエドと大西洋横断電話を重ね、初対面の人たちのすべての個人情報をすばやく、かつ簡単に保存できるように、特別に「記憶の宮殿」を設計することにした。

私は想像上の建物を5つ作った。「お茶会」のゲスト1人につき1つの建物を割り当てるのだ。それぞれ様式は異なっているが、中央に広間が1つあって、それをいくつかの部屋が囲むという基本の間取りは同じにした。

1つ目の宮殿は、フィリップ・ジョンソンのグラスハウスのような近代的なガラス張りの立方体の家。2つ目は、アン女王朝様式の小塔と渦巻きやごてごてした飾りがついたサンフランシスコ湾を見渡せる建物。3つ目は、カーブしたチタンの壁と反《そ》った窓のついたフランク・ゲーリー風の建物。4つ目は、トマス・ジェファーソンの赤レンガ造りの屋敷「モンティセロ」をベースにした建物。5つ目の宮殿は、壁を全部明るい青色に塗っているほかは特徴のないものにした。

どの家も、台所には住所を、私室には電話番号を入れる。主寝室には趣味を、バスルームには誕生日を格納する。

選手権の3週間前、エドは私が送ったスコアを見直し、ほかの種目の練習は全部中止して「お茶会」だけに集中する必要がある、と電話をかけてきた。私は友人や家族に協力を仰ぎ、架空の経歴を作ってもらい、準備した新しい宮殿を使って練習に取りかかった。ガールフレンドにはロマンチックとは言いがたいディナーに何度か付き合ってもらった（彼女がネブラスカの農家の家族、郊外の主婦、パリのお針子などになりきって自己紹介をし、デザートが来てから私が彼女が言った経歴を復唱するというものだ）。

選手権の1週間前、トレーニングを極限までしたいと考えていたときに、エドからトレーニング中止令が出た。知的競技者は通常、大会の1週間前にトレーニングをストップし、「記憶の宮殿」の大掃除をするのだ。競技の最中に一番困るのは、先週憶えたことを何かの拍子に思い出すことだ。だから知的競技者は「記憶の宮殿」を歩いて、残っているイメージを宮殿から追い出し、頭の中を空っぽにする。「究極を目指すため、選手権前の3日間は誰とも口をきかないという人もいるだろう」とトニー・ブザンは言った。「頭に何か入ってくると、競技のときに作るイメージが邪魔されるかもしれないと思うんだろうな」

私が全米選手権に出場する際にはエドがリングサイドにつく、というのはこのプロジェクトを始めたときからの暗黙の了解事項だった。ところが選手権直前になって、彼は船でオーストラリアに行ってしまった。シドニー大学から「クリケットがもたらす現象学的問題についての哲学研究」をするという話があったからだ（エドは、このスポーツは彼が取り組んでいる「人間の世界を瞬時に認知する力は記憶によって強力に形成される」という論文を書くうえで、雛の雌雄鑑別士やチェス名人に勝る研究対象になると考えていた）。地球の反対側から時間と費用をかけて選手権に来てくれるかどうか、定かではなくなってしまった。

「僕が付き添えないかもしれないから気を悪くしているよね。どうしたら気分を直してもらえるかな？」と、コンテストの数日前にエドはEメールを送ってきた。でも、私は動揺しているというほどでもなかった。私はみんなに、この選手権に出場するのは単なる気まぐれだと言っていた。ある友人には「新しい週末の朝の過ごし方」だと説明した。だが、この「風変わりな選手権」に対する揶揄《やゆ》は、本当は私が絶対に勝つ気でいるという真実を隠すためのものだった。

エドは直前になって、アメリカには行かないという結論を出した。私は彼の助けを借りずにライバルたちを分析し、彼らのこの1年間のトレーニングぶりを推察し、新しいテクニックを披露して驚かせようとしている人がいるかどうか——もしいたら、とても私には太刀打ちできない——を予想した。

前年度チャンピオンのラム・コッリは陽気で物事にこだわらない性格をしていて、挑戦者の誰よりも天賦の才に恵まれていた。彼がヨーロッパ人と同じくらい必死に訓練していたら、ほかの誰にもチャンスはなかっただろうが、彼にはそうした才能はないように見えた。

私の最大の関心はモーリス・ストールだった。エドのようにミレニアムＰＡＯシステムを作ったり、ベンのように２７０４通りのイメージカードシステムを作ったりするのに時間を割く人物がいるとしたら、それはモーリスだろうと推測していた。

選手権の前夜、エドはEメールで最後のアドバイスを送ってきた。「あとはイメージを感じて、心から楽しむだけだ。鮮やかではっきりしたイメージが見えている限り、ちゃんとやれる。順位のことは気にしなくていい。気を楽に。ライバルのことは無視して気楽に行くんだ。君はすでに僕の誇りだよ。そして、忘れないで。傷跡は女性をとりこにする。勝利は永遠に刻まれる」

その晩、私はベッドに横たわって、取りつかれたように各宮殿を歩いた。最初は入り口から出口へ、次は逆回り。モーリスのことが頭から離れず、眠れなかった。前年の選手権前夜のモーリスと同じだ。それは知的競技者にとって、「サッカーの試合前に脚を折るのと同じ」である。

午前3時頃、タイレノールPM〔訳注：鎮痛・睡眠薬〕の助けを借りてやっと眠りについたのだが、恐ろしい夢を見た。ダニー・デヴィート（スペードのキング）とリー・パールマン（スペードのクイーン）が何時間も駐車場でポニー（スペードの7）を乗りまわし、ランボルギーニ・カウンタック（ハートのジャック）を停めた場所を探すものの見つけられない。最後は、2人はポニーと一緒にアスファルトに溶けていき、モーリス・ストールと甲高《かんだか》く笑う不吉なヨーゼフ・メンゲレ〔訳注：ドイツの医師。アウシュヴィッツにおいて人体実験のための選別を行っていた医師の1人〕がその様子を眺めている、というものだ。4時間後に目を覚ますと、目はかすみ、頭がもうろうとしていた。そして、うっかりしてシャンプーを2回もしてしまった。不吉な前兆だ。

コン・エディソン本社の19階でエレベータを降りたときに最初に会ったのは、ベン・プリドモアだった。アメリカでの戦いを偵察するために、イギリスから飛行機でやってきたのだ。マンチエスターの飛行場で、最後の最後にファーストクラスに変更するという贅沢をしていた。「もっとほかのことにお金を使うべきなのかな」と、彼は私に聞いてきた。私は彼のぼろぼろの革靴――靴底はもうはがれそうだった――に目をやって、「そのとおり」と答えた。

「最初の種目が始まる前に、すでに負けてしまった」。そう言って私はベンに眠れなかったこと、2回もシャンプーをしてしまったことを打ち明けた。彼は、睡眠薬の成分がまだ体内に残っているからだろうと言った。睡眠薬を飲んだのは失敗だった、と言いたげだった。

Lサイズのコーヒーを2杯飲みほした。だるさよりも緊張感が強かった。勝つためにやらなければならない一番大切なことができていないなんて、なんてバカなんだろうという思いでいっぱいだった。そうしているうちにモーリスが歩いてきた。テキサスA&Mアジーズの野球帽をかぶり、ペイズリー柄のシャツを着ている。昨年よりもずっと元気そうに見えた。そして、自信に満ちあふれていた。彼は私を見つけると、まっすぐこちらに向かってきて握手を求め、私の隣にいる伝説の人、ベン・プリドモアに自己紹介をした。

「また来たのか」とモーリスは私に言った。それは質問ではなく、断定だった。内緒にしていて彼をびっくりさせようという戦略を立てていたのだが、すでに耳に入っていたようだ。私がエド・クックと一緒にトレーニングをしているという情報を誰かが教えたのだろう。

私は「そう、今年は出場しようと思って」となるべく淡々と答え、「知的競技者ジョシュア・フォア」と書いてある名札を指さした。「ジャーナリストとしていい経験になりそうだからね」。そして「ナンバーズの調子はどう?」と、彼のシステムがアップグレードされたかどうか探りを入れた。

「いいよ。君は？」

「まあまあだ。トランプは？」

「悪くないよ。君は？」

「トランプは大丈夫だ。去年と同じシステムをまだ使っているの？」

彼は肩をすくめて質問には答えず、逆に尋ねた。「昨夜は眠れた？」

「え？」

「眠れたかと聞いているんだ」

どうしてそんなことを聞くのだろう。どうして私が昨夜眠れなかったことがわかったんだ？

それともカマをかけているのか？

「去年、僕があまり眠れなかったことは憶えている？」と彼は続けた。

「ああ、憶えているよ。今年はどうだった？」

「今年はしっかり眠れたよ」

「ジョシュは睡眠薬が必要だったんだ」。ベンが助け舟を出してくれた。

「そうなんだよ。でも、プラセボみたいなものだから」

「一度練習のときに睡眠薬を試してみたんだ。翌朝、数字を憶えながら眠ってしまったよ」。モーリスは続けた。「わかっているだろうけど、睡眠不足は記憶の大敵なんだ」

「ああ」

「どっちにしても、今日は頑張って」

「うん、君も頑張って」

前年までと違ったのは、テレビカメラが何台も会場でせわしなく動きまわり、ステージ正面にはボクシングのアナウンサー、ケニー・ライスと四度にわたって全米チャンピオンに輝いたスコット・ハグウッドが、実況中継をするためにディレクターチェアに座っていることだった。彼らの存在が大会にシュールな雰囲気を添えていた。出場者のレベルが「今までになく高い」と言っているライスの声が聞こえたような気がした。

これまでに見てきた国際大会では、試合直前の競技者は耳あてをして1人の世界にこもったり、ジャグリングで脳の準備運動をしたりしていたが、全米選手権の競技者は眼科検診の順番待ちをしている人のようにうろうろしながら気楽におしゃべりをしていた。私は1人隅に引っ込んで耳栓をはめ、ヨーロッパの知的競技者のように雑念を払おうとした。

シルバーグレイの髪に口ひげを生やしたスリムな58歳の企業経営コンサルタント、トニー・ドッティーノが、会場の前に出て選手権について紹介した。彼は1997年に全米記憶力選手権を設立し、その後13回にわたってその運営に携わっている。ブザンの信奉者で、記憶テクニックを利用して社員の生産性を上げるコンサルティングを生業としている。主要クライアントはIBMやブリティシュ・エアウェイズ、コン・エディソン社——そういったわけで、このような似つかわしくない場所が会場になっている。

「皆さんの力で、我が国の人々に、記憶がオタクのものではないことを知らせましょう」とドッティーノが言った。「皆さんは、私たちの模範なのです。この種のイベントについては、我が国はまだ歴史が浅い。私たちはまだ歩き出したばかりです。皆さんが――」。ドッティーノが両人差し指を私たちに向ける。「歴史を作るのです」。私は、これ以上聞くまいとまた耳栓をはめ、最後にもう一度、各宮殿を歩いた。エドが前に教えてくれたとおり、すべての窓が開いていて、午後の明るい日差しが差し込み、イメージができるだけはっきり見えるような状況であることを確認した。

「歴史を作る」ために、10の州から30数名の知的競技者が集まっていた。ウィスコンシン州のルター派の聖職者T・ミカエル・ハーティ、レイモン・マシューズの「才能ある10分の1」のクラスから10名ほどの生徒たち、そしてバージニア州リッチモンドからは47歳のプロの記憶力トレーナー、ポール・メラーが来ていた。彼は50週全州でマラソンを走り、ニュージャージー州では前の週に車のナンバープレートの番号をすばやく記憶する方法を警官に教えていた。

本命とされる出場者は後列に着く。ドッティーノが優勝候補になると予想した競技者だ。末席ではあったが、私もその列に加わることができた（ドッティーノとは前年に何度か話をしていて練習スコアを常に彼に伝えていたので、私にも勝てるチャンスがあると思っていたようだ）。その中には、サンフランシスコから来た引き締まった体つきの30歳のソフトウェアエンジニア、チェスター・サントスもいた。通称「アイスマン」。物腰が柔らかで控えめな彼には似つかわしくない呼び名だ。彼は前年、3位に入っていた。

おそらくチェスターは私を嫌っている。前年の全米選手権について『スレート』誌に記事を書いたあと、ドッティーノから、その記事を読んだチェスターのメールが転送されてきた。彼は私の記事のことを「最低だ」と批判していた。私がルーカスやエドのことを「驚異的な」人扱いし、全米選手権の競技者を「まったくの素人で、やる気も見られない」と書いたからである。その私が今、たった1年間トレーニングしただけで彼と勝負をするなどとは、彼にとってはこの上ない侮辱だろう。

横からケニー・ライスが、「怖いな。レブロン・ジェームズ〔訳注：プロバスケットボール選手〕に1対1で対戦に挑む週末アスリートみたいだね」と話すのが聞こえてきた。私のことを言っているのだと思った。

アメリカ以外の国で開催される記憶力選手権は、世界記憶力競技理事会が定めた標準ルールにのっとって行われるが、アメリカの選手権は少々異なる。国際大会や他国の選手権ではトーナメント終了時にスコアを合計して勝者を決めるのに対し、全米選手権ではもう少し複雑なステップを踏む。

まず、午前中の予選でペンと紙を使う古典的な4つの「discipline（鍛錬）」――名前と顔、スピードナンバーズ、スピードカード、詩――が行われ、決勝進出者6名を選出する。そして午後には、その6名が「ランダムワード」「お茶会でスリーストライクアウト」「ダブルデッキオアバースト」の3種目を競う。この3種目は全米独自の種目で、テレビ受けを意識して脱落方式で行われる。こうして徐々に人数を減らしていって、最後に残った1名が全米記憶力チャンピオンとなる。

午前の最初に行われるのは「顔と名前」。練習ではいつもかなりいい成績を出していた種目だ。99枚の顔写真を見て、それぞれの姓と名を憶える。忘れにくいイメージを使って顔と名前を結びつけて憶えていく。

例えば、エドワード・ベッドフォードという名前の人物。写真にはあごひげを蓄え、髪の生え際が後退し、薄い色のサングラスをかけ、左耳にイヤリングをつけた黒人男性が写っている。顔と名前を結びつけるため、フォードのトラックの荷台に彼が寝ているところをイメージしようとしたが、それほど印象的なイメージではないので、浮遊ベッドで浅瀬《フォード》を渡るイメージに変更した。ファーストネームを憶えるために、同じベッドにエドワード・シザーハンズ「訳注：映画『シザーハンズ』の主人公で、手がハサミになっている人造人間」も乗せる。パドルを漕ぎながらマットレスを切り刻んでいる様子を思い浮かべた。

ショーン・カークは襟足だけ長く伸ばしたショートヘアで、短い頬ひげを生やし、顔の引きつりが見られる白人男性。これは別の方法で憶えよう。彼とFOXニュースのアンカー、ショーン・ハニティと宇宙船エンタープライズ号のキャプテン・カーク「訳注：アメリカの人気テレビ・映画シリーズ『スタートレック』に登場する船長」の3人が人間ピラミッドを作っているイメージを頭に刻みつけた。

15分後、審判がやってきて写真の束を回収し、ホッチキスで留めた用紙を配った。先ほど渡されたのと同じ写真がプリントされているが、並べ方が違っている。そして今度の用紙は名前が書かれていない。15分以内に、できるだけたくさんの名前を思い出すのだ。

ペンを置いて回答用紙を渡したとき、私は、自分のスコアは真ん中くらいかなと思っていた。ショーン・カークとエドワード・ベッドフォードの名前はすぐに思い出したが、ブロンドの美人、フランス風の名前の幼児など、いくつか思い出せない写真があったので、うまくいったとは思えなかった。

それでも、姓と名を合わせて107個という私のスコアは意外にも3位に入っていた。2位は115個のラム・コッリ、4位は104個のモーリス・ストールだった。そしてこの種目の勝者は、ペンシルバニア州メカニックスバーグから来た17歳の競泳選手、エリン・ホープ・ルーリーで、なんと124個を憶えていた。全米記録だ。これにはヨーロッパ人たちも敬意を表すことだろう。自分の数字がアナウンスされると、彼女は立ち上がって、恥ずかしそうに手を振った。ラムのほうを見ると、ラムもこちらを見て、「彼女は何者だ?」とでもいうように眉を上げていた。

午前の2番目の種目はスピードナンバーズ。私が最も苦手とするものだ。この種目では、エドのコーチングはほとんど役に立たなかった。というのも、私がエドの言うことをほとんど聞かなかったからだ。彼は何カ月も、私にもっと複雑な数字システムを作れと進言していた。エドが何カ月もかけて取り組んでいた「64砲門を備えた軍艦」、あるいはミレニアムPAOとまではいかなくても、ほかの多くのアメリカ人が使用するであろう単純な数字変換法の上をいくものを作るべきだと何度も言われ、一応は彼の言うことを聞いて52枚のトランプについてはPAOシステムを作ったが、2桁の数字のためのシステムまでは手が回らなかった。

私は他の競技者と同じように数字変換法を使って5分間で数字を記憶した。予想では、なんとかそこその94桁。これはアメリカのこれまでの基準でも一流とは言えないスコアだ。しかし、私は88桁目で間違いを犯していた（私が思い浮かべるべきだったのはビル・コスビーではなくて、特大版「人生ゲーム」で遊んでいるミルトン・ブラッドリーの家族だった）。

私は自分のお粗末な結果をモーリスのせいにした。部屋を歩きまわる記者に「もう写真はいいだろう！」と怒鳴る彼の声が、耳あてをしていても聞こえてきたからだ。それでも87桁で5位に入った。そのモーリスは１４８桁で全米記録を樹立し、２位は１２４桁のラムだった。エリンは52桁しか記憶できず、11位。私は立ち上がって伸びをし、３杯目のコーヒーを飲んだ。「競技者たちはＭＡと呼ばれています。ＭＡとは『mental athlete《知的競技者》』のことです」。ケニー・ライスがカメラに向かって熱く語っていた。「しかし、選手権のこの時点では、ＭＡは『mental anguish《精神的苦痛》』でしょう」

数の種目では旧式の方法を使ったが、次の課題、スピードカードでは、私はエドの言う「ヨーロッパの最終兵器」を準備していた。ほかにこの兵器をもっている挑戦者はいない。ほとんどの挑戦者は、１つの場所に1枚のトランプを格納していた。ライスやチェスターのような何年も出場している競技者ですら、せいぜい2枚のトランプを１つのイメージにするくらいだ。実は、全米選手権でトランプ1組をすべて記憶できる挑戦者が出てきたのはここ数年のことである。私はエドのおかげで、ＰＡＯシステムを使って3組のトランプを１つのイメージに圧縮することができるようになっていた。ということは、他の挑戦者のやり方より、50％以上効率よく憶えられることになり、かなり有利だ。私はモーリスやチェスターやラムに他の種目で負けても、スピードカードで点数を伸ばせると考えていた。

ストップウォッチを手にした審判が1人ずつ競技者につき、テーブルの向かいの席に座った。私を担当する審判は中年の女性で、腰を下ろすときに微笑みかけて何か言っていたが、耳栓と耳あてをつけていたので聞き取れなかった。この種目のために、スプレーで黒く塗った記憶用ゴーグルを用意してきたのだが、シャッフルされた1組のトランプが机の上に置かれる瞬間まで、つけるかどうか迷っていた。何週間もゴーグルをつけて練習していたし、観客は私の気を散らせるに違いなかった。

しかし、会場を動きまわっていた3台のカメラの1台が私の顔をズームして大写しにしたそのとき、私は放送を見るであろう知人たちのことを想像した。何年も会っていない高校時代の級友、記憶に対する私の思いを知らない友人たち、ガールフレンドの両親……。そういった人たちがテレビをつけて、真っ黒な巨大ゴーグルをつけ、耳あてをしてトランプを親指でめくっている私を見たらどう思うだろう。結局、世間の目を気にする心が勝ちたいと思う気持ちを上回り、ゴーグルを足元の床に置いた。

会場の前方から元海軍兵の訓練担当軍曹の主審が「始め！」と叫んだ。審判がストップウォッチをカチッと鳴らした瞬間、私はできるだけ速くトランプをめくっていった。上から3枚を同時にめくって、右手に移していく。イメージは、私がほかのどの家よりもよく知っている「記憶の宮殿」――4歳のときに住んでいたワシントンDCの家――に格納していった。セントラルパークの岩の上で、エドのTo-Doリストを記憶したときに使ったのと同じ家だ。

玄関には、豚を解剖している友人のリズ（ハートの2、ダイヤの2、ハートの3）、中に入ると、両耳に大きな輪っかのイヤリングをつけて、エアロバイクに乗っている超人ハルク（クラブの3、ダイヤの7、スペードのジャック）。階段の下の鏡の隣には、車椅子の上でバランスをとっているテリー・ブラッドショー（ハートの7、ダイヤの9、ハートの8）。テリーのすぐ後ろには、パラシュートで飛行機から降りてくるつば広帽子をかぶった小柄な騎手（スペードの7、ダイヤの8、クラブの4）。

半分ほどめくったところで、耳あてを通して、モーリスのドイツなまりが聞こえてきた。「うろうろするな」。おそらく別の記者に向かって文句を言っているのだろう。でも今度は、集中力が途切れることはなかった。兄のベッドルームには、ベネディクト16世の法王帽に放尿している友人のベン（ダイヤの10、クラブの2、ダイヤの6）、玄関のランボルギーニのフードの上には、出血して仰向けに倒れているジェリー・サインフェルド（ハートの5、ダイヤのエース、ハートのジャック）、両親の寝室のドアの下にはアインシュタインとムーンウォークする私（スペードの4、ハートのキング、ダイヤの3）。

スピードカードのコツは、あとでイメージを再構築できるように、スピードとイメージの細かさのバランスを見つけることだ。つまり、必要以上のことを思い浮かべて貴重な時間を無駄にしない程度にイメージを思い浮かべることが重要だ。テーブルに手を置いてストップウォッチを止めたとき、私は自分がその絶妙なバランスにたどり着いたと感じた。でも、どれくらいできたのかはまだわからなかった。

向かいに座っていた審判がストップウォッチを見せてくれた。1分40秒。これまで練習中に出したどのタイムよりいい。それだけではない。全米記録の1分55秒を上回っている。私は目を閉じてテーブルにつっぷし、意味のない言葉をつぶやいた。オタクっぽいし、ささやかなことだけれど、1つのことで、アメリカ人がまだ誰も出したことのない記録を出したんだ、ということを1秒ほど噛みしめた［訳注：全米記憶力選手権では、1組のトランプを憶えるスピードカードは、憶えるのにかかった時間を競う。52枚すべての順番を正確に想起できなかった場合には、憶えた時間が300秒と記録される］。

顔を上げ、モーリス見た。あごの下に伸ばしたひげを触っている。イライラしている様子だった。彼が本調子ではなさそうだとわかり、恥ずかしながら喜びを感じた。次にチェスターに目をやった。自信たっぷりに笑っている。私は不安になった。けれども、彼のほうがおかしかったのだ。彼のタイムは2分15秒と、冴えないものだった。

世界記録は30秒。国際レベルから見たら、1分40秒という記録はまあまあといった程度で、真剣に競技に取り組むヨーロッパ人にとっては、1マイル5分で走るようなものだろう。でも、ここはヨーロッパではない。

私のタイムが伝えられると、カメラと観客が机の周りに集まり始めた。審判は、新しいトランプを取り出してテーブルにのせ、私のほうに押し出した。今度のミッションは、シャッフルしていないトランプ1組を今憶えた順に並べ替えることだ。

シャッフルしていないトランプをテーブルに広げ、深く息を吸い込み、もう一度「宮殿」を歩いた。イメージが、置いた場所にきちんと残っていた。1つを除いて。そのイメージはシャワー室でしずくを滴らせているはずなのに、ベージュ色のタイルしか見えなかったのだ。

見えない――私はあわてた。見えない――できる限り急いで、イメージを1つ1つ見ていった。何を忘れた？　巨大な蹄鉄《ていてつ》？　アスコットタイを締めたキザな男？　パメラ・アンダーソンの豊満な胸？　幸運を運んでくれるアイルランドの妖精？　ターバンを巻いたシーク教徒？　違う、違う、違う――。

私は人差し指で、思い出したカードを並べていった。机の左上の隅にはリズと死んだ豚を、彼女の隣にはエアロバイクにまたがった超人ハルクと車椅子に乗ったテリー・ブラッドショーを置いた。思い出すための5分間の持ち時間を使い果たしたとき、机の上にはトランプが3枚残っていた。それはシャワー室から消えていた3枚、ダイヤのキング、ハートの4、クラブの7だった。バスケットボールと性交しているビル・クリントン。何でこれを見落としていたのだろう？

トランプの山を手早くそろえて重ねて審判のほうに押し出し、耳あてと耳栓をはずした。間違いなくできたはずだ。

1台のテレビカメラが、もっといいアングルを求めて向きを変えるのを待ってから、審判がトランプを1枚1枚めくっていった。私は、憶えるときに使ったトランプで同じことをした。ちょっとしたドラマティックな演出だ。

ハートの2
ハートの2
ダイヤの2

ダイヤの2

ハートの3

ハートの3……

1枚ずつカードを突き合わせていき、最後のカードになった。それをテーブルに置いて顔を上げたとき、顔いっぱいに笑みが浮かぶのをどうにも止められなかった。私はスピードカードの全米記録保持者になったのだ。机を取り囲んでいた人々の間に大きな拍手が起こった。誰かが歓声をあげ、ベン・プリドモアがこぶしを上げた。12歳の少年がやってきて私にペンを渡し、サインを求めた。

なぜだかわからないが、午前の最初の3種目の上位3名は不戦勝の資格を与えられ、午前の最終予選種目である詩は免除されることになった。私は、数字のスコアは低かったけれど、トランプの記録のおかげで2位に残ることができた。1位はモーリス、3位は「アイスマン」ことチェスター。この3人は自動的に準々決勝進出となった。

会場を出た私たち3人とベン・プリドモアは、コン・エディソン本社のカフェテリアに向かって歩いた。みんなで同じテーブルに着き、景気づけのための昼食をとった。3人ともほとんどしゃべらなかった。その後、会場に戻り、ラム、47歳のポール・メラー（50州を制覇したマラソンランナー）、17歳のエリン・ルーリーと合流した。エリンは私たちが会場から退出している間に、詩の種目でその日、彼女にとって2つ目の全米記録を樹立していた。

残ったのはこの6人。競技はセカンド・ステージへと移った。テレビカメラを意識したドラマ性の高い演出が準備されている。鮮やかな3D画像が会場前方のスクリーンに映し出され、派手な照明がステージを照らす。ステージには競技者のために背の高いディレクターズチェアが6脚用意されていて、その上に1つずつ、服につける小型のマイクが置かれていた。

午後の最初の種目はランダムワードだ。国内選手権でのランダムワードは通常、競技者は15分の持ち時間を使って400語のリストからできるだけ多くの単語を記憶し、短い休憩のあと、30分かけて憶えた単語をリストの順にできるだけたくさん書き出す。観客受けする種目ではない。だが、全米選手権ではすべてがステージ上で進行する。手をもむ動作、困ったときに思わず出る声、歌舞伎を思わせる大きな動作などが加われば、ただのスペリング競争も人の心を惹きつける舞台となる。競技者は1人ずつサークルに入り、憶えた単語を1つずつ順に言っていき、答えられなかった2名が脱落する。

リストには、「爬虫類」や「溺れる」などの視覚化しやすい具象名詞と具象動詞に、「憐れみ」や「上品」などの視覚化にくい抽象的な単語が少々混じっている。通常のランダムワードでは、できるだけたくさん記憶することを目指す――「記憶の宮殿」に目いっぱいに詰め込んで、できる限り憶えようとするのは妥当だろう。でも、エドと私は、全米選手権のルールなら、記憶する単語の数をできるだけ抑え、100パーセント正しく憶えるというのが正しい戦略だと考えた。私の目標はたった120語だ。ステージ上の競技者のほとんどは私より多くの単語を憶えるだろう。しかし不安から、自分の能力以上の単語を憶えようとする人もいるに違いない。私は絶対に自分はそうならないようにしよう、と強く思った。

憶えるために与えられた15分が過ぎ、1人ずつステージを進んで、単語を順番に言っていった。「皮肉《ひにく》」……「アイコン」……「日よけ」……「投げ縄」……「苦痛」……。27番目の単語に進んだところで、エリン――午前の部でこれまでのアメリカの知的競技者の誰よりも詩を憶えた彼女――の口の動きが止まった。どういうわけか「麻痺」という、ほかの5人は全員わかった単語が出てこなかった。彼女は椅子に倒れ込み、頭を振った。

その9語あと、メラーが「操作（operation）」を「操作する（operate）」と間違えた。初心者にありがちなミスだ。会場にいたほとんどの人、特にこの勝負の様子を放映しているHDNetのプロデューサーは、少なくとも100語は続く熾烈な消耗戦を予想していて、そんなに早く終わるとは思っていなかったに違いない。「記憶の宮殿」の原理を学んだばかりの人でも、初めての挑戦で30~40語は記憶できる。エリンもメラーも、他の競技者についての判断を誤って、背伸びしすぎたのではないかと思った。こうしてラム、チェスター、モーリス、そして私は、2人の自滅により最後の4人となった。つまり、私は全米記憶力選手権の最終決戦の前に開かれる「お茶会」の一員となったわけだ。

＊　＊　＊

サマードレスを着た背の高いブロンドヘアの女性がステージを歩いてきて、自己紹介した。

「こんにちは、ダイアナ・マリー・アンダーソンと言います。1967年12月22日にニューヨーク州イサカ14850で生まれました。職場の電話番号は929‐244‐6745の内線14。でも、かけてこないようお願いします。ペットを飼っています。名前はカルマ。黄色いメスのラブラドールです。趣味は映画観賞とサイクリングと編物。愛車は1927年のT型フォード。色は黒です。好きな食べ物はピザとゼリービーンズとペパーミント入りのアイスクリームです」

彼女がしゃべっている間、ラムとチェスターとモーリスと私は目を閉じ、それぞれの「記憶の宮殿」に猛然とイメージを格納していった。ダイアナの誕生日12／22／67は、1トンのウェイト（12）が鳩をつぶしている（22）横で、彼女がフルーツシェイクを飲んでいる（67）イメージ。これをビクトリア朝宮殿の浴室の猫足バスタブに格納した。出生地と郵便番号については、ニューヨークのイサカにある有名な峡谷の岩棚を巨大なトラックタイヤ（14）が転がってゲイのカップルの上に着地する（850）イメージを、リネン用クロゼットに置いた。さらに4人の「お茶会」のゲストがステージに現れ、同様に長い自己紹介をした。

この競技は「スリーストライクアウト」と言うとおり、質問を3回答えられなかった競技者から脱落していく。脱落するのは2名。忘却曲線の魔法をかけるために数分間たってから、5人のゲストはステージに戻り、自分自身に関する質問を出した。まず、5人中4番目のゲスト、ブロンドヘアで野球帽をかぶった若い女性が自分の名前を聞いた。列の端に座っていたチェスターは、「スーザン・ラナ・ジョーンズ」と当てた。次に、モーリスが彼女の誕生日を聞かれ、答えられなかった。彼がよく眠れたというのはハッタリだったのかもしれない。モーリス、ストライクワン。幸い、私は彼女の誕生日を当てられた。その答えは、現代風の宮殿の硬い大理石のシンクから取り出したものだ。1975年12月10日。

ラムは、彼女の住所を当てた。フロリダ州ノースマイアミビーチ33180。しかし、チェスターは電話番号を思い出せなかった。チェスター、ストライクワン。モーリスも答えられなかった。モーリス、ストライクツー。カメラが私をズームアップし、10桁の電話番号と内線番号を読み上げるのを待ち構えた。私はレンズをまっすぐ見つめ、「憶えることを放棄しました」と言った。私の作戦は電話番号を憶える対象から外してほかの情報に集中し、電話番号の問題が回ってこないことを願うというものだった。ジョシュ、ストライクワン。

このようにしてゲームが進行し、またモーリスの番となった。彼はその女性の3つの趣味のどれ1つとして思い出せなかった。ゲストが経歴を読んでいる間、居眠りでもしていたのだろうか。モーリスは3つストライクを取られて、アウトになった。

3名がステージに残り、何度もゲストの質問に答えていった。そしてまた、1人のゲストの職場の電話番号を答える質問がチェスターに向けられた。市外局番も内線番号も含めて答えなくてはならない。

チェスターは顔をしかめてうつむいた。「なんでいつも電話番号が回ってくるんだ……僕をからかっているのか?」

「なりゆきですよ」と、このホストとしてステージ左側の演壇の後ろに立っているドッティーノが言った。

記憶力選手権の決勝戦に進むことになった。

「いい加減にしてくれ。電話番号なんて誰も憶えちゃいないよ」

「チェスター、あなたは数字の権威でしょう」

チェスターの席に座っていたら、私だって答えられなかっただろう。私ではなく、たまたまチェスターがその席に座り、たまたま私より先に3つ目のストライクを取られ、たまたま私は全米記憶力選手権の決勝戦に進むことになった。

決勝戦の「ダブルデッキオアバースト」を行う前に、10分間の休憩がアナウンスされた。この種目では、ラムと私は5分間で2組のトランプを憶えることになる（2人のトランプは同じ順に並べられている）。私がステージから下りると、モーリスが私のところに来て肩に腕を回し、「君の勝ちだ」と早口で言った。「ラムにトランプ2組は無理だ。間違いない」。私はありがとうとだけ言って、群衆の中を抜けて会場から出ようとした。階段の下ではベンが両手をいっぱいに広げてロータッチの準備をしていた。

「トランプはラムが一番苦手な種目だ」と、ベンは興奮気味に言った。「もう、絶対勝てるぞ！」

「ねえ、頼むよ。やめてくれよ。縁起が悪い」

「君はやるべきことの半分は午前中に済ませている」

「それを言わないでくれ。呪いがかかるよ」

彼はごめんと言って、ラムにお祝いの言葉をかけようと探しにいった。

横でケニー・ライスが実況中継を続けていた。「全米記憶力選手権の決定的瞬間が近づいています。ラム・コッリは昨年の勝者です。このバージニア州出身の25歳の青年は、今年も勝つことができるのか、それとも新星のジョシュア・フォアが勝つのか。彼は以前、この選手権の記事を書いたジャーナリストです。そして今、勝利を懸けて戦っているのです。この最後の種目『ダブルデッキ』は1対1の心理戦です」

こんなことを言うと怒られそうだが、ベンとモーリスが正しいことはわかっていた。ラムは2組はおろか、1組のトランプでも5分で記憶できるかどうかというレベルだ。汗ばむほどのライトに照らされ、テレビカメラが顔に向けられる。緊張しすぎて失敗しないように──それだけでいい。そうすれば、金色のマニキュアを塗った銀の手は私のものになる。

座って耳栓をしたあと、私は2つ目のトランプの山を脇にどけた。ラムより1枚多く記憶すればよかったので、1組目の山をできるだけ完璧に憶えることにしたのだ。52枚のカードを何度も見て5分間を過ごした。途中で隣のテーブルのラムをちらりと見た。彼は1枚のカードを手に持ち、珍しい昆虫か何かのようにじっと見ていた。なんてことだ、もう彼は終わりだ──。

5分間が過ぎ、どちらが先に答えるかをコイントスで決めた。ラムは裏だった。私が表。どちらが先かは私が決めることになった。

「ここが肝心だ」。私は襟につけたマイクが拾うことのできる程度の声でつぶやいた。目を閉じ、できる限りのスピードで憶えたトランプの並び順を思い出し、「記憶の宮殿」に穴がないかどうかチェックした。穴というのは、どういうわけだかイメージが格納できなかった場所のことだ（そう、午前中もあった）。穴があるなら、そのカードはラムに押しつけたかった。しばらくして、私は目を開けた。「私からいきます」

そして、約1秒考えて、「待ってください。やっぱり、ラムから先に」と言った。勝つための最後のちょっとした心理的駆け引きに見えたかもしれない、でも実際は、トランプの山の43番目のカードを憶えていないことに気がついて、確実に、その1枚は私が答えなくてもいいようにしたかったのだ。

ドッティーノが言った。「わかりました。ラム、最初のカードはあなたが答えてください」

ラムはちょっと指をいじった。「ダイヤの2」

次は私だ。「ハートのクイーン」

「クラブの9」

「ハートのキング」

ラムは天井を見上げ、椅子の背にもたれた。

彼が頭を振るのが見えた。なんてことだ――彼が目を伏せて言った。「ダイヤのキング?」

今度は私が頭を振った。彼は外してしまった。なんと、5枚目で! 彼はショックを受けていた。背伸びをしすぎたのだ。前列に座っていたモーリスが額をたたいた。

「新しい全米記憶力チャンピオンが誕生しました!」

私は立ち上がることができなかった。笑顔が浮かんだかどうかも定かではない。1分前、私は勝つことだけを望んでいた。しかし、今、湧き上がってきたのは幸福感でも安堵でも、自分を祝福する気持ちでもなく、ただの疲労感だった。そのことに私は驚いた。前夜、眠れなかったつけが、今になってやってきたようだ。

顔を手に埋めたまま、しばらく動けないでいた。家でテレビを見ていた人には、私が感きわまっているように見えただろうが、実際には、私はまだ「記憶の宮殿」から抜けられず、ありえないイメージが並ぶ中をふらふらしていた。一瞬、「宮殿」のほうが自分が座っているステージよりも現実なのではないか、という思いがよぎった。

顔を上げると、ステージの隅でキッチュな2段トロフィーが輝いているのが見えた。ラムが手を伸ばして私に握手を求めてきて、耳元でささやいた。「5枚目のカードは何だった?」

私は手を下ろし、彼のほうを向いてささやき返した。「クラブの5」。そう、フラフープをしているドム・デルイーズだ。

エピローグ

「ジョシュア・フォア、おめでとうございます。本当にいい記事が書けますね」。実況中継のケニー・ライスの声が響く。「1年前にここに取材にやってきた1人のジャーナリストが、今、チャンピオンになって帰ろうとしています」

「新人としては悪くなかったですよ、ジョシュア」と、競技後のインタビューのためにマイクを持ってステージに上がっていたHDNetのレポーター、ロン・クルークが言った。「あなたはここに取材に来ていましたよね。その経験が、今日の栄光にどのように関わっているのでしょう？」

「取材の経験があったことは大きかったと思います。でも、訓練がなかったら、こういう結果にはならなかったでしょう」と私は答えた。

「なるほど、今日、あなたは間違いなく報われたわけですね。あなたの前には世界選手権への道が続いていますよ」

そんなことは雲の上のことだと思っていた。

「あなたはここでジャーナリストとして取材をしていました。そのことが強い味方になるんじゃないですか」

私は笑った。「正直言って、世界選手権は私の力の及ぶところではありません。トランプ1組を30秒で憶える人たちですよ。私とは次元が違う」

「あなたはきっとアメリカの誇りになりますよ。みんなが期待しています。ほら、スーパーボウルで勝ったら『ディズニーランドに行くつもりです』って言うでしょう？　全米記憶力選手権で勝ったら――」

彼はマイクを私の顔に近づけた。クアラルンプールに行くつもりだと答えたらいいのか、それともディズニーランドと答えればいいのか、私は混乱してしまった。それに、とても疲れていた。おまけにカメラは回っている。「えーっと、わかりません」。こんな答えしか出てこない。「家に帰ります」

演壇を下りるとすぐ、私は近くの公衆電話からエドの携帯電話に電話をかけた。オーストラリアは昼前で、エドはクリケット競技場の外野に立ち、「実験哲学」の最中だった。

「エド、ジョシュ――」

「勝った？」と、まるで午前中ずっと待ちかねていたと言わんばかりの声が聞こえてきた。

「勝ったよ」

受話器を通してエドの歓声が聞こえる。「すごいよ。よくやった、よくやったよ！　これがどういうことだかわかってる？　今や君は誰もが認めるアメリカ一の頭脳の持ち主なんだ！」

翌朝、好奇心から記憶競技のオンライン掲示板を訪問し、選手権の全スコアがアップされているか探してみた。もし見つかったら、全米選手権でナンバーワンになった新人のことをヨーロッパ人が何と言っているか見てみようと思った。ベンはすでに選手権について、14ページにわたるレポートを書き上げていた。最後のセクションで、新しいチャンピオンについて少し触れていた。「トレーニング期間の短さを考えると、彼の成績は素晴らしいと思う。彼ならアメリカの記憶力選手権を新たな世界へと導いてくれるかもしれない。彼はテクニックをヨーロッパ人から学んで、ここまで来た。他の挑戦者と違って、アメリカで勝つのに必要な低い基準に縛られていない。この競技への純粋な情熱がある。グランドマスター、いや、知的競技者のトップとなる初めてのアメリカ人になるかもしれない。それが実現したら、アメリカの人々は彼に追いつこうとするだろう。大会のレベルも上がる。1人の人間でも他の人に影響を与えることはできる。アメリカの記憶の未来は明るい」

記憶力の全米チャンピオンは、マイナーな——そう、非常にマイナーな——有名人になった。突然、エレン・デジェネレス〔訳注：アメリカのコメディアン兼女優〕から話をしたいというオファーがあり、また『グッド・モーニング・アメリカ』『トゥデイ』などのTVショーが、生放送でトランプ1組を記憶してみせてくれないかと依頼してきた。ESPNからは、朝の番組でNCAA（全米大学体育協会）のトーナメント表を憶えてみせてくれないかという申し出があった。皆、私というサルが芸をするのを見たがった。

新しいスターの座——といっても、正当なスターとは言えないかもしれないが——についてみて受けた最大の衝撃は、自分がアメリカ合衆国3億人の公式代表として世界記憶力選手権に出場するということだった。今まで予想もしていなかった立場に立った。トレーニング中、自分がいつの日かエド・クックやベン・プリドモアやグンター・カールステインといった、かつて私が記事を書こうとしていたスーパースターたちと肩を並べることになろうなどとは、一度たりとて想像したことはなかった。自分の練習スコアを彼らのものと比べるなんて、とても考えられないことだった。私がソフトボールの草野球の右翼手だとしたら、相手はニューヨーク・ヤンキースのレギュラーだ。

8月の終わりのロンドンに、私は「キャプテン・アメリカ」の星とストライプがペインティングしてある耳あて、アワーズカーズ［訳注：1時間でできるだけ多くのトランプの順番を憶える］の種目で記憶する予定の14組のトランプ、チームUSAのTシャツを持参していった（選手権は直前になってマレーシアから変更になった）。何よりも自分に、そして祖国に恥ずかしくない戦いをしたいと思った。そして、37人中10位以内に入ることと、記憶力のグランドマスターの称号を獲得することの2つの目標を立てた。

どちらの目標も私の能力を超えていた。私はアメリカの公式代表だ。でも残念ながら、この世界一の大国の記憶力は大したことはない、という印象を世界に与えてしまったと思う。私は1時間でトランプ9組と半分を憶えた（自分としてはよくやったと思うが、グランドマスターの基準にはトランプ半組分足りなかった）が、アワーナンバーズ［訳注：1時間でできるだけランダムに並んだ数を憶える］は380桁という恥ずべきものだった（グランドマスターに620桁足りない）。「名前と顔」の種目でどうにか3位になったが、これは与えられた名前が実に国際色豊かで民族的なものばかりだったおかげだ。アメリカは世界のどこよりも多文化の国だから、なじみのない名前はほとんどなかった。総合では、37人中13位だった。ドイツ、オーストリア、イギリスの競技者全員が私より上位だった。なんとか、フランスと中国の競技者よりは上位に食い込むことはできた。

選手権の最終日の午後、エドは私を呼んで、私の「素晴らしい記憶力と類まれな人柄」を称え、秘密結社の神聖な入会の儀式に合格すれば、その晩、KL7のメンバーに選出すると言った。

記憶競技の世界では、これはアメリカのチャンピオン・トロフィーよりも価値のあることだ。3回にわたって世界チャンピオンに輝いたアンディ・ベルもKL7のメンバーになる資格は与えられていない。世界に30人ほどいる記憶力のグランドマスターの大半もしかり。その年、私のほかにもう1人新メンバー候補がいた。ジョアキム・ターラー。物腰の柔らかい17歳のオーストリア人で、世界選手権で連続2回3位になって、ようやくこのクラブに招かれたのだった。

KL7のメンバーに選出されるという話で、私の旅は、予想もしていなかった形で元の場所へ戻ってきた。記憶力を競うというちょっと変わったオタク文化を部外者として見てみよう、という軽い気持ちからスタートしたのに、今は紛れもなく、その文化の中心にいる。

その夜遅く、ドイツ人の若い法学部生クレメンス・マイヤーが世界一に決まった。私は「名前と顔」の種目で3位に入ったので、受賞式で銅メダルを授与された。そのあと、シンプソンズ・イン・ザ・ストランドで祝賀会が開かれた。19世紀、ロンドンのトップクラスのチェスプレイヤーがよく集っていて、１８５１年には、アドルフ・アンダーソンとライオネル・キーゼリッキーによる伝説の「不滅のゲーム」が行われた老舗レストランである。ＫＬ７のメンバー数名はデザートを待たずに抜け出して、通りの先にある、創立メンバーの１人、グンター・カールステインの宿泊しているホテルのロビーに集まった。

エドが首に銀メダルを2個（アワーズカーズで16組、スポークンナンバー〔訳注：読み上げられる数字をできるだけ憶える〕で１３３桁）かけたままやってきて、私の隣の革張り椅子に座った。下手《しもて》には石を彫り出した大きな暖炉があった。「説明しよう。この組織に加わるには、５分以内に次の３つのミッションを達成する必要がある。ビールを2杯飲み、49桁の数字を記憶し、３人の女性にキスをする。わかった？」

「ああ」

ぴったりしたシャツを着たグンターが、私の後ろをゆっくりと行ったり来たりしていた。

「ジョシュ、君ならできる」。エドが手首から腕時計を外しながら言った。「１分間あげよう。その間に、ビールを飲んでから憶えるか、憶えながらビールを飲むかを決めるんだ。でも、言っておこう。前に49桁憶えたあとにビールを2杯飲んで、それから思い出しにかかった奴がいたけど、メンバーになれなかったよ」。彼が時計に目をやった。「どっちにしても、僕が合図したらスタートだ」

ＫＬ７には入っていないが儀式についてきていた１人の競技者が、名刺の裏に49桁の数字を書いた。「スタート」というエドの声がした。私は両手で耳をふさいで即席の耳栓にして、憶え始めた。7……9……3……8……2……6――6桁ごとにビールをあおる。最後の2桁のイメージを頭に刻み終えたちょうどそのとき、「そこまで」とエドが言って、私の手から名刺を奪った。

私は手を耳から離して顔を上げ、順調に数字を思い出していった。ところが「記憶の宮殿」の終点に来たとき、最後の2桁のイメージが消えていることに気づいた。00から99まで、1つ1つ探してみたが、どれもピンとこない。私は目を開け、手がかりを探した。でも何も出てこない。

「それじゃ、ダメだよね」

「ああ、残念だが47桁では足りない」。エドは集まったクラブのメンバーに、厳粛な面持ちで報告した。そして私のほうに向かって声をかけた。「本当に残念だ」

「心配するな。僕も1回目はダメだったさ」と、グンターが私の肩をたたいた。

「僕はKL7には入れないのかい?」

エドは口をきゅっと結んで首を振った。「入れないよ、ジョシュ。不合格だ」と、容赦ない答えが返ってきた。

「お願いだよ。エド、なんとかできないかな」

「友情がKL7の障害になるのは困る。メンバーになりたいのであれば、もう一度やり直すことだ」。彼はウェイトレスを呼んだ。「大丈夫。たどり着くまでの道が長ければ長いほど、たどり着いたときの感激は大きいよ」

新たに49桁が準備され、2杯のビールが注がれた。奇跡が起きたのか、今度のイメージは週末をかけて作ったどんなイメージよりも鮮明だった。おまけに下品さは2倍だ。さっきと違い、もう一度「宮殿」を回る余裕すらあった。エドが終了を告げると、私は目を閉じ、1日中これだけを練習をしていたかのように自信たっぷりに、49桁の数字を読み上げた。

エドが立ち上がってハイタッチとハグをしてきた。しかし、私と同様にかなり飲んでいたグンターは、最後のハードルを越えるまでKL7への入会は認めない、と釘をさした。「女性の膝に3回キスをするんだ」

「膝に？　3回？　いつの間にかルールが厳しくなっていますよ」と、私は抗議した。

「そういうものだ」

グンターは私の腕を取って隣のボックスに連れていき、静かにワインを楽しんでいる中年のアイルランド人の女性2人に事情を説明した。そのうちの1人に、心配しなくていいですよと言ったのを憶えている。確か、私たちは記憶力のチャンピオンだから、あなたの膝にとっては名誉なことのはずですよ、というようなことを言ったと思う。それからグンターが、何かもっと説得力のあることを言って――論理的にはめちゃくちゃだったけれど――彼女をまるめ込んでしまったのだ。そういったわけで、私は少し気の毒な女性の膝に3回キスをすることができた。

そのあと、グンターは私の腕を持ち上げて、私がすべての課題をクリアしたこと、すべてのテストに合格したこと、世界で最も栄誉ある知的競技者の組織に入会するに値する人間であることを宣言した。「われらの偉大なクラブKL7へようこそ！」

そのあとのことについては、ところどころしか憶えていない。トニー・ブザンと一緒に長椅子に座り、何度も彼のことを「男の中の男だ」と言いながら、彼の肩越しにエドに向かってこれ見よがしにウインクをした。ベンが、ウェイトレスはきっと僕たちのことを変人の集まりだと思っているよ、と言っていた。エドが私に、「僕たちの友情は叙事詩のように壮大だ」と言ったのも憶えている。

その晩の取材ノートを見返してみると、私の意識がだんだんと薄れていった様子がよくわかる。時間がたつにつれて字が乱れていき、今見ると、何が書いてあるのかほとんどわからない。でもはっきり読める箇所もある。「なんてことだ！　僕はKL7に入った！　女性トイレの中にいるような気分だ！」

途中から突然、またきれいな字に戻り、しかも3人称で書かれてる。私ははしゃぎすぎて泥酔して、まともに字が書けず、近くにいたしらふの女性にノートを渡し、見たことを客観的に書いてくれるよう頼んだのだった。そんな状況でジャーナリスト然としようとしても無駄だった。

半年以上にわたる記憶力向上トレーニングのあと、私は再びフロリダ州立大学を訪ね、1日半かけて、アンダース・エリクソンと彼の研究室のトレス、ケイティによる再テストを受けた。約1年前、徹底的な記憶力検査を受けたときと同じ狭い研究室で、あのときと同じようにトレスに見られながら、マイクロフォン付きのヘッドセットをつけ、あのときに受けたテスト一式と若干の新しいテストを行った。

さて、私の記憶力は向上したのだろうか？　どのテストにも何らかの向上が見られた。作業記憶の測定基準である数唱は、9から18と2倍になっていた。詩、人の名前、ランダムな情報の記憶の能力も向上していた。それなのに、世界選手権から数日後の夜に数人の友人と夕食に出かけたとき、地下鉄で帰宅し、実家のドアを開けてようやく、自分が車で出かけたことを思い出した。車を停めた場所は憶えていたが、車を停めたことを忘れていたのだ。

パラドクスだ。ちょっとした記憶芸ができるようになったというのに、いまだに車の鍵や車の置き場所を間違える。「記憶の宮殿」に格納できる類の情報を憶える力は飛躍的に伸びたが、日々の生活の中で忘れたくないほとんどのことは、事実や数字、詩、トランプ、2進法の数字といった範疇《はんちゅう》には収まらないものだった。

確かに、カクテルパーティで会った何十人もの名前を記憶できるのはありがたい。英国君主の家系図やアメリカの内務長官の任期、第二次世界大戦中に行われた主要な戦いの日付などは、比較的短時間で憶えて、しばらく忘れないでいることもできる。このような技術は、学校の中だったら最高に役に立つ。しかし良くも悪くも、生活と学校の共通点は少ししかない。

数唱の成績は2倍になったかもしれないが、トレーニングを始めたときより作業記憶が2倍向上したと本当に言えるだろうか？　そうあってほしい。だが、真実はそうではなかった。ずらりと並んだインクブロット［訳注：インクの染みのような無意味な図形。心理学テストで使われる］や色見本を憶えること、あるいは実家の地下室の入り口を忘れず掃除することにかけては、平均以上のことはできない。作業記憶は、万人を束縛する「マジカルナンバー7」によって制限されたままである。うまくイメージに変換できず、「記憶の宮殿」に格納できない情報を記憶するのはいまだに苦手だ。記憶のソフトウェアはアップグレードされたが、ハードウェアは本質的には変わっていなかった。

それでも私は間違いなく変わった。あるいは、少なくとも自分に対する見方は変わった。記憶競技に取り組む中で、詩を記憶する秘訣よりもっと大切なこと、もっと大きくて、ある意味、人生でもっと役に立つであろうことを学んだ。私の経験は、「訓練に勝る才能なし」という格言を裏づけるものだった。

ただし、どんな訓練でもいいわけではない。集中し、常に自分を厳しく見つめ、徹底して取り組むことが必要だ。集中すること、高い意識をもつこと、そして何より時間をかけることによって、脳は訓練しだいで、とてつもないことができるようになるということを私は身をもって学んだ。これは力を与えてくれる発見だった。そして思った。正しい方法で取り組めば私にもできる――そんなことがほかにもあるのではないだろうか。

テストが終わってエリクソンに、私と同じくらいの時間をかけて練習すれば、誰でも私と同じくらい記憶力を向上させることができると思うかと尋ねた。

「このデータだけでは何とも言えない。ただ、君ほど没頭して取り組む人はそうはいない。君のチャレンジ精神は飛び抜けている。君がそこらにいるような人間でないことは明らかだが、意欲のある大学生でもとても到達できないようなレベルまで上達できた理由についてはわからない」

というのがエリクソンの答えだった。

1年以上前、コン・エディソン本社の観客席の後ろで取材ノートを持って立っていたときには、この旅がどこに行き着くのか、私の人生にどれくらい関わってくるのか、私をどのように変えるのかわからなかった。でも、詩や数字、トランプ、人のプロフィールなどの記憶法を学んでみて、記憶力の向上は、過酷なトレーニングの単純な効果にすぎないということがわかった。振り返ってみると、私が記憶することと同じくらい訓練したのは、周囲に意識を向けるということだった。そして意識を向けさえすれば、記憶はあとからついてくるということを確信した。

共感覚をもつSと小説の中のフネスを苦しめたのは、注目に値するものとしないものの区別がつかないことだった。彼らの強迫神経症的な記憶力は明らかに病的なものだが、彼らの感じた世界は、それだけ皮肉なまでに中身の濃いものだったろうと思う。どんな些細なことにでも注意を向けたいと願う人はいないかもしれない。だが、ただ通り過ぎるのではなく、理解しようとして何らかの努力をすることは決して無意味ではない。こんな言葉がある――人が常々注目し、理解しようとするのは、それを自分に取り入れたいからである。

実を言うと私は、瞬時に「記憶の宮殿」に格納できるのでディクタフォン（速記用口述録音機）とノートはいらない、というレベルには達していない。広く浅い知識が求められる職業なので、必然的にいろいろな本を読むことになり、エドが説くように、少数の本を集中して読んで内容を記憶する、ということはできない。記憶テクニックを用いてかなりの数の詩を記憶したものの、T・S・エリオットの『アルフレッド・プルーフロックの恋歌』より長い文学作品に取り組んだことはない。1分で30桁以上の数字を「記憶の宮殿」に格納できる域に達しても、この方法で実際にかけたい人の電話番号を憶えることはごくたまにしかない。携帯電話に登録するほうがずっと簡単だからだ。

たまに買い物リストや上司からの指示、To-Doリストを憶えるが、それは、ペンがなくて書きとめられないというまれな状況に限られる。テクニックが悪いわけではない。このテクニックの効果は私自身の身体が証明できる。紙やコンピュータ、携帯電話、ポストイットが私に代わって記憶してくれる現実世界では、このテクニックを使う機会がほとんどないのだ。

記憶が外在化されている時代に、なぜわざわざ憶えることに投資するのだろう。それに対する私なりの答えは、はからずもＥＰから教わったものだ。ＥＰの記憶力は失われ、時間の感覚や場所の感覚がなく、他人と自分を比べることができなかった。世界をどう認識し、その世界でどうふるまうかは、何をどう記憶したかによって決まるということを、ＥＰが教えてくれた。

私たちは、記憶によって形成された習慣の集合体にすぎない。そして記憶は、生活の中で、習慣を徐々に変えていくことによって作られる。言ってみれば、私たちの実態は、記憶のネットワークなのである。どんなジョークも、発明も、洞察も、芸術作品も、少なくとも今の時点では、外部記憶によって作られたものではない。面白いことを見つける、複数の概念を結びつける、新しいアイデアを生み出す、文化を伝える――そういった行為の基盤には、必ず記憶の力がある。特に現代社会では、記憶の役割がかつてないペースで衰退している。

私たちは記憶力を育てていかなくてはならない。記憶が人格を作る。記憶は私たちの価値感の基盤であり、人格の源である。詩を憶える能力を競うのは的外れに見えるかもしれないが、忘れることに抵抗し、多くの人が疎遠になってしまった根源的な能力をしっかりと受け止める行為なのである。エドは、そのことを私に伝えようとしていたのだ。このような記憶力のトレーニングは、パーティ用の余興のためのものではない。何かを豊かに育むことであり、人間の本質なのだ。

KL7のお祭りが飛び入り自由の目隠しチェスや酔っぱらいによる前日の詩の復唱へと移る前に、エドは私を長椅子に呼び込み、これからも記憶競技に参加するのかと聞いてきた。私は、続けたい気持ちは少なからずあると答えた。この競技には予期せぬ魅力があるだけでなく、中毒性もあったのだ。

その晩、私は初めて、もっと深くのめり込む可能性について考えた。今、私は全米選手権のタイトルとスピードカードの全米記録を手にした。もう少し時間をかけさえすれば、スピードカードで時間の壁を破ることができる。歴史上の日付もそうだ。この種目はもっともっと上達できるはずだ。そして、グランドマスターという目標もある。「記憶力のグランドマスターと名刺に書くのも悪くない」と、私はエドをからかった（実際、彼は名刺に載せている）。

「記憶の宮殿」にこんなイメージがあふれる――私が作ったミレニアムシステム、私が買った競技用の目隠しマスク、私が投資した練習時間、世界各地の選手権を飛びまわるジェット族。しかし、記憶の聖域に入る許可を得たその瞬間でも、私はここがやめ時なのだとわかるくらいの冷静さはもちあわせていた。実験は終わった。結果は出たのだ。私は、さびしいけれど来年は戻ってこないと思う、と告げた。

「とても残念だ。だけどわかるよ。競技を続けることはもっと練習することを意味する。君ならその時間をもっといいことに使えるだろうから」。彼の言うとおりだ。なぜ彼がそれを実践しないのか不思議なくらいだ。

エドは立ち上がって、私に——そう、彼のスター生徒に——乾杯してくれた。「ベーグルを買いに行こうよ」と彼が言って、私たちは外に出た。そのあとのことは記憶にない。翌日の午後、目が覚めると、私の頬には大きな赤い丸がついていた。「名前と顔」の銅メダルの跡だ。メダルを外すのを忘れていたのだった。

謝辞

本書の執筆には時間がかかった。下書きを読んでくださった方、専門的なアドバイスをくださった方、校正をしてくださった方、友人たち、そして執筆を支えてくれたすべての人に感謝する。とてもここに全員の名前を挙げることはできないくらい大勢の方にお世話になった。特に、私とともに多くの時間を過ごし、惜しみなく自分の知識と生き方を教えてくれた知的競技者の皆様に感謝している。

2人の編集者には大変お世話になった。ヴァネッサ・モブリーは構想段階で、私に貴重なアドバイスをくれた。エイモン・ドランは、完成まで専門的な面をチェックしてくれた。私を信頼してくれたアン・ゴドフと、ペンギン・プレス社で本書に関わったすべての人に、本書に成り代わって感謝したい。私の著作権代理人エリス・チェイニーは、誰もが依頼したくなるような最高のビジネスパートナーだ。リンジー・クラウスは綿密な調査力で、細かいファクトチェックをしてくれた。ブレンダン・ヴォーンは、私の文章を洗練させてくれた。

説明の都合上、一部の会話や場面で時系列を変えて紹介したが、これらの変更は本書の真実性に影響するものではない。記憶に関する記録や時間の記述については、必ずしも最新のものではない。これは私が最初に体験したときの視点でこの物語を語ろうとしたからだ。

本書を執筆している3年の間に、世界は大きく変わった。ガールフレンドは妻になった。スピードカードの30秒の壁は二度も崩された。詩の種目はついに国際競技から消えた。残念なことに、EPとキム・ピークは故人となられた。彼らとともに過ごすことができて本当に幸運だったと思う。

訳者あとがき

人間は、物忘れの埋め合わせをするために1年に平均40日分の時間を費やしていると言われている。本書の著者、ジョシュア・フォアもそういう人間の1人だった。本書（原題：Moonwalking with Einstein: The Art and Science of Remembering Everything）は、彼がひょんなことから記憶力のトレーニングを始め、全米記憶力選手権で優勝するまでの1年間の軌跡を描いたノンフィクションである。2011年3月にアメリカで発売されるや否や、同月のアマゾン・ドットコムのブックランキングで第2位、『ニューヨーク・タイムズ』紙のノンフィクション部門のランキングで第3位に入るなど、またたく間にベストセラーとなり、5月にはコロンビアによる映画化も発表された。文句なしの話題作だ（原題の意味するところについては、ぜひ本文をお読みいただきたい）。

ジョシュは『スレート』誌、『ナショナル・ジオグラフィック』誌など、いくつかの雑誌にサイエンス系の記事を書いているフリーのジャーナリストで、本書が作家としてのデビュー作になる。兄のジョナサン・サフラン・フォアは、独特の作風でホロコーストの悲劇を描いて日本でも多くのファンを得た小説『エブリシング・イズ・イルミネイテッド』の作者である。

記憶力選手権についてはテレビや新聞などでご存じの方もいるかもしれないが、シャッフルしたトランプの順番やランダムに並んだ単語、数などを憶える力を競う「知的競技」の大会のことである。スピードカード（1組のシャッフルされたトランプの順番を憶える時間を競う種目）の世界記録は21・9秒という驚異的なタイムだ。1991年にイギリスで開催されて以来、世界各地で行われるようになり、日本でも2005年から、奈良県の大和郡山市（抜群の記憶力を活かして古事記の編纂に携わった稗田阿礼《ひえだのあれ》の生誕地とされている）で開催され、各地から知的競技者が参戦している。

ジョシュはふとしたきっかけから、ジャーナリストとして全米記憶力選手権を取材することになった。そのときには自分が参加する立場になるとは想像もしておらず、この舞台にいる人たちは頭の出来が違う天才なのだと思っていた。しかし、観戦しているうちに記憶の世界に魅せられ、競技者たちから「誰でも訓練すれば自分たちと同じようなことができる」という話を聞いたことが転機となった。かくして彼は、エド・クックという記憶力のグランドマスターのコーチングのもとで記憶術を習得し、1年間で全米記憶力チャンピオンにまで上りつめる。

本書で紹介されている著者が使った記憶術は、古代ギリシャで発明されたものである。端的に言えば、「憶えたいことを憶えやすいイメージに変換し、頭の中にシステマティックに格納する」というシンプルな方法だ。「記憶術」と意識せずとも日頃から何かを憶えるのにこの手の方法を使っている人はいるだろうし、書店に行けばそういったノウハウを説く本をいくつか見つけることもできる。もちろん、本書の記憶術についての説明や、著者が技術を習得して記憶力を向上させていく過程の描写は十分に読みごたえのあるものではあるが、本書の魅力はそれだけにはとどまらない。

著者は、参加型ジャーナリズムを実践すべく記憶術のトレーニングに身を投じるだけでなく、記憶の本質を探る「旅」に出かけ、その中で、記憶の仕組み、記憶と私たちとの関わり、そして本当に誰でも記憶力が伸ばせるのかということを、さまざまな角度から見ていく。歴史的観点から人間と記憶との関係の変遷を学び、最先端の科学を駆使して記憶力の達人の脳を検証する。「忘れることができない」ロシアのジャーナリストの記憶力の秘密を探り、一方で、その対極の数分間しか記憶を保つことができない健忘症患者にも取材をする。映画『レインマン』のモデルとなったキム・ピーク、世界一の頭脳をもつ人間としてスターになったダニエル・タメットという驚異的な記憶力をもつ2人のサヴァンにも面会した。そのようなプロセスを経て見えてきたのは、人間は記憶の集合体にほかならないということだった。自分がどう感じ、どう行動するかは、自分が憶えていることによって決まる。私たちのアイデンティティは記憶によって形成され、新しく記憶することによって一瞬一瞬に変化していくものなのだ。

これは、かつては誰もが認識していたことである。紙も筆記具もない頃、そして印刷技術や製本技術が発達する以前は、記憶力は文明の要であり、創造力の源であった。しかし、その後さまざまな技術の発展に伴い、人間は自分の中にではなく外に情報を保存するようになった。そうして記憶の外在化が進むにつれて、記憶の価値は衰退していった。文明の発展とともにたくさんのものを得たのは事実だが、失ったものも少なからずあるのではないか、と本書は問いかける。

もう1つ、ジョシュの旅に欠かすことのできないエピソードに、フロリダ州立大学の心理学教授で熟達化研究の権威、K・アンダース・エリクソンとの出会いがある。ジョシュは記憶について調べていく中で、「Exceptional Memorizers: Made, Not Born（驚異的な記憶力は生まれるのではなく作られる）」というエリクソンの論文を発見し、彼に取材を申し込む。そしてジョシュ自身がエリクソンの研究プロジェクトの題材になり、彼から熟達化の秘訣を学び、それを記憶力トレーニングに取り込んでいった。エリクソンと出会って正しい訓練の方法を学ぶことがなかったら、本書が誕生することはなかっただろう。

ジョシュは、今でも車のキーをどこに置いたか忘れてしまう。取材のときはレコーダーとノートを持参するし、電話番号は携帯電話に登録する。でも、記憶が自分の源であること、そして正しい訓練の大切さを知ることで「自分は変わった」、それは記憶力が伸びたことよりずっと大きな変化だ、と語っている。本書の発売以来、忙しくてまだ先のことは決めていないとのことだが、おそらくそう遠くない未来に、また新しい試みで私たちを驚かせてくれることだろう。

ジョシュの旅は私たちに「記憶」に対する新しい見方を提供してくれている。本書をお読みになった方は、記憶の意義と存在が薄れていることを痛切に感じるとともに、夢や希望も抱くことができるだろう。今、この高度に文明化された社会においても、トランプの順番を憶える競技に打ち込んでいる人たちがいる。人間の本質である記憶の力を衰退させまいと、忘れるということに対して必死に抵抗している人たちがいる。そして、その姿に惹きつけられている大勢の人たちがいる。何より、正しい方法で粘り強く、妥協せずに訓練しさえすれば――それは簡単なことではないだろうけれど――きっと誰でも記憶力を、そしておそらくはほかの力をも伸ばすことができる。私たちの脳はそんなに捨てたものではないのだと、本書は教えてくれているように思う。

最後になりましたが、このような魅力的な本を訳す機会を与えていただいたことに深く感謝しています。翻訳という作業を通して記憶の世界の深遠さと熟達化のプロセスの厳しさに触れ、私というささやかな「記憶の集合体」が2カ月前とは少なからず変化したのではないかと（少なくとも私自身は）感じています。読者の皆様が「記憶の世界への旅」を楽しんでくださったなら、これほどうれしいことはありません。翻訳コーディネーターの小澤大介氏には、いつも貴重なアドバイスと温かい励ましをいただきました。エクスナレッジの小泉伸夫氏には原稿を丁寧にチェックしていただきました。翻訳作業では翻訳家の三村明子さんにもお力添えをいただきました。ありがとうございました。日本語訳には訳者の力不足ゆえの至らない点もまだまだあると思います。皆様からのご指摘をいただければ幸いです。

2011年6月

梶浦真美

注記

第1章　世界で一番頭がいい人間を探すのは難しい

（1）脳トレーニングのソフトは2008年には2億6500万ドルの産業となっている：*Sharp Brains Report* (2009).

第2章　記憶力のよすぎる人間

（1）被験者たちは80％以上の写真を憶えることができたという：Lionel Standing (1973), "Learning 10,000 Pictures," *Quarterly Journal of Experimental Psychology* 25, 207-22.

（2）もっと最近の実験もある。見せる写真は2500枚：Timothy F. Brady, Talia Konkle, et al. (2008), "Visual Long-Term Memory Has a Massive Storage Capacity for Object Details," *Proceedings of the National Academy of Sciences* 105, no. 38, 14325-29.

（3）このような細かい情報も復元できる：Elizabeth Loftus and Geoffrey Loftus (1980), "On the Permanence of Stored Information in the Human Brain," *American Psychologist* 35, no. 5, 409-20.

（4）ドイツの心理学者ウィレム・ワーヘナールも、同様の考えを支持するようになっていた：Willem A. Wagenaar (1986), "My Memory: A Study of Autobiographical Memory over Six Years," *Cognitive Psychology* 18, 225-52.

（5）科学文献に取り上げられている映像記憶の症例は1例だけである：映像記憶は、直観像記憶という奇妙だが実際にある認知現象と混同されやすい。直観像記憶は、小児の2～15%、およびまれに成人にも見られる。直観像では、鮮明な残像が最大5分間にわたって心象として残る。本文で述べているような完璧な想起力とは異なり、ただ記憶が消える速度が遅いという現象を指す。

（6）『ネイチャー』誌にエリザベスという若い女性についての論文を発表した：C. F. Stromeyer and J. Psotka (1970), "The Detailed Texture of Eidetic Images," *Nature* 225, 346-49.

（7）誰1人としてエリザベスのような特殊な芸当を披露することはできなかった：J. O. Merritt (1979), "None in a Million: Results of Mass Screening for Eidetic Ability," *Behavioral and Brain Sciences* 2, 612.

（8）映像記憶をもつ人がほかにも存在する：現在、映像記憶に最も近い能力をもっているとされるのは、イギリスのサヴァン、スティーヴン・ウィルシャーだろう。彼はほんの2～3秒見ただけの光景をスケッチで再現することができ、「人間カメラ」と呼ばれている。しかし、彼も真の映像記憶をもっているとは言えない。彼の脳はコピー機のように何事も正確に写し取れるわけではなく、多少の狂いが出るのだ。また奇妙なことに、彼のカメラ的能力が発揮されるのは、ある種の対象（建築物と車）を描くときだけに限られる。例えば、辞書のあるページを見てすぐにその内容を思い出すことはできない。映像記憶があると主張する症例は、エリザベスの例を除いてすべて、別の解釈ができるものである。

（9）学術的な世界で大成した人は1人もいない：George M. Stratton (1917), "The Mnemonic Feat of the 'Shass Pollak,'" *Psychological Review* 24, 244-47.

(10) ニューロンのつながりのパターン：近年、『ブレイン・アンド・マインド』誌に、記憶を個々のニューロンが格納されているものではなく、ニューロン間のつながりとして扱うモデルを用いて人間の脳の能力を測定するという試みについての論文が掲載された。著者らは、人間の脳は10の8432乗ビットの情報を格納できると推定している。ちなみに、観測可能な宇宙には10の78乗個の原子が存在すると言われている。

(11) ロンドンの道を憶えることによって脳の構造が物理的に変化する：E. A. Maguire et al. (2000), "Navigation-Related Structural Change in the Hippocampi of Taxi Drivers," *PNAS* 97, 84398-403.

(12) 両グループの間に脳の構造的な違いは何ひとつ認められず：E. A. Maguire et al. (2003), "Routes to Remembering: The Brains Behind Superior Memory," *Nature Neuroscience* 6 no.1, 90-95.

(13) なんとも説明がつかないことだった：知的競技者も空間認知システムを使っているとしたら、なぜタクシー運転手のように海馬が大きくならないのだろうか。考えられる説明として、知的競技者はタクシー運転手ほどにはこのシステムを使っていない、ということが挙げられる。

(14) 「ベーカー／ベーカーパラドクス」：G. Cohen (1990), "Why Is It Difficult to Put Names to Faces?" *British Journal of Psychology* 81, 287-97.

第3章　熟達化のプロセスから学ぶ

(1) 重労働を一手に引き受けて自分たちに収入をもたらしてくれる雌鶏《めんどり》：ここでは食肉用のブロイラーではなく、卵用の鶏のことを言っている。

(2) 「Exceptional Memorizers：Made, Not Born（驚異的な記憶力は生まれるのではなく作られる）」：K.

Anders Ericsson (2003), "Exceptional Memorizers: Made, Not Born," *Trends in Cognitive Sciences* 7, no.6, 233-35.

（3）バレーボールのリベロ：*The Cambridge Handbook of Expertise and Expert Performance,*（K. Anders Ericsson, Neil Charness, Paul J. Feltovich, and Robert R. Hoffman）

（4）頭の中で複数の相手と対戦することも可能になっていく：20世紀前半、複数の相手と同時に目隠しチェスをするという技がチェス界で崇拝されるようになった。１９４７年、アルゼンチンのグランドマスター、ミゲル・ナイドルフが45人と同時に目隠しチェスをするという記録を打ち立てた。かかった時間は23時間30分、成績は39勝４敗２引き分け。その後３日３晩眠れなかったという（昔、ロシアでは、複数の相手と同時に目隠しチェスを行うのは精神によくないとして禁止されていたと言われている）。

第４章　世界で一番忘れっぽい人間

（1）検査技師ＥＰ：L. Steffanaci et al.（2000）, "Profound Amnesia After Damage to the Medial Temporal Lobe: A Neuroanatomical and Neuropsychological Profile of Patient E. P.," *Journal of Neuroscience* 20, no. 18, 7024-36.

第５章　記憶の宮殿

（1）『ヘレンニウスへ』：本書がガイウス・ヘレンニウスなる人物に献呈されたことからこのように呼ばれている。

（2）僕らのバイブルだよ：『ヘレンニウスへ』（「Loeb Classical Library」英語／ラテン語版）には、ローマの政治家で哲学者であるキケロの名前が印刷されている（ただし、カッコでくくられている）。少なくとも15世紀までは、この短い論文は、演説家としても名高かったキケロによって書かれたと思われていたが、現代の学者たちは、これを疑問に思っている。しかし、キケロは記憶術の達人として有名だった（政治家たちを前にそらで演説した伝説が数々ある）だけでなく、シモニデスの「記憶の宮殿」の話を初めて紹介した『弁論家について』の著者としても知られていることを考えると、彼がこの論文を書いたという説には一理ある。

なお、紀元前5世紀ギリシャのシモニデスの話が4世紀の時を経てローマで初めて書かれたことから、古代ギリシャには記憶に関する論文が——書かれてはいただろうが——残っていなかったと思われる。この論文は、シモニデスが客人が座っていた場所を思い出したとされるときよりもはるかのちに書かれたものなので、この話がどれだけ現実に即したものかはわからない。私自身は、かなりの割合で創作が入っていると思っている。ただし、紀元前265年——キケロより2世紀前、シモニデスの「記憶の宮殿」より2世紀後——の石碑と17世紀の出土品から、シモニデスを「記憶の補助システムの発明者」とする記述が見つかっている。しかし、記憶術を1人の人間が一瞬で、しかもこのような神話的な状況で発明したとは考えにくい。おそらく、シモニデスは記憶術を編纂したか、あるいは記憶術に熟練していたため、「発明者」と呼ばれたというところであろう。

どちらにしても、シモニデスは実在の人物であり、詩人であったのは事実である。彼は初めて詩を吟ずることで報償を得た詩人であり、また、初めて「声が描く」詩、「音のない詩」を描くと言われた詩人であった。彼が発明したとされる記憶術が言葉のイメージを描くものであることを考えると、このフレーズはきわめて興味深い。

（3）記憶力というよりも創造性を測る選手権だ：重要なのは、1つのイメージにどれだけたくさんの情報を詰め込めるか、ということである。『ヘレンニウスへ』では、訴訟についての情報を憶える法律家の例を挙げている――検察官が「被告は男性を毒殺した。動機は相続、多数の目撃者と従犯者がいた」という説示を憶えるには、「被害者を知っている場合は、その人がぐったりとベッドに横たわっている様子を思い描く。彼を知らないなら、誰か病気の人のイメージを描く。ただし、すぐに思い描けるように、階級の高い人にする。そして、被告が右手にはコップ、左手には錠剤を持ち、その小指に子羊の睾丸《こうがん》をつけて、ベッドの脇に立っている様子を思い描く」。この奇怪なイメージなら記憶に残る。何を表しているのかを正確に思い出すには、次のように解読する。「カップは毒、錠剤は遺産を表す。子羊の睾丸（testicle）の音が目撃者の証言（testimony）を連想させる」。ローマの財布は子牛の陰嚢《いんのう》で作られていることが多いということからも連想しやすいイメージであろう。

（4）乙女たちのイメージによって記憶が鮮やかになる：Rossi, *Logic and the Art of Memory*, p. 22.

第6章　詩を憶える

（1）「判断力、市民性、敬虔さ」：Carruthers, *The Book of Memory*, p. 11.

（2）脳に刻み込まれた1冊の本は書棚にある1000冊分の価値がある：Draaisma, *Metaphors of Memory*, p. 38.

（3）彼の書く言葉の核になったと言われている：Carruthers, *The Book of Memory*, p. 88.

（4）教養のある市民ならば知っているべき教育の核だった：Havelock, *Preface to Plato*, p. 27.

（5）プロの記憶者：私が好きな、プロの記憶者の逸話に小セネカが語った裕福なローマの執政官、カルウィシウス・サビヌスについてのものがある。サビヌスは素晴らしい作品を暗記するのをあきらめ、代わりに奴隷たちを雇った。

「自分の富をここまで不作法な使い方をした人間に会ったことがない。彼の記憶力は非常にお粗末で、時にはユリシーズ、アキレス、プリアモスといった名前も忘れてしまった。だが、学があるように見られたいという思いはあった。そこで、学ぶための近道として、多額の金を払って2人の奴隷――1人はホメロスを、もう1人はヘシオドスをそらんじることができた――を雇った。また、9人の奴隷を吟遊詩人にして、各自1編の抒情詩を吟じさせた。言うまでもないが、高いお金を払った……そこから客人たちの悩みが始まった。サビヌスはいつも奴隷たちを足元にはべらせ、何かあると彼らに聞き、聞いたことを口に出す。時には話の途中で口をはさむ……彼は、周囲が知っていることは自分も知っていたいという考えから逃れられなかったのである」

（6）『ベーダ』を忠実に憶える：最古の『ベーダ』とされている『リグベーダ』は1万行以上の長さがある。

（7）ラウィスという民族が公式の記憶者として詩の記憶に携わっていた：イスラム教が伝道されて以降、アラブの記憶者たちは、コーランとハディース［訳注：イスラム教の預言者ムハンマドの言行録］のhuffaz（所有者）として知られるようになった。

（8）民族を代表して口頭で伝えられる法律を記憶していた：ユダヤ教社会の記憶者についての詳細はGandz, "The Robeh, or the Official Memorizer of the Palestinian Schools." を参照。

（9）軍の集会、英雄の盾、ライバルとの戦いなど、同じ要素が登場人物や状況だけを変えて何度も出てくる：Ong, *Orality and Literacy*, p. 23, and Lord, *The Singer of Tales*, pp. 68-98.

(10) あくまで彼が研究した範囲について言えば、ということである：ルソーのこの革命的な説は、実は新しいものではないことがわかった。はるか昔にはこの説が主流だったのだが、どういうわけか忘れられていたのである。1世紀、ユダヤ人の歴史家ジョセフュスは、「ホメロスすらこの詩を書き残しはしなかったが、記憶によって伝えられた」と書いている。その後キケロによって伝承されたところによると、初めて公式に編纂されたのは、紀元前6世紀、アテネの専制君主ペイシストラトスの命令によるものだという。時がたち、口碑（言い伝え）文化がすたれていくと、筆記を伴わない文学はだんだんと受け入れられなくなり、最終的には奇異なものとなった。

(11) 筆記の助けをまったく借りずに創作されていた口承詩の長き伝統の一部：詳しくはOng, *Orality and Literacy*を参照。本章はこの本から多くの情報を得た。

(12) 一言一句違わない：パリーの教え子であるアルバート・ロードのレポートによる。Albert Lord, *The Singer of Tales*, p. 27.

(13) 1つの行を2～3回繰り返して読んでみることだ：カラザースは『The Book of Memory』改訂第2版で、「言葉の記憶」について心理学者の間に長年にわたる誤解があると述べている。彼女によれば、言葉の記憶は暗記の代用品や長い文章を記憶するためのものではなく、なかなか正確に憶えられない単一の言葉、単一のフレーズ、おそらく詩の1行分くらいの量を想起するためのものであるという。

(14) 見えないものをいかにして見えるようにするかという難問への解決策を提示した：プリニウスは、記憶術を発明したのはシモニデスだが、それを完成させたのはメトロドロスだと言っている。キケロは彼のことを「神のような」人間と呼んでいた。

(15)「ba」にはbalistarius（石弓の射手）のイメージを結びつける：ブラドワーディンのシステムでは、イメージを逆さにすることで、その音節を逆から読んだ音節を表現するという方法もある。例えば「ba」はabbot（大修道院長）が天井から逆さに吊るされているイメージにすればいい。

(16) abbot（大修道院長）として招かれ、石弓の射手に撃たれる図：abbot（大修道院長）が天井から吊るされているもう1人のabbotと会話している図でもよい。

(17) 右側の聖ドミニコを殴ったりなでたりする：Carruthers, *The Book of Memory*, pp. 136-37.

(18) とんでもなく、俗っぽい：Yates, *The Art of Memory*, p. 277.（イエイツ『記憶術』）

第7章　記憶の終焉

(1) 現代人が知るところとなった：Manguel, *A History of Reading*, p. 60.

(2) ギリシャではすでに筆記が広まり始めていて：ソクラテスの時代に読み書きができた人はギリシャ人の約10%であった。

(3) 「記憶するために書きとめ」ていた：Carruthers, *The Book of Memory*, p. 8.

(4) ナイル川のデルタ地帯から輸入した葦《あし》（パピルス）：パピルスは、産地フェニキア［訳注：古代の地中海東岸に位置した都市国家群］の港町ビュブロスにちなんでビブロスとも呼ばれ、「バイブル（聖書）」の語源となったと言われている（聖書の中で、赤ん坊だったモーセは「パピルスの籠《かご》」に入れて運ばれている）。紀元前2世紀、ヘレニズム期のエジプトの支配者プトレマイオス5世エピファネスは、小アジアのペルガモンにあるライバルの図書館がこれ以上蔵書数を増やさないように、パピルスの輸出量を削減した。ペルガモンへは羊皮紙が贈られ、その地で普及した（ちなみに羊皮紙「parchment」の語源は「charta pergamena［海図］」である）。それ以降、書物は羊皮紙や上質皮紙に書かれるのが主流になっていった。どちらもパピルスより耐久性があり、輸出もしやすかった（上質皮紙「vellum」は子牛革で作られることが多く、子牛「vell」と同じ語幹をもつ）。

（5）長さが60フィート（約18メートル）に及ぶものもある：Fischer, *A History of Writing*, p. 128.

（6）文字の下か真ん中か上のどこかに打って文章の区切りを知らせる：アリストファネスは、文字の上に打つ点（現代のピリオドに相当する）、文字の下に打つ点（現代のカンマに相当する）、文字の真ん中に打つ点（現代のセミコロンに近いもの）を考案した。文字の真ん中に打つ点は中世に姿を消した。疑問符が初めて使われたのは、1553年エドワード6世の教理問答である。感嘆符が初めて使われたのは、1587年サー・フィリップ・シドニーの『アルカディア』で。

（7）GREECE：Small, *Wax Tablets of the Mind*, p. 53.の「続け書き」で英文を書いて読者にその難しさを伝えるという著者のアイデアを用いた。

（8）中世の文章には「耳を貸す」という言葉が繰り返し出てくる：「続け書き」についての詳細はManguel, *A History of Reading*, p. 47.を参照。

（9）初見で読むのがとてつもなく難しい：『Tel Aviv』紙に見られるような、現在ヘブライ語で発行されている紙誌や書物は、母音を使わずに書かれている。英語では、単語は発音するための記号というよりは、意味の単位を示すものであり、逆にヘブライ語のみに慣れている人にとっては読みにくい。ヘブライ語を母国語とし、英語も話せる人は、同じことを言うのにヘブライ語より英語のほうが単語を約40％多く使うとしても、母国語より英訳のほうが速く読むことができるという。

（10）「The stuff he knows made him lick her.（知り合いが彼に彼女を舐めるように仕向けた）」：区切り方によって意味が異なる文章をオロニムと呼ぶ。ここに挙げた例の出典はPinker, *The Language Instinct*,

p. 160.

(11) いささか不思議で、大きな逆行に思えるだろう：Small, *Wax Tablets of the Mind*, p. 114.

(12) 「ánagignósko」：Carruthers, *The Book of Memory*, p. 30.

(13) 昨年1年でなんと１００億冊も印刷された：Man, *Gutenberg: How One Man Remade the World*, p. 4.

(14) かなり蔵書が多い部類に入っただろう：１２９０年当時、世界最大級のソルボンヌの図書館の蔵書数は１１０７冊だった。本書の読者の多くが生涯に読むであろう冊数より少ないと思われる。

(15) 当時はまだそんな工夫はなされていなかった：本の陳列の歴史についての詳細はPetroski, *The Book on the Bookshelf*, pp. 40-42.

(16) 1冊の重さは10ポンド（約４・５キロ）を超えていた：Illich, *In the Vineyard of the Text*, p. 112.

(17) 同じ頃に章分けのシステムも導入された：*The Comprehensive Concordance to the Holy Scriptures* (1894), pp. 8-9.

(18) 暗記したり、最初から最後まで読んでいなくても：Draaisma, *Metaphors of Memory*, p. 34.

(19) 索引の誕生前と誕生後に分けたほうがいい：Illich, *In the Vineyard of the Text*, p. 103.

(20) 外部記憶という迷宮：『Metaphors of Memory』の中でドラーイスマが指摘している。

(21) 「生きているコンコーダンス」：Carruthers, *The Craft of Thought*, p. 31.

(22) カードゲームのための記憶術：Corsi, *The Enchanted Loom*, p. 21.

(23) Aの文字の下に：Carrurhers, *The Book of Memory*, p. 114.

(24) 「深く」読むことから「広く」読むことへと変わっていった：ダーントンのこの考え方は、Rolf Engelsing, *The Kiss of Lamourette*, p. 165. を採用している（この本では18世紀後半の現象として書かれている）。

（25）カミッロはヨーロッパ全土で最も有名な人物になった：イエイツの『記憶術』の中での評価（Yates, *The Art of Memory*, p. 129.）。

（26）7段構造の建築物：イエイツは、『記憶術』の中でこの劇場の設計図の再現を試みている（Yates, *The Art of Memory*, p. 74.）。

（27）全世界のあらゆる事物：Rossi, *Logic and the Art of Memory*, p. 74.

（28）数百枚、いや数千枚のカードの下絵が描かれることになった：Corsi, *The Enchanted Loom*, p. 23.

（29）彼の病床で1週間にわたり聞き書きした内容：Douglas Radcliff-Umstead (1972), "Giulio Camillo's Emblems of Memory," *Yale French Studies* 47, 47-56.

（30）1つの時代を通して皆が思い描いていた記憶の理想形：近年では、仮想現実のグルたちが、カミッロの「記憶の劇場」を仮想現実の先駆けとしてとらえるようになり、インターネット（究極の普遍的な「記憶の宮殿」）や、アップルやマイクロソフトのOS（オペレーティングシステム）への影響を追跡している。こういった現代のOSに空間的に配列されたフォルダやアイコンは、まさしくカミッロの記憶術の現代版のようである。Peter Matussek (2001), "The Renaissance of the Theater of Memory," *Janus 8 Paragrana* 10, 66-70. 参照。

（31）海獣にまたがって：Rowland, *Giordano Bruno*, pp. 123-24.

（32）「ローマ神話の〜急いで前進している」：Eco, *The Search for the Perfect Language*, p. 138.

（33）9対の脳神経：現在知られている脳神経は12対。

（34）現在の金額にして約50万ドルを稼いだという：Fellows and Larrowe, *Loisette Exposed*, p. 217.

（35）数週間にわたる記憶力強化コースに参加した：Walsh and Zlatic (1981), "Mark Twain and the Art of Memory," *American Literature* 53, no. 2, 214-31.

第8章　プラトー状態

（1）数字変換法：17世紀、ドイツの哲学者ゴットフリート・ライプニッツもこれに似たシステムについて記述しているが、数字を単語に変換することによって暗記しやすくするという考え方は、もっと早期に発見されていた可能性が高い。ギリシャ語は頭音法を使っており、例えば、ｐは数字の5（penta）を表すというように、それぞれの数詞の最初の文字を用いて数を表した。ヘブライ語では、アルファベットの各文字が数字を表していたし、ユダヤ教のカバラの研究者は、聖書の中の数字に隠された意味を探求した。数字変換が数字の暗記にも使われていたかどうかは明らかになっていないが、暗算力が必要だった地中海地方の商人が、このような方法を見落としていたとは考えにくい。

（2）記憶競技のレベルは格段に上がると考えていた：エドは次のような例を出してミレニアムＰＡＯシステムを説明した。「数字の115は、Ｐ・Ｇ・ウッドハウスの本の中の粋《いき》な登場人物スミス（Psmith）だ（「phthisis［肺結核］」や「ptarmigan［ライチョウ］」と同様、Ｐは発音しない）。彼は、暴風雨で立ち往生している上品な若い女性に他人の傘を進呈する。数字の614は、タバコは吸うがマリファナは吸引しないビル・クリントン。227は、強迫観念に駆られた論理学者クルト・ゲーデルクルト。彼は形式論理学に取り組むのに忙しすぎて、餓死してしまう。そして3つ数字を組み合わせて9桁の数字を作り、それぞれに対応するエピソードをつける」

例えば、115614227は、形式論理学を吸い込まずにふかすスミス、となる。論理学はつまるところ、真の英国紳士には似つかわしくないものなので、納得のいくイメージだ。数字の順番を変えると、別のエピソードができる。数字の614227115は、若くてきれいな女の子のために傘を盗むことに忙しくて、食事を忘れているビル・クリントン、となる。このイメージは、クリントンに関して私が知っていること——若い女性に対して円筒形の物体を不適切に扱い、トラブルを起こしたこと——と関連していて、連想もしやすく、ユーモアもあるので記憶に残りやすい。

こうしてできる組み合わせにはそれぞれ生き生きとした感覚や感情があり、面白いことに想起時にはそれが最初に頭に浮かんできて、あとから細部がゆっくり見えてくることが多い。これは優秀なアイデア製造機となるし、健全な午後の楽しみ方にもなるだろう。

（3）経験の浅いスケート選手はすでにマスターしたジャンプに時間を割く：J. M. Deakin and S. Cobley (2003), "A Search for Deliberate Practice: An Examination of the Practice Environments in Figureskating and Volleyball," in *Expert Performance in Sports: Advances in Research on Sport Expertise* (edited by J. L. Starkes and K. A. Ericsson).

（4）達人の思考を理解することに努めている：K. A. Ericsson, et al. (1993), "The Role of Deliberate Practice in the Acquisition of Expert Performance," *Psychological Review* 100 no. 3, 363-406.

（5）過去の優れたゲームの再現に取り組んだ時間：N. Charness, R. Krampe, and U. Mayer (1996), "The Role of Practice and Coaching in Entrepreneurial Skill Domains: An International Comparison of Life-Span Chess Skill Acquisition,"（エリクソンの *The Road to Excellence*, pp. 51-80に掲載）

（6）指でキーボードに打ち込む速さより10～15％速く：Dvorak, *Typewriting Behavior*.

（7）マンモグラフィー専門医の診断は、年々精度が下がる傾向がある：C. A. Beam, E. F. Conant, and E. A. Sickles (2003), "Association of Volume and Volume-Independent Factors with Accuracy in Screening Mammogram Interpretation," *Journal of the National Cancer Institute* 95, 282-90.

（8）平均的な学力の高校2年生が修得している：Ericsson, *The Road to Excellence*, p. 31.

第9章　才能ある10分の1

（1）個性や感性、魂をもっていないもの：Ravitch, *Left Back*, p. 21.
（2）精神の鍛錬：Ravitch, *Left Back*, p 61.
（3）目録（inventory）と発明（invention）の語源：Carruthers, *The Craft of Thought*, p. 11.
（4）熱烈な野球ファンのグループ：G. J. Spillich (1979), "Text Processing of Domain-Related Information for Individuals with High and Low Domain Knowledge," *Journal of Verbal Learning and Verbal Behavior* 14, 506-22.
（5）『緋文字《ひもんじ》（The Scarlet Letter）』のテーマが魔女裁判か手紙《letter》かどちらかわからない：Frederick M. Hess, *Still at Risk* pp. 1-2.

第10章　私たちの中の小さなレインマン

（1）私はダニエルに面会を求めた：私はダニエルにEメールを送り、会いたい旨を伝えた。彼は「通常、メディアのインタビューでは取材料をいただいています」と返信してきた。支払えない理由を説明すると、彼の経営するオンライン個別指導会社のウェブサイト（optimnem.co.uk）について言及する、という条件で面談に同意した。

（2）ようやくアスペルガーは1つの症候群として認識されるようになった：アスペルガーは200人に1人、共感覚は2000人に1人程度の割合で発症すると言われているが、実際の数はもっと多いと思われる。これまでに両方の疾患が1人の人間に生じたケースがあったかどうかは明らかになってはいないが、互いに独立した疾患であるとすると、共感覚とアスペルガーを併発している患者の割合は40万人に1人となり、アメリカだけで約750人存在する計算になる。

（3）彼は2001年に合法的に姓を変えていた：ダニエルは名前を変えたことを公表している。私には「コーニー」の響きが気に入らなかったと言っていた。

（4）9000冊以上の本を1ページ約10秒のスピードで読み：これについては、査読されたものではないということに注意されたい。多分に誇張が入っていて、綿密に調べられた結果ではないと私は考えている。

（5）習得不可能な技術ではない：暗算について調べていく中で、私はスティーヴン・スミスという心理学者が著した『The Great Mental Calculators: The Psychology, Methods, and Lives of Calculating Prodigies Past and Present（偉大な暗算：心理学、方法、暗算の天才の過去と現在の生活）』という素晴らしい本に出会った。スミスは、計算の天才の脳に特別な何かがあるという考え方を否定し、彼らの能力は純粋に強迫観念的な関心から生じていると主張している。彼は計算をジャグリングになぞらえ、「心身に異常がない人なら誰でも、十分に練習すればジャグリングを取得できる。でも実際に習得できるのは、非常に高い意欲をもって取り組むことのできるほんのひと握りの人だけだ」と言っている。史上最も有名な「人間計算機」ジョージ・パッカー・ビダーは、「飛び抜けた能力がなかったとしても、暗算ならば普通の算数よりも簡単に習得できると自信をもって言える」と述べている。

（6）訓練を積んだ記憶の達人なら同じようにうまくやれる：カリフォルニア大学サンディエゴ校のラマチャ

ンドランとその大学院生は、タメットの共感覚についてほかに3種類のテストを行った。まず、プレイドー［訳注：小麦で作った子ども用のカラー粘土］を使って、20個の数字の形を立体的に作らせた。そして24時間後に抜き打ちでもう1回同じことをさせたところ、すべて前と同じ形を作った。次に、タメットの指に電極を取りつけてπの数列（中にいくつか間違いを含めたもの）を見せ、電気皮膚反応を測定したところ、間違っている数字を見ると大きく反応することがわかった。さらに、ストループテストという、共感覚を検証するのによく使われる別の検査も実施した。まず、ダニエルに3分間で100個の数字のマトリクスを暗記させた。5分後、彼はそのうち68個を思い出すことができ、3日後も、その68個の数字を全部憶えていた。次に研究者らは、彼にまた3分間で100個の数字のマトリクスを暗記させた。ただし今度は、数字の大きさを、ダニエルが頭の中の数字について説明した大きさと一致させた（9個が他の数字より大きく、6個が小さく書かれていた）。この場合、彼は50個の数字を記憶し、それを3日後も憶えていた。最後に、数字の大きさをばらばらにしてテストした。9個を小さく、6個を大きく書き、ダニエルがゲームに戸惑っているかどうかを見ようとしたのだ。実際、彼は混乱していた。16個しか暗記できず、3日後には1個も思い出すことができなかった。ラマチャンドランらはダニエルについての論文「共感覚はサヴァンの数学的能力に寄与するか？」の発表前会議用の資料の中で、ダニエルのことを「the pseudonym Arithmos（偽数の人）」と呼んでいる。この論文の但し書きには、「同種の症例と同様、彼が純粋な暗記によって『頭脳の偉業』を行っているという事実については検討する必要がある」と書いている。

（7）この現象は見られなかった：D. Bor, J. Bilington, and S. Baron-Cohen (2007). "Savant memory for digits in a case of synaesthesia and Asperger syndrome is related to hyperactivity in the lateral prefrontal cortex." *Neurocase* 13, 311-319.

索引

す

せ

そ

た

ち

つ

て

と

な

に

ね

の

は

ひ

ふ

へ

ほ

ま

[著者紹介]
ジョシュア・フォア（Joshua Foer）
ジャーナリスト。『ナショナル・ジオグラフィック』『エスクァイア』『スレート』誌、『ニューヨーク・タイムズ』『ワシントポスト』紙に記事を書いている。デビュー作となる本書は、アメリカで発売後、たちまちベストセラーとなった。

[訳者紹介]
梶浦真美（かじうら・まさみ）
津田塾大学数学科卒業。コンサルティング会社勤務を経て、フリーランスで翻訳・ライター・通訳業に携わる。訳書に『ハーバード大学医学部が明かす①今すぐできる！高血圧を下げる方法』、共訳書に『誰でもできるトリガーポイントの探し方・治し方』（いずれもエクスナレッジ）がある。

翻訳協力：三村明子／株式会社トランネット

ごく平凡な記憶力の私が 1年で全米記憶力チャンピオンに なれた理由《わけ》

2011年 7月29日　初版第1刷発行
2023年10月27日　第11刷発行

著　者――ジョシュア・フォア
訳　者――梶浦真美
発行者――三輪浩之
発行所――株式会社エクスナレッジ
〒106-0032　東京都港区六本木7-2-26
https://www.xknowledge.co.jp/
問合せ先――編集　Fax03-3403-1345
info@xknowledge.co.jp
販売　Fax03-3403-1829